高职高专汽车三融合新型教材
汽车故障诊断与维修

汽车空调故障诊断与维修

主　编　潘伟荣
副主编　陈宇军
参　编　赵良红

机械工业出版社

本书分6大项目，系统地阐述了汽车空调系统的结构、工作原理及故障诊断和维修技术，具体内容有汽车空调认知、汽车空调制冷系统部件结构与检修、汽车空调暖风与配气系统检修、汽车空调电气系统检修、汽车空调自动控制系统检修、汽车空调综合故障诊断与排除。

本书内容深入浅出，以国家职业教育标准为依据，紧密结合我国汽车空调维修实际，以实际车型为例，以客户要求和汽车维修过程为导向，以实际任务为驱动，以实际职业要求为目标，模拟企业流程，按照学生认识规律，从感性到理性，由浅入深组织编写。本书配有"学习工作页"，可通过其促进学生学、做结合，理论紧密联系实际，着力提高学生实践技能、综合素质和就业能力。

本书提供大量教学资源（含PPT、微视频、动画、学习工作页题解、教学文件等），可扫描二维码获取，方便教师授课和学生课外学习。

本书可作为高职高专、普通高等院校及中专技校汽车类专业教材，也可作为汽车空调培训教材，还可供相关专业人员参考。

图书在版编目（CIP）数据

汽车空调故障诊断与维修/潘伟荣主编. —北京：机械工业出版社，2021.8

高职高专汽车三融合新型教材

ISBN 978-7-111-68923-2

Ⅰ.①汽… Ⅱ.①潘… Ⅲ.①汽车空调-故障诊断-高等职业教育-教材 ②汽车空调-车辆修理-高等职业教育-教材 Ⅳ.①U472.41

中国版本图书馆CIP数据核字（2021）第162129号

机械工业出版社（北京市百万庄大街22号　邮政编码100037）
策划编辑：蓝伙金　　责任编辑：蓝伙金　赵　帅
责任校对：陈　越　　封面设计：鞠　杨
责任印制：单爱军
北京虎彩文化传播有限公司印刷
2022年1月第1版第1次印刷
184mm×260mm・17.75印张・431千字
0001—1500册
标准书号：ISBN 978-7-111-68923-2
定价：55.00元

电话服务　　　　　　　　　　网络服务
客服电话：010-88361066　　机　工　官　网：www.cmpbook.com
　　　　　010-88379833　　机　工　官　博：weibo.com/cmp1952
　　　　　010-68326294　　金　书　网：www.golden-book.com
封底无防伪标均为盗版　　机工教育服务网：www.cmpedu.com

高职高专汽车三融合新型教材
编审委员会

主　　任：刘越琪（广东交通职业技术学院）

副主任：欧阳惠芳（广州汽车集团股份有限公司）

　　　　　贺　萍（深圳职业技术学院）

　　　　　毛　峰（东莞职业技术学院）

　　　　　蔡兴旺（韶关学院）

秘书长：蓝伙金（机械工业出版社）

委　　员：（按姓氏汉语拼音排序）

　　　　　曹晓光（广东工商职业技术大学）

　　　　　邓志君（深圳职业技术学院）

　　　　　黄　伟（广东机电职业技术学院）

　　　　　潘伟荣（广东交通职业技术学院）

　　　　　孙龙林（深圳职业技术学院）

　　　　　王玉彪（深圳风向标教育资源股份有限公司）

　　　　　王章杰（深圳风向标教育资源股份有限公司）

　　　　　王兆海（深圳职业技术学院）

　　　　　夏长明（广州城建职业学院）

　　　　　杨玉久（广州科技职业技术大学）

　　　　　周　燕（南京交通职业技术学院）

高职高专汽车三融合新型教材
编写委员会

主　　任：蔡兴旺（韶关学院）
副主任：欧阳惠芳（广州汽车集团股份有限公司）
　　　　曹晓光（广东工商职业技术大学）
　　　　毛　峰（东莞职业技术学院）
　　　　潘伟荣（广东交通职业技术学院）
　　　　王兆海（深圳职业技术学院）
　　　　黄　伟（广东机电职业技术学院）
　　　　夏长明（广州城建职业学院）
　　　　王玉彪（深圳风向标教育资源股份有限公司）
委　　员：（按姓氏汉语拼音排序）
　　　　邓志君（深圳职业技术学院）
　　　　房毅卓（广东机电职业技术学院）
　　　　郭海龙（广东交通职业技术学院）
　　　　林锡彬（广汽传祺汽车销售有限公司）
　　　　刘奕贯（南京交通职业技术学院）
　　　　欧阳思（广州汽车集团零部件有限公司）
　　　　邱今胜（深圳信息职业技术学院）
　　　　孙龙林（深圳职业技术学院）
　　　　王丽丽（广州汽车集团股份有限公司）
　　　　王庆坚（广东交通职业技术学院）
　　　　王章杰（深圳风向标教育资源股份有限公司）
　　　　谢少芳（广东交通职业技术学院）
　　　　许睿奇（广州汽车集团零部件有限公司）
　　　　叶冰雪（华南理工大学）
　　　　张永栋（广东交通职业技术学院）
　　　　郑锦汤（广州华商职业学院）
　　　　周　逊（广州珠江职业技术学院）

序

为认真贯彻执行教育部文件精神，服务汽车产业升级需要，在市场调研和专家论证的基础上，我们列出了"高职高专汽车三融合新型教材"选题19种，并组建一流的编写队伍，在一线行业专家和院校名师组成的编审委员会的指导下编写了本套教材。

一、编写的指导思想和原则

本套教材以高职"汽车检测与维修技术"专业为主，兼顾汽车运用技术、汽车电子技术等专业教学需要，对应汽车各专业诸多平台课（"汽车企业文化""汽车机械识图""汽车机械基础""汽车电工电子技术基础"等）、核心专业课（"汽车维修接待、沟通与管理""汽车维护""车载网络系统故障诊断与维修""汽车发动机管理系统故障诊断与维修""电动汽车与燃气汽车故障诊断与维修"等12个学习领域）和部分典型品牌汽车维修案例等大量教学资源。

1. 编写指导思想

以就业为导向，以岗位需求为核心，努力将职业素养、专业技能与企业文化深度融合（三融合），使学生在学习专业知识和技能的同时，接受职业素养教育和企业文化熏陶，培养爱国爱岗、敬业守信、精益求精的观念，健全的人格和良好的修养，崇尚工匠精神，建立社会主义核心价值观。

2. 编写原则

以"必需、够用"为编写原则，以企业需求为基本依据，以培养职业素养、专业技能与企业文化深度融合为主线，兼顾行业升级需要和降低城市雾霾等环境保护的新要求，突出新能源汽车等新知识、新技术、新工艺和新方法。

二、教材特色

本套教材从企业实际出发，以培养技术应用型人才为目标，在总结多年教学经验和已有教材的基础上，充分吸取先进职教理念和方法，形成如下特点：

1. 吸收国内外先进职教经验，体现科学性和时代性

认真吸取了中德职业教育汽车机电合作项目（SGAVE）和国家示范性院校、骨干院校专业建设项目等近年来国内外的最新教学改革成果，认真总结借鉴了参加教材编写院校的许多成功经验，使本套教材具有科学性和时代性。

2. 以"项目引领、任务驱动"为主线，实现"知行合一"

本套教材以客户要求和汽车维修过程为导向，以实际任务为驱动，以实际职业要求为目标，模拟企业服务流程，包括任务接受、任务接待、任务准备（含信息资料收集与学习、任务分析、维修计划制订、设备材料准备等）、任务实施（含故障检测、使用维修、安全环保、任务检查等）和任务交付的完整行动过程。有些教材直接由企业（广州汽车集团）主编（如《汽车企业文化》和《汽车维修接待、沟通与管理》）。结合国内保有量较大的汽车

车型，按照学生认识规律，从感性到理性，由浅入深，将汽车的结构、原理、运用、维护、故障诊断与维修有机融合，各教材均插入"学习工作页"，促进学、做结合，理论紧密联系实际，着力提高学生的实践技能、综合素质和就业能力。

3. 内容上力求反映行业最新技术发展动态

为了尽可能满足行业升级需要、减少污染等环境保护的新要求，本套教材讲解了车载网络系统、电控管理系统和新能源汽车等汽车前沿最新技术，突出介绍汽车新知识、新技术、新工艺和新方法。

4. 体现中高职的有效衔接，避免重复或空白

本套教材从体系上既考虑普遍性，也考虑专项针对性，以适应不同层次、不同起点的教学需要。

5. 形式活泼，教学资源丰富

本套教材适应高职学生特点，除了主教材外，还配以"学习工作页"和大量的教学资源（含微视频/动画、学习工作页题解和教学资源包等），通过扫描二维码可链接教学资源，方便教师授课和学生课外学习。

三、教材编写队伍

本套教材由华南理工大学、韶关学院、广东交通职业技术学院、深圳职业技术学院、广州科技职业技术大学、东莞职业技术学院、广东机电职业技术学院、广州珠江职业技术学院、深圳信息职业技术学院、南京交通职业技术学院等10多所职业院校和广州汽车集团股份有限公司、深圳风向标教育资源股份有限公司等组织编写。编写成员包括企业高管、企业专家、技术骨干和院校院/校长、专业名师、学科带头人、骨干教师。

本套教材成立了教材编审委员会和教材编写委员会，在教材编审委员会的指导下，编写委员会参考了中德职业教育汽车机电合作项目（SGAVE）的课程大纲要求，结合企业需要，列出选题计划，并统一教材编写的指导思想、原则和体例等。通过自荐或他荐方式，确定了多名教授领衔主编，并要求主编拟定各自负责的教材编写大纲、体例和样章。每本教材的编写大纲、体例和样章都经过三名专家主审，以便集思广益。为了精益求精，许多教材的编写大纲经过多次反复修改。编写中结合优质院校、一流专业等建设项目，充分体现了"产教结合，校企合作"的开发特色，使教材反映了最新的技术和最新的教学成果。最后由蔡兴旺教授统一定稿。这些为保证教材的质量、水平奠定了坚实的基础。

"高职高专汽车三融合新型教材"编审委员会
"高职高专汽车三融合新型教材"编写委员会

出版说明

教材是教学过程的主要载体，加强教材建设是深化教学改革的有效途径，是推进人才培养模式改革的重要条件，也是保障教学基本质量、培养高端技能型人才和技术应用型人才的重要基础。

一、培养目标说明

本套教材从职业分析入手，对职业岗位进行了能力分解（包括倾听客户抱怨、技术咨询、维修检测、专业工具和仪器设备操作、故障诊断和维修保养），确定了高职高专汽车检测与维修技术专业的培养目标，即面向汽车"后市场"，培养具有与本专业相适应的水平和良好的职业道德，掌握一定的专业理论知识，具备较强的实践技能、实际工作能力和经营管理能力，德、智、体、美、劳等方面全面发展的高等技术应用型人才。

二、职业素养的内容体系

1. 职业基本素养

（1）政治素养　政治素养包括正确的理想信念以及人生观、世界观、价值观。

（2）意识素养　意识素养包括敬业乐业意识、责任意识、团队合作意识和职业规划意识。

（3）道德素养　道德素养包括社会基本道德品质素养和职业品行修养，要养成诚信、文明礼貌、勤俭自强、乐于助人的良好品质。

（4）文化素养　不但要有计算机知识、外语和专业基础等相关文化知识，还要了解有关汽车企业的文化和发展理念。

2. 能力素养

（1）一般能力　一般能力主要指智商和情商。智商包括记忆力、思维能力、逻辑推理能力、空间想象能力和表达能力等；情商包括情绪控制能力、自我控制能力和人际交往能力。

（2）专业技能　专业技能主要通过专业课学习、培训开发转化而成。专业课应以岗位工作任务为依据，以项目为导向，以任务驱动为原则构建教学内容，采取"教、学、做"一体化来开展教学活动，并重视通过校企合作、工学交替、顶岗实习等人才培养模式改革来培养和提高专业技能。专业技能可以分为一般专业能力和核心专业能力。

① 一般专业能力是应用能力、汽车阅读能力和汽车驾驶能力。

② 核心专业能力是汽车拆装、检查、修理能力，汽车故障诊断能力，汽车性能检测能力和汽车维修企业管理能力。

（3）综合能力　综合能力是一般能力和专业技能的运用能力，既涉及特定的专业综合能力，又涉及跨专业的职业核心能力。

1）专业综合能力包括下列能力：

① 能专业地使用有关维修工具、诊断系统、测量仪和信息系统。

② 能按照维修手册、电路图和工作说明进行操作作业，会选取材料和备件并完成订购过程，能熟练地拆卸和安装部件和总成，并对不同部件进行维修，且维修时采取质量保证措施，保持工位的有序（5A）和整洁（5S）。

③ 能独立制订工作计划并实施，使工作过程可视化。

④ 能查找资料与文献，以取得有用的知识。

⑤ 能处理优惠和索赔委托任务。

2）专业的职业核心能力包括信息处理能力、沟通能力、组织协调能力和创新能力。

① 信息处理能力，即对信息的识别、整合和加工的能力。

② 沟通能力，是指人在交往过程中所表现出来的联络与协调能力。

③ 组织协调能力，是指从工作任务出发，对资源进行分配、调控、激励和协调，以实现工作目标的能力。

④ 创新能力，是指创新事物、方法的能力。近年来，我国大力提倡教育要培养具有创新精神、创新意识和创新能力的人才，因此有必要在有关课程和教学活动中引导、培养创新创业、技改意识和能力，使学生养成勤用脑、多用手、大胆想、敢突破的创新精神和能力。

三、资源说明

本套教材围绕职业教育"教、学、做"三个服务维度开发。每本教材由主教材和学习工作页两部分组成。主教材部分主要由构造、原理和检修内容组成。学习工作页部分包含理论学习和实训。理论学习又包括课前预习和课后习题（如填空、填图、问答、班级交流等），以评价学习是否达标；实训则注重流程和方法的掌握。

本套教材在内容选材、编写和呈现方式等多方面加强精品化建设，采用双色印刷，同时配有教学资源包、微视频/动画、学习工作页题解等教学资源，为教、学、练、考提供便利。

教学资源包：包括教学课件和相关微课等资源，供教师上课、学生课前预习和课后复习使用，可以登录机械工业出版社教育服务网 www.cmpedu.com 注册下载。咨询电话010-88379375。

微视频/动画：对于课本中的部分重点、难点，以视频形式给予讲解，读者可以用手机或平板计算机扫描书中二维码链接观看。

学习工作页题解：配有每个项目的学习工作页题目解答，供做作业时参考。

机械工业出版社

前　言

随着汽车技术的发展和人们对汽车舒适性、安全性、可靠性要求的提高，汽车空调系统已成为现代汽车的标准装置。由于电子技术的高度发展和在汽车上的广泛应用，空调系统的结构也越来越复杂，控制部分的电子化程度也越来越高，许多高级汽车已采用由微机控制的自动空调系统。为满足汽车检测与维修专业教学的需要，使广大汽车维修人员系统掌握现代汽车空调的原理和维修技术，我们编写了此书。

在新一轮科技革命与产业转型升级的背景下，为贯彻落实《国家职业教育改革实施方案》（简称"职教20条"）的文件精神，大力推行"现代学徒制""校企合作育人机制""1+X证书制度"等措施，深化产教融合、校企合作，进一步完善创新技术技能人才培养模式，加快"三教改革"步伐，本书的编写融入了新理念、新技术、新结构、新材料、新标准、新规范、新案例。在组织编写过程中，本书总结了国家骨干院校和省一流院校多年来高水平专业建设的教学成果，注意吸收发达国家先进的职业教育理念和方法，同时本书是全国交通运输职业教育科研项目《高职汽车专业"理实一体"教学模式构建的研究与实践》课题的研究实践成果。本书具有以下特色：

1）采用全新的结构编排模式。本书打破了传统教材的章节体例，以典型学习任务为一个相对完整的学习项目，每个学习项目的内容都包含了若干学习单元，相互独立但又有内在的联系。若干学习单元又以完成任务为主线，在每个学习项目开篇处，都以解决职业问题、完成岗位任务为导引，内容以工作过程为框架，设定"学习目标"（包括知识目标、技能目标和思政目标）、"任务接受""相关知识学习""能力提升训练""任务总结"和"学习工作页"六个模块，围绕工作任务聚焦知识和技能，通过原理认知、任务实施、总结、反思和必要练习，帮助学生理论与实践相结合，提升解决问题的能力。

2）倡导行动导向的引导式教学方法。本书注重对学习目标和引导问题的设计，以学生为主体，强化学生的地位，给学生留下充分思考、实践与合作交流的时间和空间，让学生亲身经历"观察—操作—交流—反思"这一活动过程。

本书从职业技术院校培养高技能人才的需要出发，全书分6个项目，系统地阐述了现代汽车空调系统的基础知识、结构、工作原理及故障诊断和维修技术。其中车型以轿车为主，以典型轿车自动空调为例，重点对自动空调控制系统的电路进行全面细致的分析，并介绍了自动空调故障诊断和检修方法。本书内容深入浅出、通俗易懂、图文并茂，案例丰富，理论联系实际，具有很强的实用价值。

本书由潘伟荣任主编，陈宇军任副主编，项目1~项目4由潘伟荣编写，项目6由陈宇军编写，项目5由赵良红编写。

郭继崇教授审阅了本书，并提出了宝贵的修改意见，在此表示感谢。

在编写本书的过程中，我们参考了相关网站、汽车维修手册及汽车空调教材、论文资料，在此一并对相关资料的作者表示深深的谢意。

由于时间仓促，加之作者水平有限，书中难免存在不足之处，敬请读者批评指正。

二维码索引

序号	名称	图形	页码	序号	名称	图形	页码
1	制冷系统的组成		2	8	汽车制冷系统工作原理		25
2	制冷循环系统工作过程		2	9	大客车顶置式冷风装置		26
3	空调歧管压力测试仪的结构和分类		15	10	曲柄连杆式（双向）压缩机		30
4	空调歧管压力测试仪的使用		17	11	斜板式压缩机		31
5	空调检漏仪的功能和结构		21	12	双螺杆压缩机		35
6	空调检漏仪的使用		21	13	涡旋式制冷压缩机		36
7	空调检漏仪的使用注意事项		21				

目　录

序
出版说明
前言
二维码索引

项目1　汽车空调认知 …………………………………………………………… 1
相关知识学习 ……………………………………………………………………… 1
　1.1　汽车空调的基本组成、功能与性能指标 ………………………………… 1
　1.2　汽车空调热力学术语 ……………………………………………………… 3
　1.3　制冷剂与冷冻机油 ………………………………………………………… 8
能力提升训练 …………………………………………………………………… 11
　1-1　汽车空调正确使用 ……………………………………………………… 11
　1-2　汽车空调系统维护作业 ………………………………………………… 13
　1-3　汽车空调维修常用工具与设备的认识和使用 ………………………… 14
　1-4　汽车空调维修专用工具与设备的认识和使用 ………………………… 15

项目2　汽车空调制冷系统部件结构与检修 ………………………………… 24
相关知识学习 …………………………………………………………………… 24
　2.1　汽车空调制冷系统 ……………………………………………………… 24
　2.2　压缩机 …………………………………………………………………… 29
　2.3　冷凝器与蒸发器 ………………………………………………………… 43
　2.4　膨胀阀 …………………………………………………………………… 46
　2.5　储液干燥器、气液分离器（积累器）和油分离器 …………………… 55
　2.6　连接软管和视液镜 ……………………………………………………… 57
　2.7　其他辅助设备 …………………………………………………………… 58
能力提升训练 …………………………………………………………………… 61
　2-1　汽车空调维修操作注意事项 …………………………………………… 61
　2-2　制冷剂排放回收作业 …………………………………………………… 61
　2-3　制冷系统检漏作业 ……………………………………………………… 66
　2-4　制冷系统抽真空作业 …………………………………………………… 67
　2-5　制冷系统加注冷冻机油作业 …………………………………………… 68
　2-6　制冷系统充注制冷剂作业 ……………………………………………… 69
　2-7　压缩机的故障与检修作业 ……………………………………………… 71
　2-8　热交换器的检修作业 …………………………………………………… 75
　2-9　膨胀阀的检修作业 ……………………………………………………… 76
　2-10　储液干燥器的检修作业 ………………………………………………… 77

项目3　汽车空调暖风与配气系统检修 ………………………………………… 79
相关知识学习 …………………………………………………………………… 79
　3.1　汽车空调暖风系统 ……………………………………………………… 79

3.2　汽车空调配气系统与控制面板 ………………………………………………… 85
　能力提升训练 ……………………………………………………………………………… 92
　　3-1　水暖式暖风系统维护作业 …………………………………………………… 92
　　3-2　独立燃烧式暖风系统使用与维护作业 ……………………………………… 93
　　3-3　手控拉索控制式通风系统拆装作业 ………………………………………… 95
　　3-4　真空控制系统的主要部件检修作业 ………………………………………… 96
　　3-5　汽车空气净化系统维护作业 ………………………………………………… 96

项目4　汽车空调电气系统检修　98
　相关知识学习 ……………………………………………………………………………… 98
　　4.1　常用控制与保护装置 ………………………………………………………… 99
　　4.2　汽车空调常用电路分析 ……………………………………………………… 113
　　4.3　典型汽车空调电路的综合读图分析 ………………………………………… 121
　能力提升训练 ……………………………………………………………………………… 126
　　4-1　汽车空调电路检修常用工具使用 …………………………………………… 127
　　4-2　汽车空调电器电路的检修作业 ……………………………………………… 127
　　4-3　汽车空调电器元件的检修作业 ……………………………………………… 129

项目5　汽车空调自动控制系统检修　136
　相关知识学习 ……………………………………………………………………………… 136
　　5.1　电控气动汽车空调控制系统 ………………………………………………… 137
　　5.2　微机控制汽车空调控制系统 ………………………………………………… 143
　　5.3　典型汽车空调控制系统 ……………………………………………………… 151
　　5.4　电动汽车空调控制系统 ……………………………………………………… 162
　能力提升训练 ……………………………………………………………………………… 168
　　5-1　汽车空调电控单元检修作业 ………………………………………………… 168
　　5-2　自动空调故障自诊断作业 …………………………………………………… 169
　　5-3　自动空调故障检修作业 ……………………………………………………… 171
　　5-4　电动汽车空调检修作业 ……………………………………………………… 183

项目6　汽车空调综合故障诊断与排除　188
　相关知识学习 ……………………………………………………………………………… 188
　　6.1　汽车空调系统的常规检查 …………………………………………………… 188
　　6.2　汽车空调综合故障分析及诊断 ……………………………………………… 192
　能力提升训练 ……………………………………………………………………………… 202
　　6-1　汽车空调鼓风机运转失控 …………………………………………………… 202
　　6-2　汽车空调持续输送热风 ……………………………………………………… 203

参考文献　206

项目 1　汽车空调认知

知识目标：
1) 能说明汽车空调的基本组成、功能和特点。
2) 能解释汽车空调的组成。
3) 能用相关热力学知识解释汽车空调基本工作原理。
4) 能正确选用与使用制冷剂和冷冻机油。
5) 能正确指认空调主要部件的位置。

技能目标：
1) 能正确使用和维护汽车空调。
2) 能正确认识汽车空调维修常用工具及设备。

思政目标：
1) 培养良好的职业道德与安全、环境意识。
2) 培养良好的标准化、规范化和科学化等职业素养，包括严格遵守 6S 管理、相关工艺规程和检验标准。

任务接受

车主到某汽车特约经销店进行汽车空调维护，咨询汽车空调使用知识、制冷剂和冷冻机油类型等，要求服务顾问能够解答客户的问题。

相关知识学习

1.1　汽车空调的基本组成、功能与性能指标

汽车安装空调系统的目的是调节车内空气的温度、湿度，改善车内空气的流动，并且提高空气的清洁度。完善的汽车空调系统一般由制冷系统、采暖系统、通风系统、电气控制系统四大部分组成，严格说来，还应包括空气净化系统。高级轿车装备有包括炭罐、空气滤清器和静电除尘式净化器等的一套较完整的空气净化系统，而在普通型轿车中，空气净化的任务则由蒸发器直接完成。

（1）制冷系统　制冷系统由压缩机、冷凝器、储液干燥器、膨胀阀、蒸发器、冷凝器散热风扇和鼓风机等组成，如图 1-1 所示。

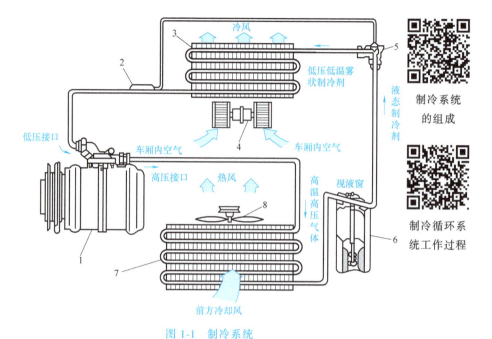

图 1-1 制冷系统

1—压缩机 2—感温包 3—蒸发器 4—鼓风机 5—膨胀阀 6—储液干燥器
7—冷凝器 8—冷凝器散热风扇

(2) 暖风系统 暖风系统由加热器、水阀、水管等组成,如图 1-2 所示。

(3) 通风系统 通风系统由进气模式风门、鼓风机、混合气模式风门、气流模式风门、导风管等组成。汽车室内或室外未经调节的空气,经鼓风机作用送至蒸发器或加热器,此时已被调节成冷空气或暖空气的空气流,根据风门模式伺服电机的开启角度而流向相应的出风口,如图 1-3 所示。

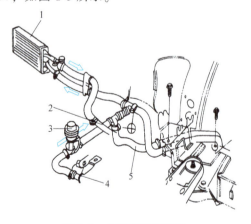

图 1-2 水暖式暖风系统

1—加热器 2—散热器进水管 3—水阀
4—散热器出水管 5—预热管

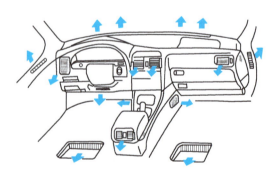

图 1-3 通风系统风门布置图

(4) 电气控制系统 电气控制系统包括点火开关、A/C 开关、电磁离合器、鼓风机开关及调速电阻器、各种温度传感器、制冷剂高低压力开关、温度控制器、送风模式控制装置、各种继电器。近年来许多高级轿车普遍采用了计算机电子自动控制系统，大幅度降低了人工调节的复杂程度，提高了空调经济性和工作效果。

目前轿车的空调压缩机都以汽车发动机作为动力源，压缩机的开停由电磁离合器控制，而电磁离合器的工作时机是由各种温度、压力、转速等信号来决定的。为避免蒸发器表面温度过低，造成表面结霜，影响制冷效果，设有温度控制器（恒温器），将蒸发器表面温度作为控制信号，控制电磁离合器的动作。压缩机温度过高会造成高压部分因压力异常升高而损坏，所以设有过热开关或高压压力开关。如果系统制冷剂不足，则润滑油也可能不足，压缩机在这种干摩擦情况下运转，容易损坏，因此系统必须设有低压压力开关，当系统压力过低时会自动切断压缩机的电源。

对于由计算机控制的空调系统，其压缩机的开停（或水阀的开启度）可使空调系统处于最经济状态和所要求的各种冷暖状态。

为了解决汽车怠速、加速等运行工况时的动力匹配及散热器冷却问题，以往常常采用中止压缩机运行的方法，近年来比较多地采用提高怠速转速的方法。

1.2 汽车空调热力学术语

1. 温度

温度是表示物体冷热程度的物理量。温度的标定方法有许多种，其中最常见的有以下三种：

(1) 摄氏温标　摄氏温标以符号 t 表示，单位为℃。摄氏温标是取在标准大气压力下（760mmHg，即 1.01325×10^5Pa，$1Pa=1N/m^2$），冰的熔点为 0℃，水的沸点为 100℃，把这两定点之间分成 100 等份，每一等份间隔为 1℃。

(2) 华氏温标　华氏温标的单位为℉。它是取在标准大气压力下，冰的熔点为 32℉，水的沸点为 212℉，两定点之间分成 180 等份，每一等份间隔为 1℉。

(3) 热力学温标　热力学温标也称绝对温标或开氏温标，以符号 T 表示。单位为 K。绝对零度为 -273.15℃。绝对温标的分度间隔与摄氏温标相同，即摄氏温差 1℃ 就是绝对温差 1K。绝对零度是低温的极限，能够无限接近，但不可能达到。

三种温标之间的关系为

$$摄氏温标=(华氏温标-32)/1.8$$

$$华氏温标=1.8\times摄氏温标+32$$

$$绝对温标=摄氏温标+273.15$$

用以测量温度的仪表称为温度计。测试汽车空调的温度计有玻璃棒温度计、半导体点温计和热电偶温度计。

2. 压力与真空度

(1) 压力单位　压力（压强）是指单位面积上所承受的均匀分布且垂直于该表面的力，在工程上俗称压力。压力的法定计量单位是"帕斯卡"，单位符号为"Pa"。物理意义是 $1m^2$ 的面积上作用有 1N 的力。由于此单位较小，常用的单位是 kPa 和 MPa。

$$1MPa=1000Pa=10^6Pa$$

在实际使用中还有几个常用的压强单位，如工程大气压（kgf/cm^2）、毫米汞柱（mmHg）、大气压（atm）及磅/平方英寸（psi）等。它们之间的换算关系如表1-1表示。

表1-1 几个常用压强单位之间的换算关系

	kPa	kgf/cm²	mmHg	psi	atm
kPa	1	0.102	7.50	0.145	9.87×10^{-3}
kgf/cm²	9.81	1	7.36×10^2	14.2	0.98
mmHg	0.133	1.36×10^{-3}	1	1.93×10^{-2}	1.32×10^{-3}
psi	6.89	7.03×10^{-2}	51.72	1	6.80×10^{-2}
atm	101.32	1.03	760	15.97	1

此外，还有些地方采用巴（bar）作为压强单位，它与工程大气压的换算为

$$1\text{bar} \approx 1\text{kgf/cm}^2$$

（2）**标准大气压** 把在地球纬度45°、温度为0℃时，大气对海平面的压力称为标准大气压（atm），它相当于101.325kPa。

（3）**真空与真空度** 真空是指低于标准大气压的气体状态与标准大气压下的气体状态相比较，单位体积中气体的分子数目减少了的一种现象，因此是一个相对概念。绝对真空是不存在的。

真空度用来表示实现真空的程度。由于真空程度越高，意味着单位体积中气体分子数减少得越多，也就是说压强随之减小得也越多，所以真空度是以气体压强大小来表示的。压强越低，表示真空度越高。反之，压强越高，表示真空度越低。若以汞柱高度来表示，当压强高到760mmHg时，则意味着真空"消失"了，若压强继续升高，即超过了标准大气压时，则用"正压"表示。相反，低于标准大气压，即真空状态的压强，则以"负压"来表示。

（4）**绝对压力与表压力** 实际运用中，压力的表示方法有三种，分别是："绝对压力""表压力"和"真空度"。

绝对压力表示作用于单位面积上压力的绝对值，指完全真空状态下测出的压力。

表压力是指通过压力表上指示读出的压力值，称为表压力值。它是将标准大气压作为零值，在此基础上进行压力计量的结果。表压力用于观察系统运行状况时使用。

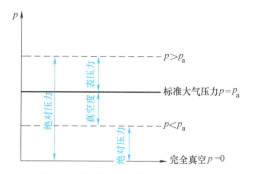

图1-4 绝对压力、标准大气压、表压力、真空度的关系

绝对压力＝表压力+1个标准大气压

真空度＝1个标准大气压-绝对压力

为了与绝对压力相区别，常在表压力的具体数字后面加一个（G）字，如10kPa（G）。真空度表示比标准大气压低多少的具体数量。它们之间的基本关系如图1-4所示。

3. 质量体积与密度

单位质量物质所占有的体积称为质量体积，用符号 v 表示。质量体积的单位常为 m^3/kg，即每千克物质所占有的立方米数。

单位体积物质所具有的质量称为密度，用符号 ρ 表示。气体的密度单位常为 kg/m^3。显然，质量体积与密度互为倒数，即 $\rho = 1/v$，$v = 1/\rho$。

4. 汽化与凝结

液体转变为气体的过程称为汽化。单位质量的液体转变为气体需要的热量（单位为 J 或 kJ）称为这种物质的汽化热。不同的物质有不同的汽化热。

物质的汽化过程有两种，一种是蒸发，一种是沸腾。虽然这两种情况都是物质由液态变成气态的过程，但是两者的区别是明显的。一般来说，蒸发在任何压力、温度情况下都随时在进行着，而且只是局限在表面的液体转变为蒸气。例如，把水泼在地面上，不久地面又会慢慢恢复干燥。而沸腾是在一定压力下只有达到与此压力相对应的一定温度时才能进行，而且在液体内部产生大量的蒸气。例如，水烧开时水面在不断地翻滚，并且在水中产生大量的蒸气泡。

凝结是汽化的相反过程，即当蒸气在一定的压力下冷却到一定温度时，它就会由气态转变为液态。沸腾与凝结如图 1-5 所示。

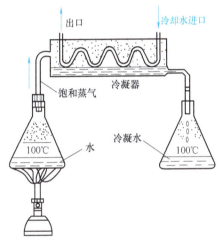

图 1-5　沸腾与凝结

汽车空调器中的制冷剂与水相同，也具有上述性质。在蒸发器中制冷剂不断吸收车厢内的热量而使液体变成蒸气，这时，在蒸发器中所进行的是沸腾过程而不是蒸发过程。即当蒸发压力（即蒸发器内压力）一定时，制冷剂液体将在与该蒸发压力相对应的饱和温度下进行吸热后沸腾。

在汽车空调器中，制冷剂在冷凝器中的变化过程需经历一个凝结过程。从压缩机排出的制冷剂蒸气进入冷凝器后被空气所冷却，并凝结成液体。在整个凝结过程中，尽管蒸气仍继续被不断地冷却，但温度始终维持不变（因为冷凝器内压力没有改变）。

5. 饱和温度和饱和压力

如果对制冷剂加热，则其中的一部分液体就会变成蒸气；反之，如果从制冷剂中取出热量，则其中的一部分蒸气又会变成液体（温度不改变）。在这种制冷剂液体和蒸气处于共存的状态时，液体和蒸气是可以彼此相互转换的。处于这种状态的制冷剂蒸气称为饱和蒸气，这种状态下的制冷剂液体称为饱和液体。汽化过程中，由饱和液体和饱和蒸气组成的混合物称为湿饱和蒸气，简称湿蒸气。饱和蒸气的温度称为饱和温度，饱和蒸气的压力称为饱和压力。通常所说的沸点都是指液体在一个大气压下的饱和温度。不同的液体在同一压力下的饱和温度是不同的，见表 1-2。

表 1-2 几种液体在一个标准大气压下的正常沸点

液体名称	沸点/℃	液体名称	沸点/℃
水	100	R134a	-26.15
酒精	78	R142b	-9.25
氨	-33.34	R123	27.61
R22	-40.8		

制冷剂的主要特征之一是其沸点低，这样才能利用制冷剂液体在低温下汽化吸热来达到低温状态，同时还要求制冷剂在规定的工作温度范围内，其饱和压力不要过高或过低。

饱和蒸气的温度与压力之间有一定的关系，即压力越高温度也越高，图 1-6 所示为两种常用制冷剂的饱和温度与饱和压力的对应关系曲线。

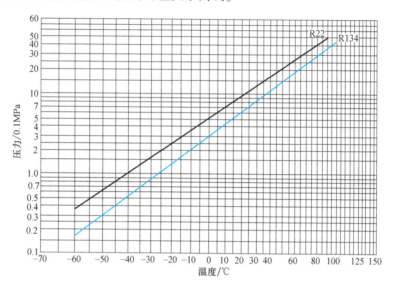

图 1-6 两种常用制冷剂的饱和温度与饱和压力的对应关系曲线

6. 热量与热容

（1）热量　热是物质的一种能量形式。分子热运动所具有的能量即为热量。热量的工程制单位采用 kcal（英制单位采用英热单位 Btu）。1kcal 热量是指 1kg 水温度升高 1℃ 所需的热量。1Btu 是指 1lb（磅）水温度升高 1 ℉ 所需的热量。制冷量的单位一般采用 W 或者 kW（英制单位采用 Btu/h），在工程单位制中采用 kcal/h 为单位。它们之间的相互关系为

$$1\text{kcal/h} = 3.968\text{Btu/h}$$
$$1\text{Btu/h} = 0.252\text{kcal/h}$$
$$1\text{kW} = 860\text{kcal/h}$$

热的传递有热传导、热对流和热辐射三种形式。温度不同的物体接触时，热量从温度较高的物体传递到温度较低的物体，或从同一物体内温度较高的部分传递到温度较低的部分，直到温度趋于一致为止。

1）热传导　当物体（固体）两点之间有温差时，热量将通过物体内部从高温点向低温点移动，这种现象就是热传导。一般说来，金属是热的良导体。一些非金属，如木材、石棉

等导热能力极差,称为绝热材料。

2) 热对流　气体和液体依其本身的流动使热量转移,这种热的传递方式称为热的对流。冷凝器就是利用空气对流进行冷却的。

3) 热辐射　它是指发热源直接向其周围的空间散发热量,通过辐射波将热量传递给其他物体的过程。热辐射和电波的传播很类似,其特点是热量由热源表面以光(电磁波)的形式连续发射,以光速传播,可以不依靠其他物质。

(2) 热容　把单位质量物质的温度升高 1K 所需要的热量称为热容。热容大的物体有不易加热和不易冷却的性质。热容的单位为 J/K。

7. 显热与潜热

显热是指任何物质在吸热或放热过程中,只发生温度升高或降低的变化而形态不发生变化的这部分热量。潜热是指当单位质量的物质在吸热过程中,只是发生了形态变化,如液体变成气体,而温度不发生变化的这部分热量。由液体变成气体的潜热又称蒸发潜热,制冷循环中主要是利用制冷剂的蒸发潜热而实现制冷的。

以水的三态变化为例进行说明,冰加热后融化成水(固体→液体);水加热,温度上升到 100℃ 时开始沸腾汽化(液体→气体),这时即使继续加热,温度也不再升高。在水未达到 100℃ 之前,所加的热能使温度上升,这种热能感觉出来,称为显热,能用温度计测出。达到 100℃ 以后,继续加的热用于使液体变成气体发生状态变化,这种热称为潜热,是不能用温度计测出的,如图 1-7 所示。潜热按物体状态变化不同,可分为以下几种:

(1) 液化潜热　从气体变成液体时放出的热称为液化潜热。
(2) 凝固潜热　从液体变成固体时放出的热称为凝固潜热。
(3) 溶解潜热　从固体变成液体时吸收的热称为溶解潜热。
(4) 蒸发潜热　从液体变成气体时吸收的热称为蒸发潜热。
(5) 升华潜热　从固体变成气体时吸收的热称为升华潜热。

8. 节流

在流体通路中,通道突然缩小,液体压力便下降,如果此时产生气体,则总体积还要增大。这种变化只是状态的变化,与外界没有热和功的交换,因此流体的热量不变,这种状态变化称为节流,如图 1-8 所示。

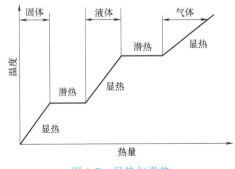

图 1-7　显热与潜热

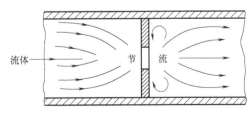

图 1-8　节流示意图

在空调制冷系统中,制冷剂在膨胀阀中的状态变化就是节流过程。制冷剂被膨胀阀节流后,如果压力下降到比饱和压力还低,部分液体将变成饱和蒸气,体积急剧增大。这时的蒸发潜热是由液体本身供给的,所以液体温度下降较大。

9. 制冷能力与制冷负荷

(1) 制冷能力 制冷机就是把热量不断地从低温物体转移给高温物体的装置。制冷能力的大小是以单位时间内所能转移的热量来表示的,单位为 J/h。

(2) 制冷负荷 为了把汽车内部的温度和湿度保持在一定的范围内,必须将来自车外太阳的辐射热和车内人体散发的热量排除到大气中去。这两种热量的总和称为制冷负荷。

由于汽车制冷负荷受到车身形状及外界大气温度、湿度、车速等客观条件和乘员数量的影响,汽车空调系统的制冷负荷较大。

1.3 制冷剂与冷冻机油

1. 制冷剂

(1) 制冷剂定义 在制冷系统中用于转换热量并循环流动的物质称为制冷剂。目前汽车空调系统中使用的制冷剂多为 R134a 制冷剂。其中字母"R"是 Refrigerant(制冷剂)的简称。世界各国都统一使用美国制冷工程师协会(ASRE)编制的制冷剂代号系统。制冷剂的种类很多,十分庞杂。简言之,只要是能进行气液两相转换的物质,均可作为蒸发制冷系统的制冷剂。水(R718)、空气(R729)都算制冷剂。R134a 就是制冷剂标准代号系统中的制冷剂。

(2) R134a 制冷剂的特性 R134a 制冷剂的分子式为 CH_2FCF_3,是卤代烃类制冷剂中的一种,其物理性质列于表 1-3。罐装 R134a 制冷剂外形如图 1-9 所示。

表 1-3 R134a 制冷剂的物理性质

项目	R134a	0℃时的饱和蒸气压/kPa	293.14
分子式	CH_2FCF_3	0℃时的蒸发潜热/(kJ/kg)	197.89
相对分子质量	102.03	60℃时的饱和蒸气压/kPa	1680.47
沸点/℃	-26.1	臭氧破坏潜能值(ODP 值)	0
临界温度/℃	101.1	全球变暖潜能值(GWP 值)	1300
临界压力/MPa	4.065	与矿物冷冻机油的融合性	不溶
饱和液体密度/(kg/m³)	1206		

R134a 制冷剂的主要特性如下:

1) 热物理性与 R12 制冷剂相近。R134a 制冷剂的热力学性能,包括相对分子质量、沸点、临界参数、饱和蒸气压和汽化热等,均与 R12 制冷剂相近,无色、无臭、不燃烧、不爆炸,基本无毒性。

2) 传热性能较好。R134a 制冷剂的传热性能优于 R12 制冷剂,当冷凝温度为 40~60℃、质量流量为 45~200 kg/s 时,R134a 制冷剂的蒸发和冷凝传热系数比 R12 制冷剂高 25% 以上。因

图 1-9 罐装 R134a 制冷剂外形

此，在换热器表面积不变的条件下，可减小传热温差，降低传热损失；当制冷量或放热量相等时，可减小换热器表面积。

3）相容性不同用。R134a制冷剂替代R12制冷剂后，原有的压缩机润滑油（简称压缩机油）必须更换，这是因为R134a制冷剂本身与矿物油是非相容的，必须使用合成润滑油，如PAG（聚醚类）润滑油等，否则系统将会损坏。

4）分子直径比R12制冷剂略小，易通过橡胶向外泄漏，也较易被分子筛吸收。

5）吸水性和水溶解性比R12制冷剂好。

（3）使用制冷剂的注意事项　汽车空调制冷剂虽属于安全无毒的制冷剂，但在操作和使用时切不可粗心大意，必须注意下列事项：

1）装制冷剂的钢瓶必须经过检验，以确保能承受规定的压力。装制冷剂的钢瓶，应存放在阴凉、干燥、通风的库房中，防止受潮而腐蚀钢瓶，在运输过程中要严防振动和撞击。

2）装有制冷剂的钢瓶不得受到太阳的直射，不得撞击。在充灌制冷剂时，对装制冷剂的容器加热，应在40℃以下的温水中进行，而不可将其直接放在火上烘烤。否则将引起内储的制冷剂压力增大，导致容器发生爆炸。

3）避免接触皮肤。因制冷剂在大气环境下会急剧蒸发，当其液体落到皮肤时，会从皮肤上大量吸热而汽化，造成局部冻伤。尤其危险的是，当其进入眼球时，会冻结眼球中的水分，有可能造成失明。因此，在处理制冷剂时，应戴上眼镜和防护手套。若制冷剂触及眼睛，应尽快用冷水冲洗，不要用手或手帕揉眼，若有痛感，可用稀硼酸溶液或质量分数在2%以下的食盐水冲洗；若触及皮肤，应立即用大量清水冲洗，并立即涂敷凡士林，触及面积大时应立即到医院治疗。

4）要避开明火。制冷剂不会燃烧和爆炸，但与明火接触时，会分解出对人体有害的气体（光气）。所以卤素检漏灯的使用只能在已经过其他方法检漏后的最终阶段进行，这样比较安全。

5）要注意通风良好。制冷剂排到大气中的量超过一定量时，会使大气中的氧气浓度下降而使人窒息。因此，在检查和添加制冷剂或打开制冷系统管路时，要在通风良好的地方进行操作。

6）当钢瓶中的制冷剂用完时，应立即关闭控制阀，以免漏入空气和水分。水能与系统中的酸、氧化物和其他杂质反应，形成金属盐，随着制冷剂和润滑油一起循环，加大运动机件的磨损并降低电器的绝缘性能。水还能使冷冻机油老化。

（4）新型制冷剂　目前，汽车行业中普遍采用的制冷剂是R134a，而它的全球变暖潜能值（GWP）高达1300，所以汽车空调中环保型制冷剂的研究正在紧张进行中。目前，世界各国和各地区对制冷剂的替代要求是不一样的。例如德国的Bock Kaltemaschinen公司多年来一直在研制开发二氧化碳压缩机，并在Mercedez-Benz公共汽车上成功地起动了两台Bock压缩机。在日本，R410成为主流制冷剂，包含R410a和R407c两种类型。在美国，R22仍占主导地位。目前，美国的空调设备中，只有约10%使用了新型制冷剂R410a。在欧洲，欧盟对R134a制冷剂的应用做出限定：从2008年开始，汽车空调系统中使用制冷剂的GWP最高不得超过150，否则汽车不得销售使用。规定中还制定了R134a的淘汰期限。目前，世界范围内的替代制冷剂方案有CO_2、R1234yf、R152a等。

R134a、CO_2、R1234yf和R152a这4种制冷剂的特性比较见表1-4。

表1-4 4种制冷剂的特性比较

制冷剂	R134a	CO_2	R1234yf	R152a
分子式	CH_2FCF_3	CO_2	CF_3CFCH_2	CH_3CHF_2
相对分子质量	102.03	44	114	66.05
沸点/℃	-26.1	-78.4	-29	-24
临界温度/℃	101.1	31	95	113.3
临界压力/MPa	4.06	7.38	3.38	4.52
ODP	0	0	0	0
GWP	1300	1	4	140
大气寿命/年	44	100	1.1	1.4
急性毒性接触极限(ATEL)	50000	40000	101000	50000
安全等级	A1	A1	A2	A2

从表1-4可以看出，R1234yf的GWP和大气寿命相比较其他替代R134a的制冷剂具有明显的环境优势，有较好的急性毒性接触极限（ATEL），可燃性低于R152a。因此，在汽车空调中，用R1234yf替代R134a是安全的。

1) CO_2 制冷剂。CO_2 具有高密度和低粘度特性，其流动损失小、传热效果良好。同时CO_2 环境表现优良（ODP=0、GWP=1）费用低、易获取、稳定性好、有利于减小装置体积。另外，CO_2 安全无毒、不可燃，即使在高温下也不会分解出有害的气体。万一CO_2 泄漏，其对人体、食品、生态也都无损害。当然，CO_2 高的临界压力和低的临界温度也给它作为制冷剂带来许多难题。

2) R1234yf。R1234yf作为单一工质制冷剂，具有优异的环境参数：GWP=4，ODP=0。其寿命期气候性能（LCCP）低于R134a，大气分解物与R134a相同，而且其系统性能优于R134a。若选用R1234yf替代R134a作为制冷剂，汽车生产商就可以继续沿用原车载空调系统，所以R1234yf被认为是较具潜力的新一代汽车制冷剂替代品，目前在西欧已被汽车生产商所接受。

R1234yf分子式为CF_3CH—CHF，分子量为114，沸点Z型为-19℃、E型为9℃，无毒，不可燃，且大气停留时间短，化学性能稳定。

3) R152a。R152a一般与其他制冷剂组成混合制冷剂，广泛应用于制冷系统中。R152a系统需要用专门适用于R152a的检漏仪；采用混合工质时，必须对原有的卤素检漏仪进行重新标定。

R152a无色不浑浊，无异臭。R152a的ODP值为零，GWP值很小，为140。后者虽比R134a低不少，但还有直接的温度效应。R152a标准沸点是-25℃，凝固点为-117℃，在制冷循环特性上优于R12。

R152a与R12的黏性相差不大，而其液体、气体的比热容及汽化潜热均比R12大，且其气体及液体的导热率都要显著高于R12。R152a具有可燃性，在空气中的体积分数达到4%~17%时，可被点燃。

2. 冷冻机油

（1）冷冻机油的作用　制冷机使用的润滑油称为冷冻机油，俗称冷冻油。它具有润滑、密封、冷却、降低压缩机噪声等作用。具体如下：

1) 润滑作用。压缩机是高速运动的机器，轴承、活塞、活塞环、曲轴、连杆等机件表面需要润滑，以减少阻力和磨损，延长使用寿命，降低功耗，提高制冷系数。

项目1 汽车空调认知

2）密封作用。汽车使用的压缩机传动轴需要油封来密封，防止制冷剂泄漏。有润滑油，油封才起密封作用。同时，活塞环上的润滑油不仅起减摩作用，而且起密封压缩机蒸气的作用。

3）冷却作用。运动的摩擦表面会产生高温，需要用冷冻机油来冷却。冷冻机油冷却不足，会引起压缩机过热，排气压力过高，降低制冷系数，甚至烧坏压缩机。

4）降低机械振动，减小压缩机噪声。

（2）对冷冻机油的性能要求 冷冻机油在空调制冷系统中完全溶于制冷剂中，并随制冷剂一起在制冷系统中循环。因此，冷冻机油的温度有时会超过120℃，而制冷剂的蒸发温度范围为-30~10℃，使冷冻机油工作在高温与低温交替的条件下。在选择冷冻机油时，必须注意空调压缩机内部冷冻机油所处的状态，如排气温度、排气压力、吸气温度等。

（3）与R134a匹配的冷却机油 空调系统中所使用的冷冻机油（即压缩机油）在不同的空调系统中不能混用。目前R134a空调系统中使用的是代号为PAG及ESTER的冷冻机油。

（4）冷冻机油的使用注意事项

1）必须严格使用原车空调压缩机所规定的冷冻机油，或换用具有同等性能的冷冻机油，不得使用其他油代替，否则会损坏压缩机。

2）冷冻机油吸收潮气的能力极强，在加注或更换冷冻机油时，操作必须迅速。当没有准备好，不能立刻加油时，不得打开油罐，在加注完后应立即将油罐的盖子封紧，不得有渗透现象。

3）不能使用变质的冷冻机油。冷冻机油变质的原因是多方面的，归纳起来有如下几方面：

① 混入水分，并在氧气的作用下生成一种油酸性质的酸性物质，腐蚀金属零部件。这种油酸物质是絮状物质。

② 高温氧化，当压缩温度过高时，油被氧化分解而炭化变黑。

③ 不同牌号的冷冻机油混合使用时，由于不同牌号的冷冻机油所加的氧化剂不同而产生化学反应，引起变质，破坏了各牌号冷冻机油的性能。

4）冷冻机油是不制冷的，且会影响热交换器的换热效果，所以只允许加到规定的用量，绝不允许过量使用，以免降低制冷量。

5）在排放制冷剂时要缓慢进行，以免冷冻机油和制冷剂一起喷出。

能力提升训练

1-1 汽车空调正确使用

轿车及中小型旅行车空调基本上是非独立式的空调，其操纵使用比较方便，但如果使用不当，会对空调性能及寿命、发动机的工作稳定性及功耗、乘员的舒适性有很大的影响，因此，驾驶人在使用空调时，应注意如下几点：

1）使用空调时应先起动发动机，待发动机稳定运转几分钟后，打开鼓风机至某一档

位，然后再按下空调开关以起动空调压缩机，调整送风温度并选择送风口，空调即可正常工作。需要注意的是，当温度调节推杆处于最大冷却位置时，应尽量使用鼓风机的高速档，以免蒸发器因过冷而结冰。

2）发动机熄火后，应关闭空调，以免耗尽蓄电池的电能，造成再次起动困难。

3）夏天停车时，应尽量避免阳光直晒，以免加重空调的负担；如果在阳光下长时间停车，在开启空调之前，应先打开门窗和鼓风机，排出车内的热气。

4）开启空调后，车厢门窗应关闭，以降低热负荷，尽快达到所需的温度，节省能量。

5）在使用空调时，切勿将功能键选在制冷量最大位置而将调风档选在最小位置，否则冷气不能排出，蒸发器易结霜，严重时会使压缩机发生"液击"现象。

6）在夜间行驶时，由于整车耗电量较大，不应长时间使用空调以免引起蓄电池亏电。

7）若在发动机怠速时使用空调，应适当提高发动机怠速转速至 $800\sim1000r/min$ 或以上（有怠速提升装置的空调将自动提高发动机转速），以防发动机因驱动空调压缩机而熄火。

8）汽车低速行驶时（如低于 25km/h），应采用低速档以使发动机有一定转速，防止发电量不足和冷气不足。

9）上长坡时，应暂时关闭压缩机，以免散热器"开锅"。

10）超车时，应了解本车是否装有超速停转装置，超速停转装置开关一般安装在加速踏板下面，若突然重重踩一下加速踏板，压缩机停转，说明有超速停转装置，否则无超速停转装置。如果无超速停转装置，在超车时应先关闭压缩机。

11）在只需换气而不需冷气时，如春、秋两季，只需打开鼓风机开关而不要起动压缩机。

12）夏日停车应尽量避免在阳光下暴晒，以免加重空调装置的负担。在太阳照射的情况下行车时，如果车内温度很高，应打开所有车窗，当行车 3min 左右，车内热空气排出后，立即关上车窗，再开启空调。

13）汽车停驶时不要长时间使用空调制冷装置，以免耗尽蓄电池的电能并防止废气被吸入车内，造成再次起动发动机时困难和乘员中毒，避免冷凝器和发动机因散热不良而过热，影响空调的制冷性能和发动机的寿命。

14）空调使用季节过后，为保持空调有良好的工作状态，应每周开启一次，每次开启数分钟。

15）有些空调空气入口有控制新鲜空气和再循环空气的两个控制位置。若汽车在尘土飞扬的道路上行驶，应将空气入口控制在再循环位置。以防车外灰尘进入。

16）原来未装空调的汽车，不宜自行加装，以免发动机超负载过热。

17）应经常清洗冷凝器。清洗时使用压缩空气或冷水冲洗，不可用热蒸汽冲洗。

18）冬季不使用空调时，也应定期开启压缩机（每两周一次，每次 10min 左右），以避免压缩机轴封处因油干而泄漏，转轴因油干而卡滞。如果气温过低，空调系统中温控保护功能起作用而使压缩机不能起动，此时可将保护开关短接或用一根导线直接给离合器通电，使压缩机工作，待保养性运行结束后，再将电路恢复原样。

19）在空调运行过程中，若听到空调装置有异响或发现其他异常情况，应立即关闭空调系统，并及时请有关维修人员进行检修。

20）严格按汽车空调生产厂家的规定进行保养。

1-2 汽车空调系统维护作业

1. 汽车空调系统的日常维护

1) 保持冷凝器的清洁。冷凝器的清洁程度与其换热状况有很大关系,因此应经常检查冷凝器表面有无污物、泥垢,散热片是否弯曲或被堵塞。若发现冷凝器表面脏污,应及时用压缩空气或清水清洗干净,以保持冷凝器有良好的散热条件。防止冷凝器因散热不良而造成冷凝压力和温度过高、制冷能力下降。在清洗冷凝器的过程中,应注意不要把散热片碰倒,更不能损伤制冷管道。

2) 保持送风通道空气进口滤清器的清洁。送入车厢内的空气都要经过空气进口滤清器的过滤,因此应经常检查滤清器是否被灰尘杂物所堵塞并进行清洁,以保证进风量充足,防止蒸发器芯空气通道堵塞影响送风量。一般每周检查一次。

3) 应定期检查制冷压缩机驱动带的使用情况和松紧程度,若驱动带松弛,应及时张紧,若发现若驱动带有裂口或损坏,应采用汽车空调专用驱动带进行更换。另外,新装驱动带在使用 36~48h 后会有所伸长,故应重新张紧,张紧力一般为 441~490N。

4) 经常检查制冷系统各管路接头和连接部位、螺栓、螺钉。是否有松动现象,是否有与周围机件相磨碰的现象,胶管是否老化,在进出叶子板孔处的隔振胶垫是否脱落或损坏。

5) 在春、秋或冬季不使用冷气的季节里,应每半个月起动空调压缩机一次,每次 5~10min。这样制冷剂在循环中可把冷冻机油带至系统内的各个部分,从而可防止系统管路中各密封胶圈、压缩机轴封等因缺油干燥而引起密封不良和制冷剂泄漏,并使压缩机、膨胀阀及系统内各活动部件动作,不致结胶黏滞或生锈。还要注意的是,在进行这项保养时,应在环境温度高于 4℃时进行,否则当环境温度过低时会因冷冻机油黏度过大而使流动性变差,导致当压缩机起动后不能立即将油带到需要润滑的部位而造成压缩机磨损加剧甚至损坏。

2. 汽车空调系统的定期维护

作为汽车上很重要的一个系统,除了前述由驾驶人进行的一些日常保养和检查工作外,在汽车空调的使用过程中,还应由汽车空调专业维修人员对汽车空调系统各总成和部件做一些必要的定期保养和调整检查工作,这样才能更好地保证汽车空调的使用寿命和工作可靠性。轿车空调的定期保养和维护项目主要有以下几项:

1) 压缩机的检查和维护。一般是每 3 年进行一次,主要检查进、排气压力是否符合要求,各紧固件是否松动,是否漏气等。拆开后主要检查进、排气阀片是否有破损和变形现象,若有应修整或更换进、排气阀总成。压缩机拆修后必须更换各密封圈和轴封,否则会造成压缩机密封处泄漏。

2) 冷凝器及其散热风扇的检查和维护。一般每年进行一次,保养内容主要是彻底清扫或清洗冷凝器表面的杂质、灰尘,用扁嘴钳扶正和修复冷凝器的散热片,仔细检查冷凝器表面是否有异常情况,并用检漏仪检查制冷剂有无泄漏。若防锈涂料脱落,应重新涂刷,以防止生锈穿孔而泄漏。检查冷凝器散热风扇是否运转正常,检查风扇电动机的电刷是否磨损过量。

3) 蒸发器的检查和维护。一般应每年用检漏仪进行一次检漏作业,每 2~3 年应卸开蒸发箱盖,对蒸发器内部进行清扫,清除送风通道内的杂物。

4）电磁离合器的检查和维护。每1~2年应检修一次。重点检查其动作是否正常，是否有打滑现象，接合面是否磨损，离合器轴承是否严重磨损。同时，还必须用塞尺检查其电磁离合器间隙是否符合要求。

5）储液干燥器的更换。轿车空调在正常使用的情况下，一般每3年左右更换一次储液干燥器，若因使用不当使系统进入水分应及时更换。另外，若系统管路被打开，一般也应更换储液干燥器。

6）膨胀阀的保养。一般每1~2年检查一次其动作是否正常，开度大小是否合适，进口滤网是否被堵塞，若不正常应更换或做适当调整。

7）制冷系统管路的维护。

① 管接头。每年检查一次，并用检漏仪检查其密封情况。

② 配管。检查其是否与其他部件相碰，检查软管是否有老化、裂纹现象，一般每3~5年更换软管。

8）驱动机构的检查和维护。

① V带。每使用100h检查一次张紧度和磨损情况，使用3年左右应更换新品。

② 张紧轮及轴承。每年检查一次，并加注润滑油。

9）冷冻油机的更换。一般每2年左右检查或更换，管路有较大泄漏时，应及时检查或补充冷冻机油。

10）安全装置的检查与更换。高压开关、低压开关、温度开关等关系到空调系统是否能安全、可靠地工作的安全装置，一般应每年检查一次．每5年更换一次。

11）怠速提升装置应每年检查和调整一次。

12）其他事项。

① 装配螺栓、螺母等紧固件应每3个月紧固一次。

② 防振、隔振胶垫应每年检查其是否老化、变形，若有故障应及时更换。

③ 管道保温材料应每年检查一次是否老化失效。

④ 制冷状况的检查应每2年进行一次，一般进、出风口的温差应在7~10℃之间。

上述定期检查和保养周期应根据空调运行的具体情况执行，不可生搬硬套。例如，对于空调使用十分频繁的温度较高的地区，可适当缩短保养周期，而对于温度较低的地区，每年空调运行的时间相对较短，可适当延长保养周期。

1-3 汽车空调维修常用工具与设备的认识和使用

1. 常用工具

常用工具即是普通的汽车维修工具，在汽车空调维修中必不可少。常用工具有：各种扳手，包括活动扳手、呆扳手、梅花扳手、管子扳手等；各种螺钉旋具，包括一字槽螺钉旋具、十字槽螺钉旋具等；各种钳子，包括钢丝钳、鲤鱼钳、尖嘴钳、电工钳等；榔头、电筒，以及各种钻头等工具。

2. 常用设备

常用设备包括温度计、湿度计、万用表、电烙铁、手钻，以及乙炔-氧气焊割设备。下面重点介绍温度计和湿度计。

温度计是用于测量温度的仪表，主要有玻璃液体式温度计和压力式温度计两种，如图 1-10 所示，温度计用于检查空调的性能，可以用蚀刻的杆式温度计。检查温度时，湿度计也必须同时使用，因为空调的性能与湿度有关。

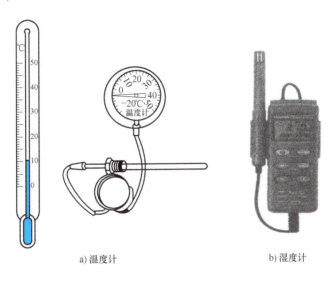

a) 温度计　　　　　　　b) 湿度计

图 1-10　温度计与湿度计

1-4　汽车空调维修专用工具与设备的认识和使用

1. 空调歧管压力测试仪

歧管压力测试仪也称歧管压力表，如图 1-11 所示，是维修汽车空调制冷系统不可少的工具。它与制冷系统相接可以进行释放制冷剂、抽真空、加注制冷剂及诊断制冷系统故障等。

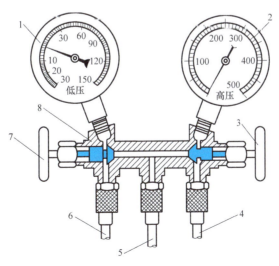

空调歧管压力测试仪的结构和分类

图 1-11　歧管压力测试仪

1—低压表（蓝）　2—高压表（红）　3—高压手动阀（HI）　4—高压侧软管（红）
5—维修用软管（黄）　6—低压侧软管（蓝）　7—低压手动阀（LO）　8—表座

(1) 歧管压力测试仪的结构 歧管压力测试仪是由两个压力表（低压表和高压表），两个手动阀（高压手动阀和低压手动阀），三个软管接头（一个接低压工作阀，一个接高压工作阀，一个接制冷剂罐或真空泵吸入口）组成的。这些部件都装在表座上，形成一个压力计装置。

(2) 歧管压力测试仪的工作原理 歧管压力测试仪为弹簧管式，其结构如图 1-12 所示。当具有一定压力的被测工质从接头进入弹簧管时，由于弹簧管内外压力差的作用，弹簧管膨胀变形，通过拉杆使扇形齿轮转过一定角度，从而带动小齿轮和指针也转过一定角度，指针所指的读数便是所测的压力。如果被测工质压力低于大气压力，则弹簧管收缩变形，压力计所示读数便是真空度。

歧管压力测试仪有两个压力表，一个用于检测制冷系统高压侧的压力，另一个用于检测低压侧的压力。高压侧压力表测量范围从"0"开始，量程不得小于 2.11MPa；低压侧压力表既能显示低压，又能显示真空度。压力从"0"开始，即从一个大气压的绝对压力开始，其正压力的单位为 $1bf/in^2$，$1bf/in^2$ = 6.895kPa；从"0"值下降的真空度的单位为 inHg，1inHg = 3.378KPa。由于低压表的"0"刻度上下两端单位不相同，读低压表一定要注意。

图 1-12 弹簧管式压力测试仪
1—小齿轮 2—游丝 3—指针 4—扇形齿轮
5—弹簧管 6—拉杆 7—固定块

两个压力表都装在阀体上，阀体的两端各有一个手动阀，下部有三个通路接口，通过两个手动阀和三根软管组合作用，可使歧管压力测试仪具有四种功能。

(3) 歧管压力测试仪的功能 歧管压力测试仪的功能如下：

1) 检测制冷系统的高压端压力，如图 1-13a 所示。当高压手动阀和低压手动阀同时关闭时，可对高压侧和低压侧进行压力检查。

2) 对制冷系统抽真空，如图 1-13b 所示。当高压手动阀和低压手动阀同时全开时，全部管路接通，在中间接头接上真空泵，便可以对系统进行抽真空。

3) 充注制冷剂和冷冻机油，如图 1-13c 所示。将高压手动阀关闭，低压手动阀打开，中间接头接到制冷剂钢瓶上或冷冻机油瓶上，则可向系统充注制冷剂或冷冻机油。

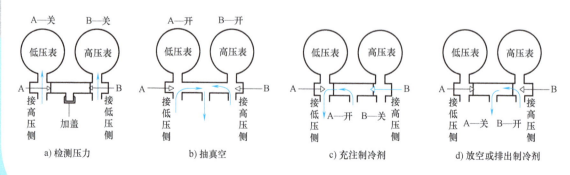

图 1-13 歧管压力测试仪的功能

4)制冷系统放空或排出制冷剂,如图1-13d所示。将低压手动阀关闭,高压手动阀打开,则可使系统向外放空,排出制冷剂。

(4)使用时注意事项

1)歧管压力表属于精密仪表,必须细心维护,不得损坏,且要保持清洁。

2)不使用时,要防止水或脏物进入软管。

3)使用时要把管中的空气排出。

4)压力表接头与软管连接时,只能用手拧紧,不能用工具拧紧。

5)不同制冷剂系统不可使用同一个歧管压力表组。不同制冷剂的歧管接头尺寸也不相同,操作时不要混淆。

空调歧管压力测试仪的使用

2. 制冷剂注入阀

为了便于外出维修时携带,市场上有一种小容量罐装制冷剂(一般为250g),这种罐装制冷剂需要借助制冷剂注入阀(图1-14)来配套开罐,而且不同制冷剂的注入阀尺寸不相同。

制冷剂注入阀的使用方法如下:

1)按逆时针方向旋转注入阀手柄,直至针阀完全缩回。

2)将注入阀装到小型制冷罐上,逆时针方向旋转板状螺母(圆板)直到最高位置,然后顺时针拧动制冷剂注入阀,直到注入阀嵌入制冷剂密封塞。

3)将板状螺母顺时针旋到底,再将歧管压力表上的中间软管固定在注入阀接头上。

4)用手充分拧紧板状螺母。

5)顺时针方向旋转手柄,使阀针在小型制冷罐上开一个小孔。

6)若要加注制冷剂,则逆时针方向旋转手柄,使阀针抬起,同时打开歧管压力表的相应手动阀。

7)若要停止加注制冷剂,则顺时针方向旋转手柄,使阀针下落到刚开的小孔内,使小孔封闭,起密封制冷剂作用,同时关闭歧管压力表上的手动阀。

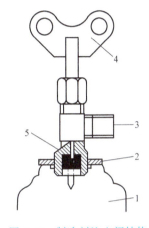

图1-14 制冷剂注入阀结构

1—制冷剂罐 2—板状螺母 3—注入阀接头
4—制冷剂注入阀手柄 5—阀针

3. 歧管压力表阀用软管

表阀用软管是氯丁耐氟橡胶软管,它为多层结构。里层是柔软而质地紧密的氯丁橡胶层,光滑无气孔,能承受一定的压力,高压端耐压3.5MPa以上,低压端耐压1.6MPa,破裂压力应高达13.8MPa。

软管长度已标准化,最常用的长度为0.914m,其他长度为0.61m、1.22m、1.52m等。它的上面有不同的颜色,以防接错。R134a系统用软管,低压软管用蓝底带黑色条纹,高压软管用红底带黑色条纹,中间软管用黄底或绿底带黑色条纹。

使用软管时应注意:

1)与软管接头连接的螺母,只能用手拧紧,不能用工具拧紧。

2)使用时要把管内的空气排尽。

3)不同制冷剂软管不能混用。

4）高、低压软管不能混用，低压软管一定不能接入高压系统中。

4. 气门阀

气门阀安装在汽车空调制冷系统管路中，其外形与动作和轮胎上的气门阀类似，它只有两个位置，即开和关（后坐），正常的工作位置是关。此阀由软管一端接头或特殊软管接头上的销子顶开。只要软管或接头拧在气门阀上，压力表即可显示出系统压力，如图1-15所示。卸下软管时，则自动关闭系统接口。气门阀一般有两个，一个安装在高压管路中，一个安装在低压管路中，而且两个气门阀的接头尺寸不相同，这样有助于防止高、低侧接错。

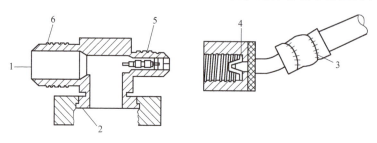

图 1-15　气门阀

1—至系统　2—至压缩机　3—软管　4—销子　5—气门阀　6—检修阀

使用气门阀时要注意以下两点：

1）安装时，软管一端首先与表阀连接，然后另一端才能和气门阀相连接。

2）拆卸时，应先从气门阀上断开软管或接头，然后再从表座上断开另一端，否则会损失制冷剂或引起人身事故。

如图1-16所示，R134a系统中的气门阀与软管接头连接处有一个凹槽，它们之间通过快速接头相连接。

5. 成套维修工具

如图1-17所示，成套维修工具是把汽车冷气系统维修时需要的专用工具组装在一个工具箱内。

6. 真空泵

安装、检修空调制冷系统时，会有一定量的空气和水蒸气进入制冷系统中，这会使膨胀阀在制冷系统工作时发生冰堵，冷凝器压力升高，系统零部件被腐蚀。因此，对制冷系统完成检修后，在未加入制冷剂之前，应对系统抽真空，而抽真空是否彻底，将会影响系统的正常运行效果。

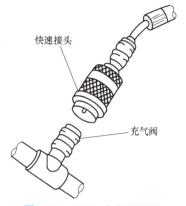

图 1-16　R134a气门阀接头

真空泵的作用就是对制冷系统抽真空，排除系统内的空气、水分。抽真空并不能把水抽出系统，而是产生真空后降低了水的沸点。水在较低压力下沸腾，以蒸汽的形式从系统中抽出。

真空泵的结构如图1-18所示，它主要由转子2、定子5、叶片4及排气阀1等零件组成。工作时在离心力和弹簧张力的作用下，叶片4紧贴在定子5的缸壁上，并将其分隔成进气腔和压缩腔。转子旋转时进气腔容积逐渐扩大，腔内压力下降，从而吸入气体；压缩腔容积逐渐缩小，压力升高，气体从排气阀1排到大气中，如此不断循环，便可以把容器内的空气排出，从而达到抽真空的目的。这种真空泵的排气速度为50～30L/min，真空度在0.133Pa左右。双级真空泵的结构图如图1-19所示。

项目1 汽车空调认知

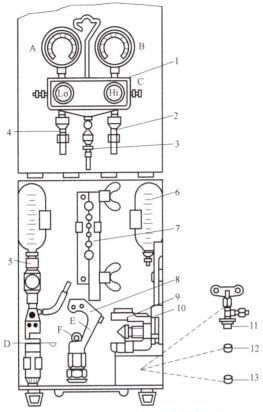

图1-17 汽车空调专用成套维修工具

1—歧管压力表 2—红色注入软管 3—绿色注入软管 4—蓝色注入软管 5—漏气检测仪
6—备用储气瓶 7—制冷剂管固定架 8—制冷剂管割刀 9—扩孔工具
10、13—检修阀扳手 11—制冷剂罐注入阀 12—注入软管
A—低压表 B—高压表 C—压力表座 D—反应板 E—绞刀 F—刀片

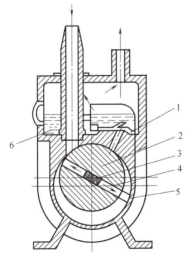

图1-18 叶片式真空泵结构

1—排气阀 2—转子 3—弹簧
4—叶片 5—定子 6—润滑油

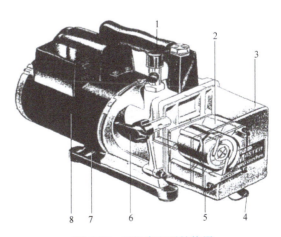

图1-19 双级真空泵结构图

1—加油口 2—双级刮片泵 3—外壳 4—排油阀 5—刮片
6—电磁隔离阀 7—底座 8—电动机

19

7. 检漏设备

拆装或检修汽车空调制冷系统管道，更换零部件之后，需要对制冷系统进行制冷剂的泄漏检查。

（1）肥皂液 肥皂液是修理厂最常用的检漏剂。把肥皂液涂在可能出现泄漏的部位，泄出的气体就会形成气泡。如果泄漏轻微，在泄漏的地方就会产生一个大气泡；如果泄漏严重，就会产生很多气泡，很容易发现和鉴别。但是，有些不易涂抹或面积太大不能涂抹的部位，如压缩机前端盖处、冷凝器，就不方便用肥皂液进行检查，同时微小的泄漏也很难查出。因此，肥皂液只能用于粗检，在检漏过程中还要和其他检漏设备一起使用。

（2）着色剂 用棉球蘸着制冷剂着色剂，这种着色剂与制冷剂接触时会变成红色。这种方法和肥皂液一样方便准确，但着色剂较贵，修理厂一般很少使用。

（3）卤素检漏灯 卤素检漏灯如图1-20所示，其灯利用制冷剂气体进入安装在喷灯外的吸入管内，使喷灯的火焰发生改变这一特性来判断系统泄漏的部位和泄漏的程度。火焰的颜色根据吸入制冷剂量的不同而不同。

卤素检漏灯的使用方法如下：

1）使用之前，先检查储气瓶内的液态丙烷是否足够。

2）在卤素检漏灯主体下边安装储气瓶，安装时应朝顺时针方向拧到底。

3）将点燃的火柴插入卤素检漏灯点火孔内，再按逆时针方向慢慢旋转调节手柄，让丙烷气体溢出，遇火点燃。

4）将火焰调节到尽量小，火焰越小，灵敏度越高。

5）将吸气管末端靠近有可能泄漏的地方。

6）细心观察火焰的颜色，判断制冷剂泄漏情况。

使用卤素检漏灯要注意经常刮去反应板上的氧化层，以增加其灵敏度；同时由于燃烧后的制冷剂有毒，检查时切勿吸入燃烧的制冷剂，以免中毒。

卤素检漏灯的价格较低，灵敏度较高，以前在修理厂使用很广泛，但由于使用较复杂，目前正在逐渐淘汰。

（4）电子检漏仪 电子检漏仪价格较高，灵敏度也较高。

1）电子检漏仪工作原理。电子检漏仪工作原理如图1-21所示，它由一对电极组成，阳

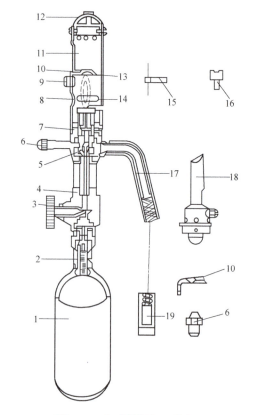

图1-20 卤素检漏灯的结构

1—检漏灯储气瓶 2—检漏灯主体 3—吸气管 4—滤清器 5—燃烧筒支架 6、17—喷嘴 7—火焰分离器 8—点火孔 9—反应板螺钉 10—反应板 11—燃烧筒 12—燃烧筒盖 13—栓盖 14—调节把手 15—火焰长度（上限） 16—火焰长度（下限） 18—喷嘴清洁器 19—接头

极由白金制成，白金被加热器加热，放在空气中加上电压，就有阳离子打到阴极，产生电流。如果有制冷剂流过，回路中的电流就会明显增大，根据此信号即可检测出制冷系统的泄漏情况。

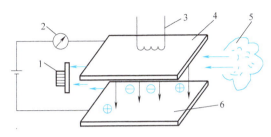

图1-21 电子检漏仪工作原理

1—吸气微型风扇 2—电流表 3—加热器 4—阳极 5—气态制冷剂 6—阴极

2）电子检漏仪结构。电子检漏仪结构如图1-22所示。阳极5内设有加热器8，并把其加热到800℃左右。阳极的外侧设有阴极6，在两电极之间加有12V直流电压。为了使气体在两电极间流动，在电极的前面设有吸气孔10，在其后面设有风扇4。当有卤族元素的阳离子出现时，就会产生几微安的电流，由直流放大器11把检测出的电流放大，使电流表1的表针摆动或音程振荡器发出声响，以示制冷剂泄漏程度的大小。

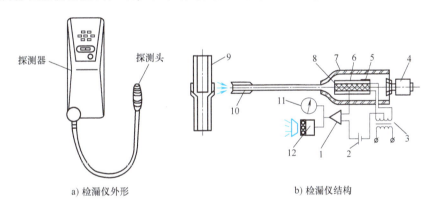

a) 检漏仪外形　　　　　　　　　　　　b) 检漏仪结构

图1-22 电子检漏仪结构

1—电流表 2—阳极电源 3—变压器 4—风扇 5—阳极 6—阴极 7—外壳
8—加热器 9—管道 10—吸气孔 11—直流放大器 12—音程振荡器

空调检漏仪的功能和结构　　　空调检漏仪的使用　　　空调检漏仪的使用注意事项

3）电子检漏仪使用方法。各种电子检漏仪的使用方法不完全相同，一般使用方法如下：

① 将电子检漏仪的电源开关接上，预热10min左右。

② 将开关拨至校核档，确认指示灯和警铃正常。

③ 将仪器调到所要求的灵敏度范围。

④ 将开关拨至检测档，将探头放至检测部位，如果泄漏量超过灵敏度范围，则警铃会发出声响。

一旦查出泄漏部位，探头应立即离开此部位，以免缩短仪器寿命及影响灵敏度。如果制冷系统的制冷剂大量泄漏或刚经过维修，周围空间有大量制冷气体，则应先吹净周围有制冷剂的空气，然后再进行检查，否则影响检查的正确性，无法测出泄漏部位。

4）电子检漏仪使用注意事项。电子检漏仪在使用过程中应注意以下几点。

① 根据制冷系统的制冷剂种类，选择合适类型的电子检漏仪或开关的档位。

② 由于制冷剂的密度比空气大，电子检漏仪在检测时，吸气管口应对准有可能泄漏部位的下方。

③ 探头比较容易损坏，损坏后应及时更换，否则影响检测精度。

8．其他维修工具

（1）割管器　割管器是切割制冷剂管（铜管或钢管）的工具，如图1-23所示。

割管器一般可切割直径为3~25mm的铜管，切割时将铜管放在两个滚轮中间，转动旋转柄时刀刃碰到管壁。用一只手捏紧管子，另一只手转动转柄，使割刀绕铜管旋转。每转一圈，顺旋转柄进刀1/4圈，边转边进刀。直到管子被割断。进刀量不能过大，刀口垂直铜管，不可歪扭和侧向扭动，以免压扁管子或使管口内凹，以及刀口边缘崩裂。切割铜管之后，一定要用刀片除去管端的毛刺，避免切屑进入管内。

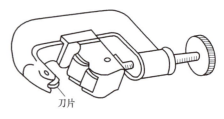

图1-23　割管器

（2）涨管器　制冷剂管采用螺纹接头时，为确保连接处的密封性良好，需将管口扩大成呈喇叭口形状。图1-24所示为铜管涨管器。使用方法如下：

1）将已退火的铜管端部从固定架管孔中稍微向上露出距工具平面$a/3$的距离。

2）在锥形涨口工具的顶尖上涂少许冷冻机油。

3）把锥形涨口工具插入管孔内，其拉脚卡在涨口夹板内。

4）慢慢旋动螺杆使管端部扩张成喇叭口形。

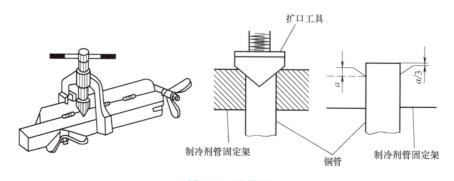

图1-24　涨管器

涨好后的喇叭口不应有裂纹和麻点，以防密封不严，不合格的喇叭口一般是由以下原因造成的，应予避免：

项目1 汽车空调认知

1）管口伸出工具平面过多。

2）挤压时螺杆旋转过快。

3）管子材质硬度过高，没有退火。

（3）弯管器　对于小管径的铜管，一般用弯管器弯曲。如图1-25所示，不同的管径必须用不同规格的弯管模子进行弯曲，对管径小于8mm的铜管，可将弹簧管套入管内以利于弯曲。

图1-25　弯管器

任务总结

1）汽车空调技术经历了由低级到高级的发展阶段，包括单一取暖、单一冷气、冷暖一体化、自动控制、微机控制五个阶段。

2）汽车空调系统一般由制冷系统、采暖系统、通风系统、电气控制系统四大部分组成。

3）汽车空调的性能指标主要有热、湿负荷，舒适性参数。

4）制冷剂R12会对大气臭氧层起破坏作用，因此被R134a取代。

5）汽车空调常用设备有温度计、湿度计、万用表、电烙铁、手钻，以及乙炔-氧气焊割设备。汽车空调维修专用工具与设备主要有歧管压力表、制冷剂注入阀、歧管压力表阀用软管、气门阀、成套维修工具、真空泵、检漏设备及其他维修工具。

学习工作页

完成"学习工作页"任务工单1各项作业。

项目 2　汽车空调制冷系统部件结构与检修

知识目标：
1）能解释汽车空调制冷系统的组成及制冷循环工作原理。
2）能解释汽车空调压缩机的结构、特性、作用与工作过程。
3）能解释汽车空调制冷系统其他部件的结构与工作过程。
4）能解释电动汽车空调制冷系统的类型、结构与工作过程。
5）能正确分析判断汽车空调制冷系统各部件的工作状态。

技能目标：
1）能准确完成汽车空调制冷系统维护作业。
2）能准确完成汽车空调制冷系统部件的检修作业。

思政目标：
1）培养严谨认真的工匠精神和安全环保意识，尤其是制冷剂的安全使用。
2）培养良好的标准化、规范化、科学化等职业素养，包括6S管理、相关工艺规格和检验特性。

任务接受

一辆 2009 年产速腾 1.6L 轿车（装备自动变速器），行驶了 15000km。有时出现空调不制冷现象，要求汽车维修技术人员能够解决该问题。

2.1　汽车空调制冷系统

1. 汽车空调制冷系统的工作原理

蒸气压缩式制冷装置是由<u>压缩机、冷凝器、膨胀阀、蒸发器</u>这四大部件加上一些辅助设备，用管道依次连接组成的。同样，汽车制冷系统也是由制冷四大部件及辅助设备和耐氟软管组成的，制冷剂在封闭的系统中循环流动。下面以图 2-1 为例说明其基本制冷原理。

（1）压缩过程　压缩机运转时，将蒸发器内产生的低压低温蒸气吸入气缸，经过压缩后，使蒸气的压力和温度增高后排入冷凝器。

（2）冷凝过程（放热过程）　在冷凝器中高温高压的制冷剂蒸气与外面的空气进行热交换，放出热量使制冷剂冷凝成高压液体，然后流入干燥储液器，并过滤流出。

项目2　汽车空调制冷系统部件结构与检修

汽车制冷系统
工作原理

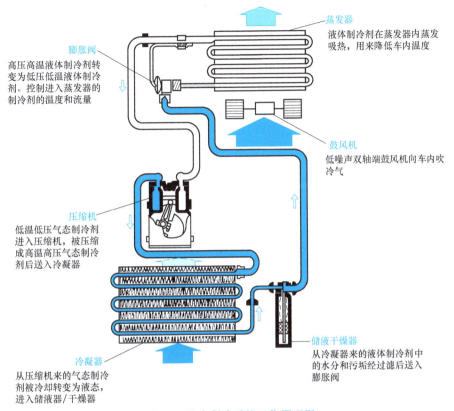

图 2-1　汽车制冷系统工作原理图

（3）节流过程　经过膨胀阀的节流作用，制冷剂以低压的气液混合状态进入蒸发器。

（4）蒸发过程　在蒸发器中，低压制冷剂液体沸腾汽化，吸取车厢内空气的热量，然后又进入压缩机进行下一轮循环。这样，制冷剂便在封闭的系统内经过压缩、冷凝、节流和蒸发四个过程，完成了一个制冷循环。

2. 汽车空调制冷系统的分类

（1）按驱动方式分类　汽车空调系统按驱动方式的不同可分为非独立式空调系统和独立式空调系统。

1）独立式空调系统。独立式空调系统最明显的特点是空调驱动动力源与汽车的主发动机分开，用另外一台发动机（副发动机）带动，构成独立的空调系统。这种空调的工作运转平稳，不受汽车主发动机载荷的影响，空气调节量大，但成本高、体积大。空调压缩机一般是采用较大功率的定排量压缩机，采用分体式配气方式，如图 2-2 所示。这种类型的汽车空调系统一般用于制冷量较大的商用客车上。

2）非独立式空调系统。非独立式空调系统的制冷压缩机由汽车本身的发动机驱动，汽车空调系统的制冷性能受汽车发动机工况的影响较大，工作稳定性较差，尤其是低速时制冷量不足，高速时制冷量又过剩，并且消耗功率较大，进而影响发动机的动力性能。这种类型的汽车空调系统一般用于制冷量相对较小的轿车上。

（2）按控制方式分类　汽车空调按控制方式可分为手动空调、半自动空调、全自动空调三类。

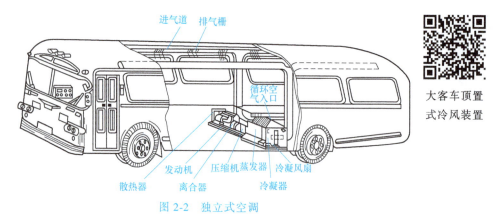

图 2-2 独立式空调

1) 手动空调。手动空调的风机转速、出风口温度及送风方式等功能是由驾驶人操纵和调节的。车内通风的温度控制是通过仪表板上空气控制按钮、温度控制按钮、进气按钮和风扇开关等来操纵通风管道上的各种活门来实现的。

2) 半自动空调。半自动空调系统与手动空调系统的差别不大，其主要不同是半自动空调系统采用程序装置、伺服电动机或控制模块等操纵机构，可以设定温度值，电脑自动保持恒温，但是风速是手动调节的。

3) 全自动空调。全自动空调是利用传感器随时检测车内外温度的变化，并把检测到的信号送给空调的电子控制单元（ECU）。ECU 则按预先编制的程序对信号进行处理，并通过执行元件，不断地对风机转速、出风温度、送风方式及压缩机工作状况等进行调节，从而使车内温度、空气湿度及流动状况始终保持在驾驶人设定的水平上。全自动空调系统具有自诊断功能，可以及早发现故障隐患。

3. 电动汽车空调系统的类型、组成及工作原理

（1）电动汽车空调系统类型

1) 纯电动汽车空调系统。纯电动汽车的空调系统与传统动力汽车基本相同。传统汽车压缩机由发动机传动带通过电磁离合器带动，而纯电动汽车采用电动压缩机，电动压缩机由动力蓄电池提供高压电驱动。

2) 混合式空调系统。混合式空调系统是由带式空调压缩机和电动空调压缩机共同组成的混合一体机。正常工作时，空调控制系统会选择最有效率的机械驱动模式或电驱动模式，其既可以由发动机驱动，也可以由电动机驱动，还可以由两者同时驱动。当发动机不工作时，电动机可以驱动空气压缩机继续工作，保证车内的温度。如果车外温度特别高，需要高速制冷，而电动机驱动不能满足制冷要求时，发动机系统将自动起动，将冷气源源不断地输送到车内。当车内温度已经稳定到最佳水平时，发动机自动关闭，节约油耗。

3) 遥控空调系统。遥控空调系统是指驾驶人可通过智能手机应用程序或汽车密钥卡按钮激活的空调系统。在传统的混合动力汽车中，车内空调运行时间取决于动力蓄电池的荷电量（SOC），使用手机应用程序或汽车密钥卡遥控空调打开后，最多可运行 3min。在插电式混合动力汽车中，遥控空调最多可以运行 10min，车内空间越大所需空调运行的时间越长。

在这种控制系统中，当发出激活遥控空调系统的命令后，如果车门尚未锁上，则车辆的控制系统会锁住车门，并闭合电池包的高压主继电器，从而使电池包带动空调压缩机工作。

项目2 汽车空调制冷系统部件结构与检修

虽然高压主继电器处于闭合状态,但是遥控空调系统其实并没有使车辆上电(READY为ON)。在遥控空气调节超时、动力蓄电池的荷电量低于规定阈值、车辆的车门处于解锁状态等情况下,将发出关闭遥控空调系统的命令。

4)车内太阳能通风系统。有些混合动力汽车和纯电动汽车将太阳能电池板安装在汽车的车顶,当车辆断电(READY为OFF)且在炎热的天气下停车时,可以打开太阳能通风系统使车内通风透气,但是太阳能电池板不会为车辆动力蓄电池包充电。

通常情况下,太阳能通风系统是通过开关控制的。当车内温度上升到高于规定温度值时,如果接通太阳能通风系统并且太阳能电池板能够输出足够的电压,太阳能电池板的电流就会激活汽车内部鼓风机。在昏暗或多云的天气,太阳能通风系统可能无法产生足够的电压,有些太阳能通风系统还可以控制车内通风口。为了分隔太阳能电池板的电压与汽车的电气系统,太阳能通风系统的风扇控制器通常是独立安装的。

(2)电动汽车空调系统组成 电动汽车的空调系统与传统动力汽车基本相同,由压缩机、冷凝器、蒸发器、冷却风扇、鼓风机、膨胀阀、储液干燥器和高低压管路附件、空调总成、暖风水管、传感器等组成,如图2-3所示,其布置如图2-4所示。

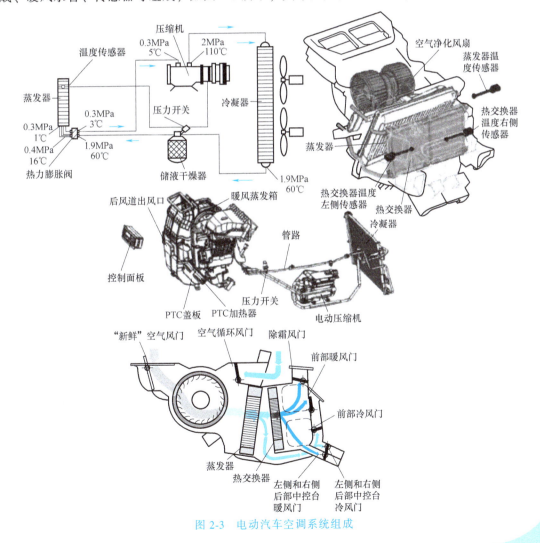

图2-3 电动汽车空调系统组成

(3) 电动汽车空调系统工作原理

电动汽车空调系统一般具有制冷、取暖、除霜、通风换气四种功能。电动压缩机自动调节式空调为蒸气压缩式制冷循环制冷，制冷剂为 R410a，冷冻机油型号为 POE，控制方式为按键操纵式，自动空调箱体的模式风门、冷暖混合风门和内外循环风门由电动机控制。

通过空调面板打开空调后，空调控制器会通过高压侧的压力传感器、低压侧的压力温度传感器和蒸发器温度传感器信号控制电动压缩机工作。

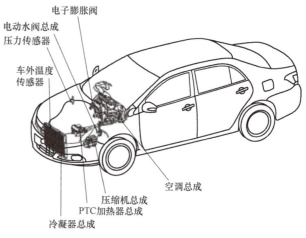

图 2-4 空调系统布置

电动压缩机的电源通过高压电控总成中的空调接触器进行控制，由电子膨胀阀精确控制流量的功能整体提升空调系统的工作效率。

电动汽车空调系统制冷工作原理如图 2-5 所示，由空调驱动器驱动的电动压缩机将气态的制冷剂从蒸发器中抽出，并将其压入冷凝器。高压气态制冷剂经过冷凝器时会通过液化进行热交换（释放热量），热量被车外的空气带走。高压液态的制冷剂经膨胀阀的节流作用而降压，低压液态制冷剂在蒸发器中气化而进行热交换（吸收热量），蒸发器附近被冷却的空气通过鼓风机吹入车厢。气态的制冷剂又被压缩机抽走，泵入冷凝器，使制冷剂进行封闭的循环流动，不断地将车厢内的热量排到车外，降低车厢内的温度。

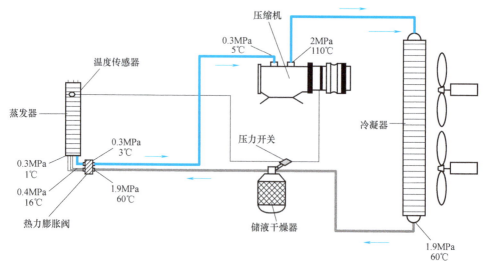

图 2-5 电动汽车空调系统制冷工作原理

空调控制器检测到中压开关低电平信号后，控制风扇高速旋转。风扇高速旋转之前，必须先低速旋转 2s，然后再高速旋转。电子风扇通过主控制器对三个继电器的控制实现运行。开启压缩机的同时，空调控制器将检测系统压力，当空调系统压力小于 2.7MPa 时，发送低速档位；当空调系统压力不低于 2.7MPa 时，发送高速档位。

散热风扇由两个电动机控制,可以形成高速和低速两种模式。高速时两个风扇单独供电,低速时两个风扇为串联供电。

2.2 压缩机

1. 压缩机的作用与工作过程

(1) 汽车空调压缩机的作用　由制冷原理可知,要想降低温度,必须消耗动力。汽车空调压缩机就是发动机向制冷系统做功的部件,它的作用就像人们的心脏一样。汽车空调压缩机在制冷回路中主要有以下三个作用:

1) 抽吸作用。有了压缩机的抽吸作用,才能使蒸发管内的压力降低。制冷剂才能在低温下沸腾,从而使系统向车厢内排出冷气。

2) 循环泵作用。制冷剂在系统中需要不断地循环,压缩机就是制冷剂循环的动力来源(故也有人把其称为空调泵)。

3) 压缩作用。压缩机吸入的是低温低压的制冷剂蒸气,只有经过压缩机的压缩,才能把低温低压的制冷剂蒸气转变为高温高压的制冷剂蒸气,制冷剂蒸气进入冷凝器后才能向外界排出热量。

(2) 活塞式压缩机的工作过程　活塞式压缩机对制冷剂蒸气的压缩是由活塞在气缸内改变工作容积完成的。图2-6所示为活塞式压缩机工作的四个过程。

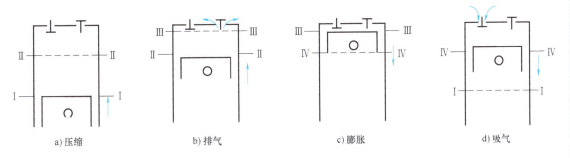

a) 压缩　　　b) 排气　　　c) 膨胀　　　d) 吸气

图2-6　活塞式压缩机的工作过程

1) 压缩过程。当活塞处于最下端位置Ⅰ—Ⅰ(称为下止点或下死点)时,气缸内充满了从蒸发器吸入的低压制冷剂蒸气,吸气过程结束。活塞在曲柄连杆机构的带动下开始向上移动时,吸气阀关闭,气缸的工作容积逐渐减小。密闭在气缸内的蒸气的压力和温度因容积的减小而逐步升高。当活塞向上移动到位置Ⅱ—Ⅱ时,气缸内的蒸气压力升高到略高于排气管路中的压力,排气阀门便自动打开,开始排气。制冷剂蒸气在气缸内从进汽时的低压升高到排气时的高压的过程称为压缩过程。

2) 排气过程。活塞继续向上运动,气缸内的蒸气压力不再升高,而是不断地经过排气阀向排气管输出,直到活塞运动到最高位置Ⅲ—Ⅲ(称为上止点或上死点)时排气过程结束。蒸气从气缸向排气管输出的过程称为排气过程。

3) 膨胀过程。当活塞运动到上止点位置时,由于压缩机的结构及制造工艺等原因,活塞顶部与气阀座之间存在一定的间隙。该间隙所占的容积称为余隙容积。排气过程结束时,由于余隙的存在，在气缸余隙容积内有一定数量的高压蒸气。当活塞开始向下移动时，排气阀关闭，但吸气管道内的低压蒸气不能立即进入气缸，而是首先将残留在气缸内的高压蒸气因容积的增大而膨胀，使其压力下降，直至气缸内的压力下降到稍低于吸气管道中的压力时为止。活塞位置由Ⅲ—Ⅲ移动到Ⅳ—Ⅳ的过程称为膨胀过程。

4）吸气过程。当活塞运动到Ⅳ—Ⅳ位置时，进气阀门自动打开。活塞继续向下运动时，低压蒸气便不断地由蒸发器经吸气管和吸气阀进入气缸，直到活塞到达下止点Ⅰ—Ⅰ时的位置为止。这一过程称为吸气过程。

完成吸气过程后，活塞又从下止点向上止点运动，重新开始压缩过程，如此循环往复。压缩机经过压缩、排气、膨胀和吸气四个过程，将蒸发器内的低压蒸气吸入使其压力升高后排入冷凝器，起到抽吸、压缩和泵送制冷剂的作用。

2. 汽车空调压缩机的分类

（1）往复式压缩机　往复式压缩机常用的有曲柄连杆式、斜盘式压缩机等，是靠活塞在气缸内运动来压缩制冷剂蒸气的。

1）曲柄连杆式压缩机。曲柄连杆式压缩机的结构与一般用途的压缩机相同，但转速较高（可达 2000r/min 以上）。质量相应较小，寿命一般较低。图 2-7 所示为曲柄连杆式压缩机工作原理简图，分别表示压缩机吸气和排气的工作过程。曲柄连杆式压缩机因采用滚动轴承而阻力小，箱体、连杆、活塞均为铝制，镶有气缸套，整台压缩机的质量（不带电磁离合器）为 5.4kg，各部件靠飞溅润滑。

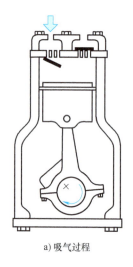
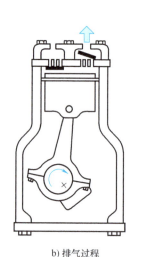

曲柄连杆式
（双向）压缩机

a) 吸气过程　　　　　　　b) 排气过程

图 2-7　曲柄连杆式压缩机工作原理简图

2）斜板式压缩机。斜板式压缩机的主要部件是主轴和旋转斜板。主轴被电磁离合器及带轮带动时，使斜板驱动活塞做轴向往复运动。斜板式压缩机及电磁离合器如图 2-8 所示。

图 2-9 所示的斜板机构，活塞获得平行于旋转斜板的往复运动。活塞有双作用式，即活塞两端都有压缩空间，也有单作用式，但采用的是图 2-10 所示的摇动斜板机构。双作用斜板式压缩机的活塞在斜板四周为等距离布置，如图 2-11 所示。图 2-12 所示为活塞与斜板的装配示意图。由于采用双作用活塞，蒸气在气缸两端被压缩，即在驱动侧和反驱动侧都装有气缸盖。为了使两端成为一个整体，在气缸上设有吸气和排气通路，如图 2-13 所示。

项目2 汽车空调制冷系统部件结构与检修

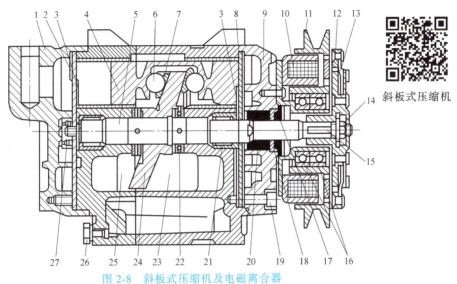

图2-8 斜板式压缩机及电磁离合器

1—后端盖 2—后排气阀板 3—吸气阀板 4—活塞 5—主轴 6—钢球 7—轴承架
8—前排气阀板 9—前端盖 10—离合器电磁线圈 11—传动带盘 12—压力板
13—调整垫片 14—轴端螺母 15—键 16—传动带盘轴承 17—油封 18—轴封座
19—端盖螺栓 20—轴封 21—滚针轴承 22—推力轴承 23—气缸前半部
24—旋转斜盘 25—气缸后半部 26—放油塞 27—油泵

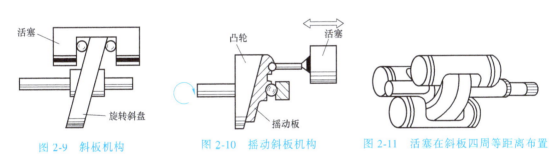

图2-9 斜板机构 图2-10 摇动斜板机构 图2-11 活塞在斜板四周等距离布置

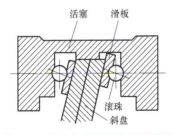

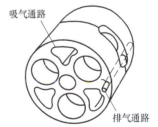

图2-12 活塞与斜板的装配示意图   图2-13 吸气通路与排气通路

值得一提的是，一些厂家生产斜板式压缩机时去掉了油泵系统。有些润滑较困难的部位，如主轴承是由一个与气缸相通的小孔，靠活塞运动时把吸进缸内的油压入而进行润滑的。其他部位是飞溅润滑，这样既省去了油泵，又解决了润滑问题。

日本三电公司SD系列压缩机则是单面斜板式的（图2-14），即五个气缸都放在一边，采用的是摇动斜板机构。这样布置的好处在于能通过弹簧的压力来补偿磨损间隙，有利于延长压缩机的使用寿命。

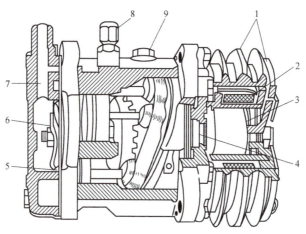

图 2-14　日本三电公司 SD 系列压缩机

1—离合板和传动带　2—电磁线圈　3—轴承　4—轴封　5—阀片　6—阀片限程板
7—后盖　8—维修接头　9—油塞

（2）旋转式压缩机　旋转式压缩机包括旋叶式压缩机、滚动活塞式压缩机、螺杆式压缩机、涡旋式压缩机。旋转式压缩机靠回转体旋转运动替代活塞式压缩机活塞的往复运动，以改变气缸的工作容积，从而将一定量的低压气态制冷剂进行压缩。

1）旋叶式压缩机。美国约克 VR4912 型旋叶式压缩机（图 2-15）的每转排量是 151mL，与离合器一起的质量是 9.25kg。该压缩机的转子上有狭槽，转子由滚针轴承支承，在圆形气缸内偏心定位。四片滑片在转子的前倾狭槽内滑动。转子外表面和气缸壁之间有一接触线，把吸、排气区隔离开。吸气时，转子转动使滑片外伸，同时离开接触线直到吸气容积增加到最大值，然后阀片开始收缩，随转子转动向接触线靠拢，以此压缩吸入的气体。压缩后的气体通过安装在接触线旁的弹片阀排出。该压缩机无吸气阀，因为阀片能起到吸入和压缩制冷剂的作用。排气阀片盖在四个平排着的排气孔上。压缩腔内装有液体单向阀，以防产生"液击"现象。后壳内有一个油分离器，把油与制冷剂气体分离，并安装了储油装置。润滑系统利用在油池和压缩室之间的压力差进行工作。当主轴转动时，油即进入叶槽使转子面、滑

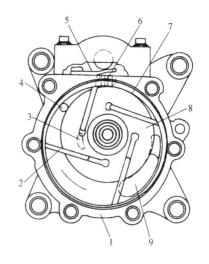

图 2-15　美国约克 VR4912 型旋叶式压缩机

1—气缸　2—旋片　3—油孔　4—单向阀
5—排气阀　6—排气孔　7—转子/气缸
接触点　8—转子　9—吸气孔

叶面、滚针轴承和轴封上有一层油膜，再加上吸入的制冷剂蒸气中的油，使滑片与缸壁之间的缝隙中有油以润滑滑片的运动。图 2-16 所示为旋叶式压缩机的结构。

日本松下公司还开发了一种每转排量为 94mL 的两滑片压缩机，通过对压缩机吸气腔进行研究与改进，这种压缩机具有低速运转时制冷能力损失小，而高速运转时又能有效抑制制

冷能力的综合特点。图 2-17 所示为这种具有能量控制的压缩机的示意图。

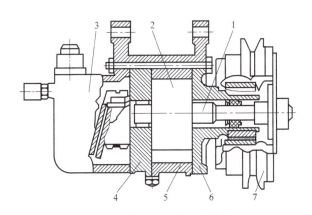

图 2-16　旋叶式压缩机的结构

1—主轴　2—转子　3—后盖　4—后端板
5—气缸　6—前端板　7—离合器

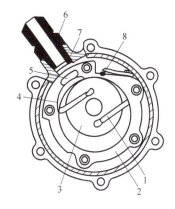

图 2-17　吸气通道装有环片的旋叶式压缩机

1—滑片　2—气缸　3—转子　4—吸气槽
5—吸气孔　6—接头　7—环片　8—排气孔

2）转子式压缩机。转子式压缩机有滚动活塞式和三角转子式两种。图 2-18 所示为滚动活塞式压缩机，其主要由曲轴、气缸、滚动活塞、排气阀、吸气口、滑片、弹簧等组成。电磁离合器与安装滚动活塞的曲轴连接，平衡重加在曲轴的端面上。气缸固定在轴承座与端板之间。三个弹簧把刮片顶在滚动活塞上。制冷剂中的润滑油被由不锈钢丝格网制成的油分离器分离出来，在壳底部积聚起来，靠压力差再注入各运动部件之间。滚动活塞偏地套在曲轴上，由曲轴带动偏心轮在气缸内绕旋转中心转动。同时，滚动活塞自身绕曲柄销转动。滑片在滑片槽内往复运动，受到弹簧力的作用，滑片端部与滚动活塞外圆接触。滚动活塞式压

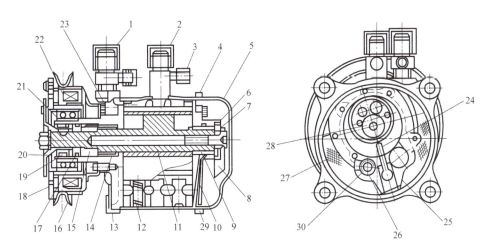

图 2-18　滚动活塞式压缩机

1—罩片（吸气）　2—罩壳（排气）　3—罩壳（阀）　4—机脚　5—机体
6—推力轴承　7—轴向止动卡　8—平衡座　9、14—径向轴承　10、13—盖套
11—曲轴　12—叶片弹簧　15、20—轴封　16—离合器带轮　17—O 形环
18—离合器压板　19、21—C 形环　22—离合器线圈　23—止推齿封　24—叶片
25—气缸　26—阀限位器　27—防雾装置　28—旋转活塞　29—放油孔　30—排气阀

缩机不设吸气阀，设有排气阀。

图 2-19 所示为压缩机的工作过程。随着滚动活塞不停地转动，吸气腔的容积扩大，制冷剂蒸气从吸气口吸入。同时压缩腔的容积减小，当压力高于排气阀外的压力时，制冷剂蒸气经排气阀排出。图 2-20 所示为柱面形排气阀局部示意图，这种排气阀具有余隙小、压降小、装配简单等特点。

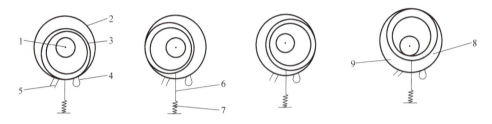

图 2-19　压缩机工作过程

1—曲轴　2—气缸　3—滚动活塞　4—排气阀　5—吸气口　6—滑片　7—弹簧　8—压缩腔　9—吸气腔

滚动活塞和曲轴的转动关系如图 2-21 所示。滚动活塞的内表面与曲柄销外表面之间充满润滑油，形成了一个滑动轴承，所以滚动活塞的转速低于曲轴的转速，进而减小了摩擦损失。

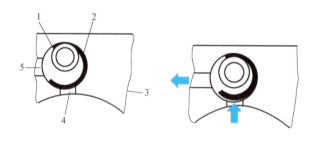

图 2-20　柱面形排气阀局部示意图

1—阀座　2—排气阀　3—气缸　4、5—通道

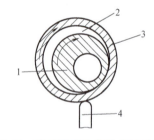

图 2-21　滚动活塞和曲轴的转动关系

1—曲柄销　2—润滑膜　3—滚动活塞　4—刮片

3）螺杆式压缩机。以往较大的制冷机中才采用螺杆式压缩机，现在在汽车上也已有应用，如日本三菱 MSN653 型压缩机（图 2-22）。该压缩机总质量为 8.3kg，长度为 225mm，每转排量的等效值达 138mL。

MSN653 型压缩机由一对转子、壳体、油分离器、喷油阀、卸荷阀、单向阀、排气温度传感器和电磁离合器等组成，采用直径为 47mm 的非对称齿形阳转子，由 6 齿阴转子拖动 4 齿阴转子。喷油阀依靠压差工作。为减少低速时的内部泄漏，必须由喷油阀对转子喷射冷冻机油。为了阻止油进入热交换器和管道，油分离器的效率必须很高。压缩机的工作气缸的容体由转子齿槽与气缸体、吸排气端构成。吸气端座和气缸体的壁面上开有吸气口（分轴向吸气口和径向吸气口），排气端和气缸体内壁上也开有排气口，与活塞式压缩机不同，不设吸、排气阀，吸、排气口的大小和位置是经过精心设计计算确定的。随着转子的旋转，吸、排气口可按需要准确地与转子的齿槽和吸、排气腔连通或隔断，周期性地完成进气、压缩、排气过程。

项目2 汽车空调制冷系统部件结构与检修

双螺杆压缩机

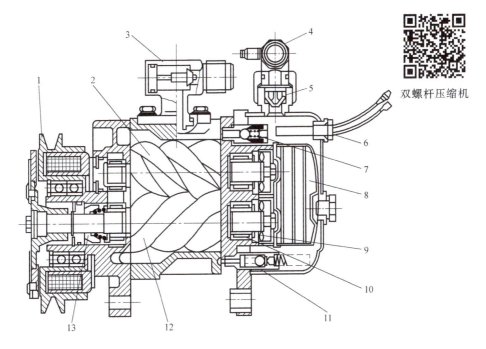

图2-22 日本三菱MSN653型压缩机

1—电磁离合器 2—阳转子 3—吸气接头 4—排气接头 5—单向阀 6—排气温度传感器 7—卸荷阀
8—油分离器 9—推力轴承 10—推力球轴承 11—喷油阀 12—阴转子 13—轴封

4)涡旋式压缩机。涡旋式压缩机也是一种用于汽车空调的旋转式压缩机。涡旋式压缩机的概念首先是由法国的L. Creux于1905年提出的。日本三电公司在1983年推出了用于汽车空调的TR60型涡旋式压缩机。TR60型涡旋式压缩机的每转理论排量为60mL,但其容积效率高达75%~85%。

图2-23所示为涡旋式压缩机结构简图,其由涡线定子、涡线转子、防自转机构、曲轴、机座五个部件组成。图2-24所示为涡旋式压缩机工作原理图,气体进入涡线定子与涡线转子的涡线之间,在涡线端板形成的空间中被压缩。转子与定子的涡线形状为渐开线,两曲线基本相同。配合时使两者中心距离等于旋转半径,保证相位差为180°并相切。涡线定子的外圈上开有吸气孔,在端板的中心开有排气孔,涡线端板被固定在机座上。涡线转子随曲轴进行公转运动,在运动中应保持不发生自转,并使它的中心在以涡线定子中心为圆心的圆周上做圆周运动。防自转环是防止涡线转子自转的机构。

由图2-24可以看出,涡旋式压缩机的工作也分为进气、压缩和排气三个过程。但是在两个涡线槽板所组成的不同空间进行着不同的过程。外侧空间与吸气口相通,始终处于吸气过程;中心部位与排气口相通,始终进行排气过程;上述两空间的中间有两个半月形封闭腔,则一直在进行压缩过程。因此,涡旋式压缩机基本上是连续进气和排气,转矩均衡,振动小。而且封闭啮合线两侧的压力差较小,仅为进、排气压力差的一部分。由于具有四个压缩室,压缩过程中制冷剂泄漏少,容积效率得到了较大的提高。

图2-25所示为汽车空调用涡旋式压缩机的回旋机构,回旋机构产生回旋运动(而不是旋转运动)。当电磁离合器接通时,曲轴1转动,曲柄销2驱动偏心套3做回旋运动,传动

轴承套 4 做回旋运动，传动轴承套 4 上的动涡旋盘 5 也做回旋运动，即动涡旋盘中心绕固定涡旋盘做公转回旋运动。设置在偏心套上的平衡块可以平衡动涡旋盘的回旋力矩。

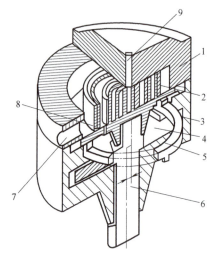

图 2-23　涡旋式压缩机结构简图
1—涡线定子　2—涡线转子　3—机座
4—背压腔　5—防自转环　6—曲轴
7—进气口　8—背压孔　9—排气口

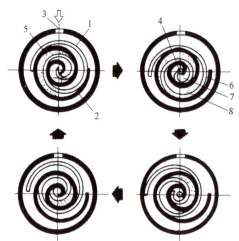

图 2-24　涡旋式压缩机工作原理
1—涡线转子　2—涡线定子　3—进气口
4—排气口　5—压缩室　6—吸气过程
7—压缩过程　8—排气过程

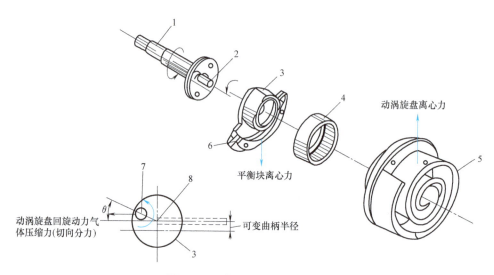

图 2-25　涡旋式压缩机回旋机构
1—曲轴　2—曲柄销　3—偏心套　4—传动轴承套　5—动涡旋盘
6—平衡块　7—曲柄销中心　8—驱动点

涡旋式压缩机构造简单，可靠性好，由于不需要吸、排气阀，噪声低。其在大的速度范围内均可保持高的容积效率，而且允许气态制冷剂中带有液体，同时尺寸、质量小，故很适合小型汽车中的空调器系统使用。当然，其制造精度要求是比较高的。涡旋式压缩机结构简图如图 2-26，涡线定子机壳的固定方式如图 2-27 所示。

项目2 汽车空调制冷系统部件结构与检修

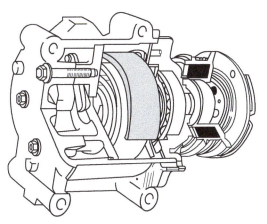

图 2-26　涡旋式压缩机结构简图

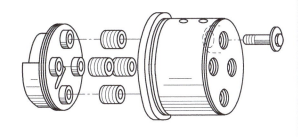

图 2-27　涡线定子机壳的固定方式

(3) 可变排量压缩机　在使用固定排量压缩机和采用热力膨胀阀的制冷系统中，热力膨胀阀的阀口大小变化时会使出风温度产生波动，同时，用温控器控制离合器的吸合进一步造成空调工况的波动，并增加噪声，同时压缩机离合器的周期性吸合、断开对汽车的动力性输出冲击很大，影响车辆行驶的平稳性。

为改善上述情况，防止吸气压力的波动，减小低负荷和高速运行时压缩机的功耗，研制开发了可变排量压缩机。

改变压缩机排量的方法主要有控制气缸数、控制工作行程、旁通卸载、吸气节流。摇板式可变排量压缩机是采用控制工作行程的方法来改变排量的。

1) V-5 型可变排量压缩机。V-5 型可变排量压缩机由美国通用公司于 1984 年开发，于 1985 年正式批量生产并装在 Oldsmobile Calais、Pontiac Grand Am 及 Buick 等豪华型轿车上和 Buick 3.0 柴油车上，现在一些中高档的轿车已经开始广泛使用该类型压缩机。

一般汽车空调系统的能量调节是通过热力膨胀阀或节流管与电磁离合器的周期性吸合、断开使压缩机工作或停转来实现的，这两种方法的工作平稳性较差，波动较大。V-5 型可变排量压缩机与这两种方法不同，它是根据制冷负荷的变化，连续平滑地改变活塞的排量实现系统能量的调节。这种能量调节方法使压缩机排量变化很平稳，减小了排气压力的波动及噪声，并且在高速时能减小能耗。它的基本结构与 SD-5 型压缩机相似，也是五缸摇板式压缩机，利用传动柄将摇板铰接在主轴上，依靠改变活塞行程（即改变摇板的倾斜角度）的方法达到改变排量的目的，最小排量为 10mL，最大排量为 156mL。

图 2-28 所示为 V-5 型可变排量压缩机结构图，其主轴、活塞及连杆的安装与 SD-5 型压缩机相同，摇板上带有球窝连接座（与 SD-5 型压缩机中的行星盘相似），通过一个带有导向定位销的传动柄组成旋转接头，把传动板安装在主轴上。导向定位销安装在传动柄的偏心槽内，传动柄成为 V-5 型可变排量压缩机主轴与传动板之间的机械控制装置，主轴旋转时带动传动板转动。传动板与摇板中间由平面推力轴承隔开。若摇板和传动板与主轴倾斜成同一个角度，传动轴通过凸轮式支座与传动板相连，这样主轴的旋转力就能迫使摇板摆动，从而带动活塞轴向位移。摇板的防旋机构不是一对防旋齿轮，而是安装在两个缸体之间的摇板导向定位销，摇板上有一特殊球形孔，该球形孔沿着导向定位销摆动，限制摇板旋转。

实现可变排量的原理：V-5 型可变排量压缩机的摇板和传动板能与主轴倾斜成某一范围

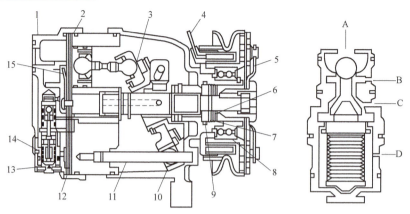

图 2-28　V-5 型可变排量压缩机结构图

1—后端盖总成　2、9—O 形圈　3—摆动盘总成　4—离合器线圈接线端子　5—离合器驱动器总成
6—法兰密封　7、13—固定环　8—带轮轴承　10—定位球　11—定位销　12—密封圈
14—控制阀总成　15—阀板总成
A—压缩机排出压力　B—曲轴箱压力供给　C—曲轴箱压力返回　D—压缩机吸气压力

内的任意角度，从而改变了活塞的工作行程，进而改变了压缩机的排量。这是因为传动柄上的偏心槽允许传动板绕着主轴做轴向的相对转动，进而带动摇板改变与主轴的夹角，并稳定在某一夹角。

当传动板转到与主轴成 90°角时，主轴和传动板的旋转力对摇板就不起作用，活塞也就不能移动了。为此，压缩机被设计成摇板及活塞至少有微小的移动量，即使制冷负荷为零，压缩机的最小排量也有 10mL。

排量的改变是依靠摇板箱内压力的改变来实现的。摇板箱内压力降低，就减小了作用在活塞背面的作用力，使摇板倾斜的角度增大，加大了活塞的行程，即增加了压缩机的排量，如图 2-29 所示。反之，摇板箱内压力增大，就增加了作用在活塞背面的作用力，使摇板往回移动，减小了倾角，即减小了活塞的行程，压缩机的排量也就相应减小，如图 2-30 所示。

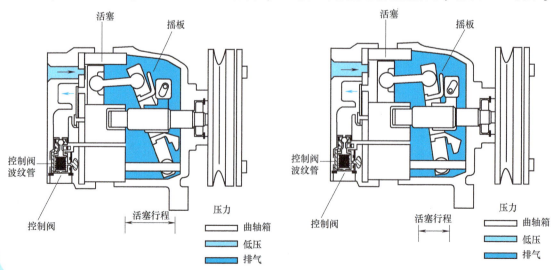

图 2-29　可变排量压缩机在最大排量状态

项目2　汽车空调制冷系统部件结构与检修

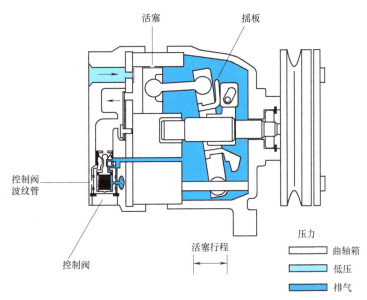

图 2-30　可变排量压缩机在最小排量状态

摇板箱的压力是靠位于压缩机后端的控制阀来调节的。控制阀有一个压力感应波纹管暴露在吸气侧压力下，波纹管作用到针阀及钢球上，钢球暴露在高压侧压力下。波纹管还控制着一个细小通气孔，此通气孔与吸气侧压力相通。

当吸气侧压力超过设定值时，需要增加制冷量，如此高的吸气压力使波纹管收缩，针阀下落，弹簧及高压侧的压力把钢球推向球座，将球座下连接高压侧气体与摇板箱气体的通道封闭。这样就阻止了高压侧的气体通向摇板箱。与此同时，从低压侧到摇板箱的通道打开，部分摇板箱气体通向吸气侧，从而降低了摇板箱的压力，作用在活塞一侧的气缸上的反作用力使摇板移向增加排量的位置。反之，当吸气压力降低到低于控制点时，波纹管膨胀，克服高压侧压力及钢球弹簧力，把钢球向上推，使之离开球座。这样，高压气体就通过控制阀组进入摇板箱。结果使摇板箱压力增加，作用在活塞背面的压力增加，使摇板的倾角减小，从而减小排量。

2）杰克塞尔公司的DCW-17型可变排量压缩机。在V-5型可变排量压缩机诞生以后，日本杰克塞尔公司开发了一种排量可变的摇板式五缸压缩机，也通过改变斜盘角度来改变活塞行程。

与V-5型可变排量压缩机一样，DCW-17型可变排量压缩机也是在圆周均布五个活塞主轴上装有止推法兰，通过连杆连接于传动接套。主轴回转带动传动接套，而传动接套的回转运动通过推力轴承传递给摇板。滑块通过轨道槽起防旋作用，使摇板只能进行摇摆运动，而不能旋转，从而使主轴的回转运动转变为五个活塞的往复运动，进行制冷气体的吸入和压缩。

缸体上设有使排气侧的高压气体能流入摇摆室的小孔，使这部分气体与各活塞和气缸之间的窜缸混合气一起成为控制摇板的工作压力的来源。

可变机构以摇板为支点，套在主轴上的铰接球头一边在驱动轴上滑动，一边改变倾角，从而改变压缩机的排量。倾角的改变量取决于作用在活塞上侧的由排气和吸气压力而产生的合力，与作用于活塞下侧的压力相平衡。摇摆室内的压力控制是由控制阀进行的，控制阀的开度取决于吸气压力，即车内的热负荷。

控制阀装在机体内，充分利用机体内的空间，采用二级波纹管结构，由两套波纹管和推杆组成。如图2-31所示，第一级波纹管由低压压力作用使其伸缩，第二级波纹管由高压压力作用使其伸缩，当高压压力低于某一数值时，第二级波纹管会伸长，通过推杆来压缩第一级波纹管，当高压压力和低压压力高时，第一级波纹管收缩而使控制阀阀门打开，摇摆室内部分气体流出，摇摆室压力下降，摇板倾角变为最大，排量也最大。

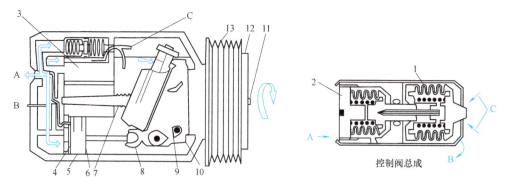

图2-31　波纹管工作原理

1—波纹管　2—调节阀　3—节流孔　4—活塞上侧　5—活塞　6—活塞下侧　7、9—弹簧　8—摇盘　10—驱动轴套　11—输入轴　12—电磁离合器　13—带轮
A—高压　B—低压　C—舱内压力

3）电控可变排量压缩机。电控可变排量压缩机式汽车空调系统如图2-32所示，它根据环境温度、发动机转速、阳光辐射强度、车内温度、送风温度、送风风向及空调模式设定等参数，由汽车的控制板或者计算机确定控制信号，再由外部（电磁）控制阀控制压缩机达到合适的排量，这样就可以根据当时的制冷负荷情况确定合适的吸气压力，不需要再热，从而达到节能的目的。

电控可变排量压缩机如图2-33所示，其工作原理与内部调节的可变排量压缩机相似，不同之处在于电控可变排量压缩机的控制阀具有一个电磁单元，操纵和显示单元从蒸发器出风温度传感器获得信号作为输入信息，从而对压缩机的功率进行无级调节。

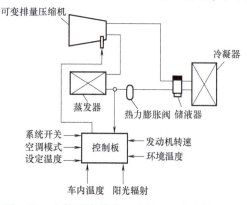

图2-32　电控可变排量压缩机式汽车空调系统

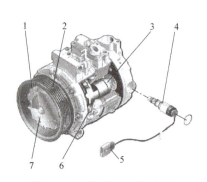

图2-33　电控可变排量压缩机

1—橡胶成形元件　2—集成过载保护的带轮　3—往复运动活塞
4—调节阀 N280　5—线束插头　6—斜盘　7—压盘

项目2 汽车空调制冷系统部件结构与检修

控制阀由机械元件和电磁单元组成，机械元件按低压侧的压力关系借助于一个位于控制阀低压区的压力敏感元件来改变调节，电磁单元由操纵和显示单元通过500Hz的通断频率进行控制。在无电流的状态下，阀门开启，高压腔和压缩机曲轴箱相通，高压腔的压力和曲轴箱的压力达到平衡。如图2-34所示，全负荷时，阀门关闭，曲轴箱和高压腔之间的通道被隔断，曲轴箱的压力下降，斜盘的倾角加大直至达到100%的排量；关闭空调或所需的制冷量较低时，阀门开启，曲轴箱和高压腔之间的通道被打开，斜盘的倾角减小直至低于2%的排量。当系统的低压较高时，真空膜盒被压缩，阀门挺杆被松开，继续向下移动，使得高压腔和曲轴箱进一步被隔离，从而使压缩机达到100%的排量；当系统的吸气压力特别低时，压力元件被释放，挺杆的调节行程受到限制，高压腔和曲轴箱不再能完全被隔断，从而使压缩机的排量变小。

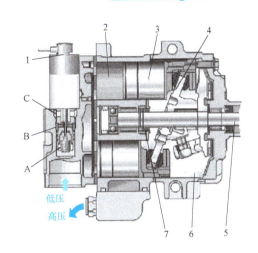

图 2-34 电控可变排量压缩机结构图
1—空调压缩机调节阀 N280 2—压缩室 3—空心活塞
4—斜盘 5—驱动轴 6—曲轴箱 7—回位弹簧
A—进气压力 B—高压 C—曲轴箱压力

电控可变排量汽车空调压缩机采用新结构带轮。传动带盘由带轮和随动轮组成，通过一个橡胶元件将带轮和随动轮有力地连接起来。当压缩机因损坏而卡住时，随动轮和带轮之间橡胶元件的传递力急剧增大，带轮在旋转方向上将橡胶元件挤压到卡住的随动轮上，橡胶元件产生变形，对随动轮产生的压力增大，随动轮随之产生变形直至随动轮和带轮之间脱离连接，从而避免了带传动的损坏。

随动轮的变形量取决于橡胶元件的温度，橡胶元件的弹性取决于结构件的温度。橡胶元件和随动轮的形变避免了发动机带传动的损坏，同时防止了诸如水泵和发电机的损坏，起到了动力过载保护的作用。

电控可变排量压缩机的优点：压缩机持续运转，无接合冲击，提高了舒适性；通过调节蒸发器的温度使制冷量和热负荷及能量消耗优化匹配，减少了再加热过程，使出风口的温度、湿度恒定调节；由于排量可以降低到近0%，消除了离合器的电磁线圈并减小了带轮质量，使质量减小20%（约500~800g）；减少了压缩机的功率消耗和燃油消耗；新结构的带轮用于带传动和空调压缩机之间的力传递，消除了扭矩波动，同时起到过载保护的作用。

3. 各种空调压缩机特点

空调压缩机种类较多，常见的有往复式、摇板式、旋叶式、螺杆式、涡旋式等若干种，表2-1所列为部分压缩机简图及结构示意图。

表 2-1 部分压缩机简图及结构示意图

种类	简图	结构示意图
往复式		

(续)

种类	简图	结构示意图
摇板式		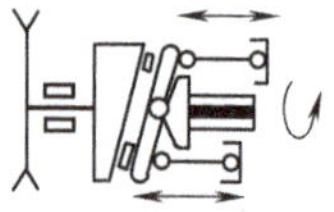
斜盘式		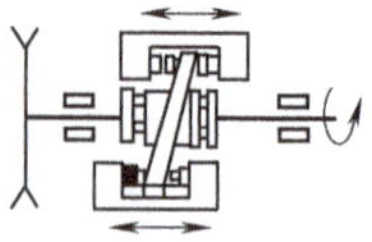
旋叶式		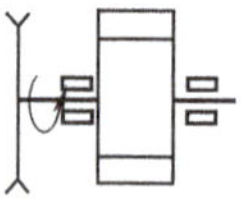
转子式		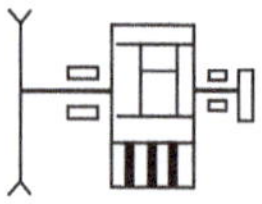
螺杆式	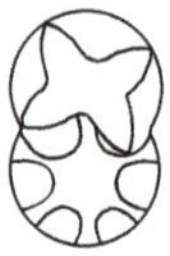	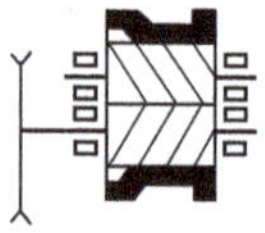
涡旋式		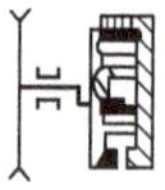

(1) 往复式压缩机　往复式压缩机的制造工艺较成熟，也较简单，维修方便。但不平衡惯性力较大，气流脉动大，因而振动和噪声较大。其中斜盘式压缩机没有连杆机构，主轴上的惯性力小，结构紧凑，体积、质量小。由于是多缸卧式布置，气流脉动减小，振动和噪声也较小。但输气系数、绝热效率较低。

(2) 旋转式压缩机　旋转式压缩机与活塞式压缩机相比，有许多优点，如输气系数受冷凝温度影响小，在相同的冷量情况下体积、质量小，平衡性好，排气脉冲小，运转平稳等。

旋转式压缩机（包括旋叶式、转子式、螺杆式、涡旋式）在主轴上只有较小的不平衡质量、气缸内压力变化小，因而作用在旋转式压缩机上的力比作用在活塞式压缩机上的力小，振动也就小。螺杆式压缩机和涡旋式压缩机由于没有吸、排气阀，气流平稳，且可走湿行程，旋叶式压缩机和螺杆式压缩机还可进行能量调节。上述优点使得它们很适合在汽车上使用。当然，各类旋转式压缩机的加工工艺复杂，精度要求高。这在铸造工艺和数控切削工艺继续精密化的条件下是可以达到的。在国外，这些设计制造技术促进了新压缩机的开发和设计改进工作。

目前，常见的涡旋式压缩机的容量范围在 1.5~3.75kW 之间。涡旋式压缩机在轿车空调中显示了其优越性，但是应用于大型客车空调还有很多问题。所以，活塞式压缩机在大型客车空调中仍应用广泛。

螺杆式压缩机现已有容量为 7.5 kW 的小型机投入生产。在国外，螺杆式压缩机已有应用于大型客车空调的商品性机组。但由于过小的螺杆式压缩机的加工工艺不容易保证，在汽车空调中全面推广还有一定的困难。

汽车空调压缩机应满足以下要求：①效率高；②经久耐用，易损件少；③噪声低；④价格低；⑤体积、质量小。

上述各项中，①~④项是压缩机作为商品而不可缺少的一般性能要求。第⑤项通过压缩机的高速化来满足。因此，各种旋转式压缩机的前景都很乐观。

纵观压缩机的发展史，涡旋式压缩机作为第四代压缩机，其优越的性能得到广泛认可。涡旋式压缩机具有"轴向柔性"的独特性能，可实现无级的能量调节，具体的优势如下：

① 容积效率高，一般可以达到 90%~98%。

② 运行平稳，由于多腔室连续工作，不同相位的工作循环相叠合，总负载变化小，压缩机工作平稳。

③ 噪声低、振动小，涡旋式压缩机没有吸气阀和活塞等机械结构，从而消除了机械撞击引起的噪声，而且由于运行方式是圆周运动，产生的惯性力容易平衡，产生的振动非常小。数码涡旋式压缩机的控制循环周期包含"负载期"和"卸载期"。负载期的数码涡旋式压缩机与常规涡旋式压缩机一样，传递全部容量，输出为 100%；卸载期由于压缩机的柔性设计，两个涡旋盘在轴向有一个微量分离，没有制冷剂通过压缩机，输出为 0。通过调节"负载期"和"卸载期"这两个时间的不同组合，可以调节压缩机的输出容量。

(3) 可变排量压缩机　传统的汽车空调，动力由发动机提供，空调压缩机的能耗相当大，对整车的动力性会有一定的影响。为了提高汽车空调的效率，改善经济性，外控式可变排量压缩机的应用越来越广泛。外控式可变排量压缩机的关键部件是控制阀，主要由电磁单元和机械结构组成，工作原理比较简单。以三电公司某型号外控式可变排量压缩机为例，空调控制器以蒸发器温度传感器的信号作为输入信息，通过改变 400Hz 频率的 PWM（脉冲宽度调制）驱动信号的占空比对压缩机的功率进行无级调节。在控制阀的低压区域配备有压力敏感元件，机械机构根据低压侧的压力关系来实现调节。外控式可变排量压缩机持续工作，减少重复启停，避免惯能消耗，舒适性更强；根据需求调节排量，从而控制蒸发器温度；制冷量和热负荷及能量消耗匹配良好，保证出风口温度、湿度的恒定调节。外控式可变排量压缩机采用新型结构的带轮，扭矩波动减小，运行更稳定。

总之，在汽车空调压缩机中，除对活塞式和滚动活塞式继续进行研究外，对涡旋式和螺杆式的研究已处于全盛时期。提高压缩机的效率仍是重要的研究课题。同时正在加强研究制冷剂与冷冻机油相互作用而产生的问题和压缩机转速变化而产生的振动问题。另外，人们已经关注应用混合制冷剂的汽车空调压缩机。

2.3　冷凝器与蒸发器

1. 冷凝器

汽车空调冷凝器的作用是把压缩机排出的高温、高压制冷剂气体，通过其管壁和翅片将热量散发到车外空气中，从而使高温、高压的制冷剂气体冷凝成较高温度的高压液体。

汽车空调制冷系统的冷凝器属于风冷式，且受到空间、尺寸、重量、结构等多方面因素的限制，一般要求汽车空调冷凝器有高的换热效率、质量小、抗振性能好、冷凝空气阻力小、耐腐蚀性能好。

汽车空调冷凝器有管片式、管带式及鳍片式三种结构形式。

(1) 管片式冷凝器　图 2-35 所示为管片式冷凝器结构。它是汽车空调中早期采用的一种冷凝器，制造工艺简单，即用胀管法将铝翅片胀紧在铜管上，管的端部用 U 形弯头焊接起来，这种冷凝器清理焊接氧化皮较麻烦，而且其散热效率较低。

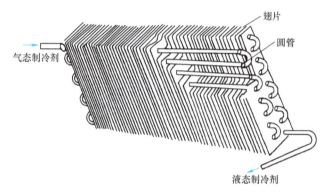

图 2-35　管片式冷凝器

(2) 管带式冷凝器　管带式冷凝器如图 2-36 所示。它一般是将宽度为 22mm、32mm、44mm、48mm 的扁平管弯成 S 形，在其中安置散热带（即三角形翅片或其他类型板带），然后进入真空加热炉，将管带间焊好。散热片是复合片，共三片，上下片材料为铝，并含有硅元素等，中间一片也是铝片，并含有锰元素。将复合片叠合，并与扁管一起预热保温在 570℃，在 650℃ 的真空条件下进行焊接，焊接后用铬酸进行防氧化处理，并进行试漏。这种冷凝器的传热效率比管片式冷凝器高 15%～20%。

(3) 鳍片式冷凝器　它是在扁平的多通道表面直接铣出鳍片状散热片，然后装配成冷凝器的，如图 2-37 所示。由于其散热鳍片与管子为一个整体，因而不存在接触热阻，故散热性能好；另外，其管、片之间不需要复杂的焊接工艺，加工性好，节省材料，而且抗振性也特别好。所以，鳍片式冷凝器是目前较先进的汽车空调冷凝器。

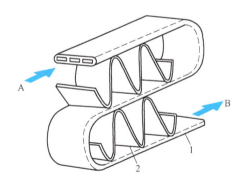

图 2-36　管带式冷凝器
1—多孔扁管　2—S 形散热片
A—气态制冷剂　B—液态制冷剂

a) 散热片形状

b) 冷凝器外形

图 2-37　鳍片式冷凝器

项目2 汽车空调制冷系统部件结构与检修

对于乘用车,冷凝器一般安装在发动机冷却系统散热器之前,利用发动机散热器风扇吹来的新鲜空气和行驶中迎面吹来的空气流进行冷却。对于一些大、中型客车和一些面包车,则把冷凝器安装在车厢两侧、后侧和顶部。当冷凝器远离发动机散热器时,在冷凝器旁都必须安装辅助冷却的冷凝器风扇进行强制风冷,加速冷却。

在安装冷凝器时,需注意如下两点:

1)在连接冷凝器的管接头时,要注意哪里是进口,哪里是出口。从压缩机输来的高压制冷剂蒸气,必须从冷凝器上端入口进入,再流动到下部管道,冷凝成液态的制冷剂则沿下方出口流出并流入储液干燥器,此顺序绝对不能颠倒,否则,会引起制冷系统压力升高、冷凝器胀裂的严重事故。

2)在未连接管接头之前,不要长时间打开管口的保护盖,以免潮湿空气进入。

2. 蒸发器

蒸发器的作用是使经过节流降压后的液态制冷剂在其内部沸腾汽化,吸收蒸发器表面周围空气的热量而降温,然后通过鼓风机将冷风吹到车厢内,达到降温的目的。

汽车车厢内的空间小,对空调器尺寸有很大的限制,为此要求空调器(主要是蒸发器)具有制冷效率高、尺寸小、质量小、耐腐蚀、抗振性能好、材料低温性能好、无毒性、冲击后不产生火花且价格便宜等特点。汽车空调蒸发器有管片式、管带式、层叠式三种结构。

(1)管片式蒸发器 管片式蒸发器如图2-38所示,它由铜质或铝质圆管套上铝翅片组成,经胀管工艺使铝翅片与圆管紧密接触。其结构较简单,加工方便,但换热效率较低。翅片安装环翻片破裂是生产厂遇到的大难题。安装贴合不紧或破裂,都会使换热性能变差。目前可采用共熔合金固化工艺制出新型铝合金高强度翅片,这种材料内含直径为 $2\mu m$ 的颗粒合金,因颗粒间距很小,阻碍颗粒的错位流动和塑性流动,所以材料强度得以提高,获得了优良成形性能,解决了翻片破裂问题。

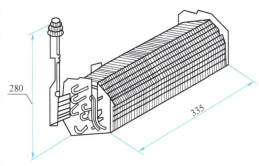

图2-38 管片式蒸发器

(2)管带式蒸发器 如图2-39所示,管带式蒸发器由多孔扁管与S形散热铝带焊接而

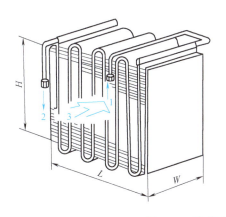
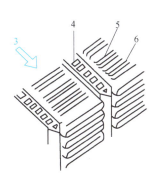

图2-39 管带式蒸发器

1—进口 2—出口 3—空气 4—管子 5—翅片 6—散热器

成，工艺比管片式蒸发器复杂，需采用双面复合铝材（表面覆一层 0.02～0.09mm 厚的焊药）及多孔扁管材料。这种蒸发器的换热效率可比管片式蒸发器提高 10% 左右。

(3) **层叠式蒸发器** 如图 2-40 所示，层叠式蒸发器由两片冲成复杂形状的铝板叠在一起组成制冷剂通道，每两片通道之间夹有 S 形散热铝带。这种蒸发器也需要双面复合铝材，且焊接要求高，因此，加工难度最大，但其换热效率较高，结构也较紧凑。采用 R134a 制冷剂的汽车空调就应用这种层叠式蒸发器。

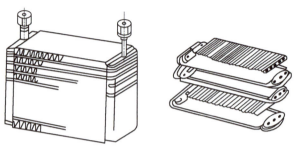

图 2-40 层叠式蒸发器

层叠式蒸发器的结构曾经历过由双水室向单水室，又由单水室向双水室的几次变化。日本昭和公司为了减轻层叠式蒸发器的重量，提高其性能，降低其阻力，首先将单水室改为双水室，其次是将通道板的形状由交叉和点状纹的焊接通道改为平行流向的直线沟状焊接通道，再将进出口位置从上侧移至下侧。这些改进减少了偏流现象的发生并减小了通道的阻力，加快了外部凝结水的流动，从而使制冷性能大大提高。这种新结构蒸发器的性能比管带式蒸发器提高 30% 左右。

2.4 膨胀阀

2.4.1 节流膨胀阀

大多数汽车空调制冷系统在运行过程中，其冷负荷是变化的。如系统刚开始降温时，车内的温度较高，这时就要求将蒸发温度升高，使进入蒸发器的制冷剂流量增大。而当车内温度较低时，待负荷需求量减小时，蒸发温度就应相应地降低，使进入蒸发器的流量减小。因此，热力膨胀阀就是根据系统冷负荷需求量的变化而自动地调节其流量，使制冷系统能正常地工作。膨胀阀系统的基本组成如图 2-41 所示。

1. 热力膨胀阀

(1) **热力膨胀阀的作用** 热力膨胀阀是一种节流装置，它是制冷系统中自动调节制冷剂流量的元件，广泛应用于各种空调制冷系统中。热力膨胀阀工作特性的好坏直接影响整个制冷系统能否正常工作。热力膨胀阀一般有三个作用：

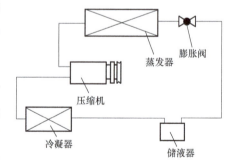

图 2-41 离合器恒温膨胀阀系统的基本组成

1) **节流降压**。热力膨胀阀使从冷凝器来的高温高压液态制冷剂节流降压成为容易蒸发的低温低压雾状制冷剂进入蒸发器，即分开了制冷剂的高压侧和低压侧。

2) **自动调节制冷剂流量**。制冷负荷的改变及压缩机转速的改变要求对流量进行相应的调节，以保持车内温度稳定。膨胀阀能自动调节进入蒸发器的流量以满足制冷循环要求。

3) **控制制冷剂流量、防止液击和异常过热现象的发生**。膨胀阀通过感温元件——感温包控制流量的大小，保证蒸发器尾部有一定量的过热度，从而保证蒸发器容积的有效作用，避免液态制冷剂进入压缩机而造成液击现象，同时又能控制过热度保持在一定范围内。

(2) 热力膨胀阀的结构及工作原理　热力膨胀阀有外平衡和内平衡两种形式。外平衡热力膨胀阀（图2-42a）膜片下面的平衡力（制冷剂压力）是通过外接管，从蒸发器出口处引来的压力。而内平衡热力膨胀阀（图2-42b）膜片下面的制冷剂压力是从阀体内部通道传递来的膨胀阀孔的出口压力。由于两者的平衡压力不同，它们的使用场合也有区别。

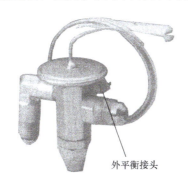
a) 外平衡热力膨胀阀

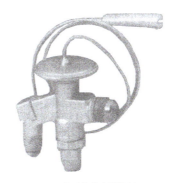
b) 内平衡热力膨胀阀

图 2-42　热力膨胀阀

1) 内平衡热力膨胀阀。图2-43所示为内平衡热力膨胀阀工作原理图。内平衡热力膨胀阀主要由阀门、膜盒、膜片、压力弹簧、毛细管（连接感温包）等器件组成，有的在进口处还加设了过滤网。内平衡膨胀阀安装在蒸发器的进口管上，它的感温包安装在蒸发器的出口管上，感温包通过毛细管与膨胀阀顶盖相连接，传递蒸发器出口过热度信号。

2) 外平衡热力膨胀阀。图2-44所示为外平衡热力膨胀阀的工作原理图。

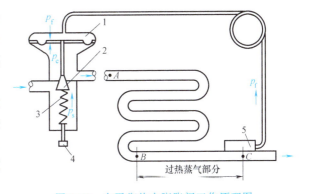

图 2-43　内平衡热力膨胀阀工作原理图
1—膜片室　2—阀　3—压力弹簧　4—调整螺钉　5—感温包

外平衡热力膨胀阀主要由热敏管、压力弹簧、膜片、均衡管、膜片室、阀门、毛细管等组成，其安装在蒸发器的进口管上。

图2-43中，p_f为感温包测量的蒸发器出口温度相对应的饱和压力，p_e为蒸发器入口蒸发压力，p_s为过热调整弹簧的压力。当车内温度处于某一值时，膨胀阀保持一定的开度，p_f、p_e和p_s应处于平衡状态，即$p_f=p_e+p_s$；如果车内温度升高，蒸发器出口过热度增大，则感受温度上升，相应的感应压力p_f也增大，这时$p_f>p_e+p_s$，因此，波纹膜片向下移，推动传动杆使膨胀阀孔开度增大，制冷剂流量增加，制冷量也增大，蒸发器出口过热度相应下降。相反，如果蒸发器出口处过热度降低，则感受温度下降，相应的饱和压力也减小，这时$p_f<p_e+p_s$，使波纹膜片上移，传动杆也随之上移，膨胀阀的阀孔开度减小，制冷剂流量减小，制冷量也减小，蒸发器出口处过热度也相应上升，满足了蒸发器热负荷变化的需要。因为在蒸发器入口处蒸发压力直接作用到膜片下方，所以称此膨胀阀为内平衡热力膨胀阀。

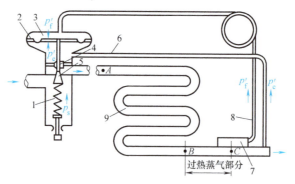

图 2-44　外平衡热力膨胀阀的工作原理图

1—压力弹簧　2—膜片　3—膜片室　4—均衡管　5—阀　6—外平衡管　7—热敏管　8—毛细管　9—蒸发器

设 Δp 为蒸发器压力损失，外平衡热力膨胀阀与内平衡热力膨胀阀膜片下方的压力关系为 $p'_e = p_e - \Delta p$，由于弹簧弹力一定，要达到同样的阀开度，外平衡热力膨胀阀的过热度要比内平衡热力膨胀阀小得多，因此，内平衡热力膨胀阀只适宜于蒸发器内部压力损失小的场合采用，如果汽车空调蒸发器内部阻力较大，一般宜采用外平衡热力膨胀阀，这样能充分发挥蒸发器传热面积的作用和提高制冷装置的效性。

(3) **热力膨胀阀选配**　一般情况下，膨胀阀容量应比蒸发器大 20%～30%，否则汽车空调就不能产生足够的制冷量。另外，还应根据蒸发器的压力损失来选用膨胀阀：当蒸发器压力损失较小时，宜选用内平衡热力膨胀阀；当蒸发器压力损失较大时，宜选用外平衡热力膨胀阀。

(4) **热力膨胀阀的工作特性**　一个膨胀阀在工作时，因传递信号的滞后，它的供液量总是在需液量附近上下波动，两者不能完全吻合，如图 2-45 所示，这就是热力膨胀阀的工作特性。

(5) **热力膨胀阀的调试**　任何调节器要使其能正确执行自动调节，都要经过预先调整。热力膨胀阀要在某一工况范围内执行自动调节，也需要在系统调试时对其予以调整。当膨胀阀进行正常运行后，其可正确地自动调节。

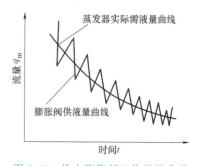

图 2-45　热力膨胀阀工作特性曲线

热力膨胀阀的调整是通过调节杆来调整弹簧的压缩力，即调整膨胀阀的静装配过热度。调节杆向外旋出是放松弹簧，顺时针方向旋转调节杆为进，逆时针方向旋转调节杆为出。在进行系统运行调试时，可以通过蒸发压力值的高低来判断膨胀阀的调整方向和范围。蒸发压力高于给定值，即膨胀阀的流量偏大，应适当调小；蒸发压力低于给定值，即膨胀阀的流量偏小，应适当调大。调小膨胀阀阀门，则顺时针旋转调节杆，使弹簧压缩力增加，蒸发压力就逐渐下降；调大膨胀阀阀门，则逆时针旋转调节杆，弹簧压缩力减小，蒸发压力就上升。

调整膨胀阀时，应在压缩机吸气截止阀上装一个低压表，以观察吸气压力的变化情况。调整膨胀阀的整定范围，一般可分两步进行，开始运行时为粗调，即每调一次可旋调节杆一圈左右，当制冷系统的工作温度接近给定值而又达不到给定值时，应进行细调，即每调一次可旋调节杆 1/4~1/2 圈。由于感温包的传递延迟，每调一次后，应使系统运行数分钟以至十几分钟，并观察吸气压力的变化情况来确定下一次的调整方向。总之，膨胀阀的调整是一项比较细致的工作，需要耐心地观察和分析，才能做好膨胀阀的调整工作。

(6) 热力膨胀阀的安装　热力膨胀阀安装时应将冷凝器或储液器出口管的螺纹接头与膨胀阀进口端对正，然后拧上螺母（不要拧得过紧），再将其出口端与蒸发器进口管的螺纹接头对正，拧几圈，最后用两把扳手分别夹住膨胀阀的进、出口端螺母，均匀用力将其拧紧。安装热力膨胀阀时应注意如下几点：

1）膨胀阀应安装在蒸发器的入口管上，阀体垂直放置，不宜倾斜安装，更不要颠倒安装。

2）感温包应安装在蒸发器出口的一段水平的吸气管上，并应远离压缩机吸气口 1.5m 以上，其位置应低于膨胀阀，且感温包要水平放置，以保证感温工质液体始终在感温包中。

3）感温包与蒸发器接触面的锈迹应除尽。

4）感温包不应安装在吸气管的积液处，否则不能感测到真正的过热度。

5）当吸气管径小于 25mm 时，感温包贴在吸气管的顶部；当吸气管径大于或等于 25mm 时，感温包包扎在水平管的下侧 45° 处或者侧面中点处，如图 2-46 所示。严禁将感温包贴附在水平吸气管的底部，以防管子底部积油等影响感温包正确感温。

6）外平衡管应接在感温包安装部位后面 10mm 处，如图 2-47 所示，以免制冷剂在蒸发管内的流动阻力使膨胀阀产生误动作。一般外平衡管连接端口的位置由厂家直接设计好，不能任意调整。

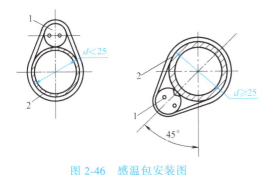

图 2-46　感温包安装图
1—感温包　2—吸气管

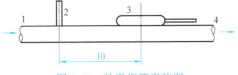

图 2-47　外平衡管安装图
1—吸气管　2—外平衡管　3—感温包　4—蒸发器出口

2. H 型膨胀阀

H 型膨胀阀是一种整体型膨胀阀，它取消了外平衡式膨胀阀的外平衡管和感温包，直接与蒸发器进出口相连。H 型膨胀阀因其内部通路形如 H 而得名，其安装位置及工作原理如图 2-48 所示。它有 4 个接口通往空调系统，其中两个接口和普通膨胀阀一样，一个接储液干燥器出口，另一个接蒸发器进口。但另外两个接口，一个接蒸发器出口，另一个接压缩机进口。感温包和毛细管均由膜片下面的感温元件所取代，感温元件处在进入压缩机的制冷剂气流中。H 型膨胀阀结构紧凑、性能可靠，符合汽车空调的要求。

H 型膨胀阀安装在蒸发器的进出管之间，阀上端直接暴露在蒸发器出口工质中，感应温度不受环境影响，也不需要通过毛细管而造成时间滞后，提高了调节灵敏度。由于该膨胀阀无感温包、毛细管和外平衡接管，可消除因汽车颠簸、振动导致的充注系统断裂外漏及感温包包扎松动而影响膨胀阀的正常工作，提高了膨胀阀的抗振性能。

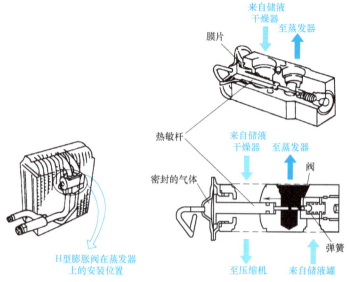

图 2-48 H 型膨胀阀工作原理图

3. 孔管

孔管是一种固定孔口的节流装置，其两端都装有滤网，以防堵塞。孔管直接安装在冷凝器出口和蒸发器进口之间。

由于孔管不能调节流量，液体制冷剂很可能流出蒸发器而进入压缩机，造成压缩机产生"液击"现象。为此，装有孔管的系统，必须同时在蒸发器出口和压缩机进口之间安装一个气液分离器，实现气、液分离，避免压缩机产生"液击"现象。

孔管的结构如图 2-49 所示。它是一根细铜管，装在一根塑料套管内，塑料套管外环形

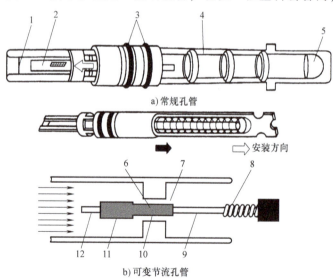

图 2-49 孔管结构

1—出口滤网　2—节流孔　3—密封圈　4—管外壳　5—进口滤网　6—计量针（具有不同的直径）　7—阀门缝隙　8—弹簧　9—与阀门有约 1.6mm 缝隙的一段孔管（如果在高速公路上行驶）　10—与阀门有约 1.3mm 缝隙的一段孔管（如果在城市行驶）　11—与阀门有约 1.1mm 缝隙的一段孔管（怠速）　12—与阀门有约 1.4mm 缝隙的一段孔管

项目2 汽车空调制冷系统部件结构与检修

槽内装有密封圈。因塑料套管连同膨胀节流管都插入了蒸发器进口管中，密封圈就是用来密封塑料套管外径和蒸发器进口管内径间的配合间隙的。孔管不能维修，损坏时需更换。

由于孔管没有运动部件，结构简单、成本低、可靠性高，同时节省能耗，美国和日本很多高级轿车都采用这种节流装置。离合器孔管系统组成如图2-50所示。

2.4.2 吸气节流阀

吸气节流阀控制的蒸发器压力制冷系统如图2-51所示，能根据饱和温度和压力的关系，使控制器在0℃时对应的制冷剂的饱和蒸发压力不再下降，防止蒸发器表面结冰。

传统温控系统中的吸气节流阀包括3种型式：吸气节流阀（STV）（图2-52）、先导阀控制的绝对压力阀（POA）（图2-53）和蒸发器压力调节阀（EPR）（图2-54）。

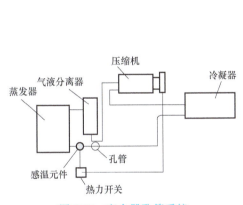

图2-50 离合器孔管系统

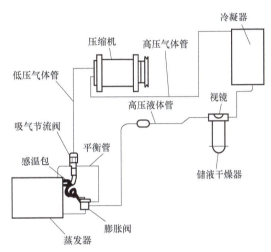

图2-51 吸气节流阀控制的蒸发器压力制冷系统

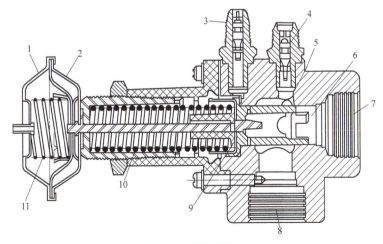

图2-52 吸气节流阀

1—真空元件 2—通气口 3—压力表接口 4—回油管接口 5—外平衡接口
6—活塞 7—蒸发器接口 8—压缩机接口 9—主膜片 10—主簧 11—助簧

吸气节流阀的主要功能是保持蒸发器压力在一定的值，如当蒸发器压力为0.21MPa时，

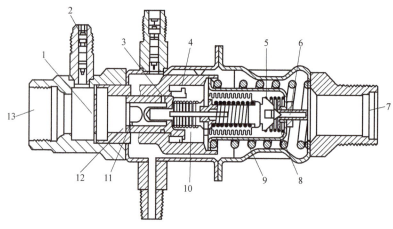

图 2-53 先导阀控制的绝对压力阀

1—减振板 2—压力表接口 3—小孔 4、10—活塞环 5—针阀 6—针阀座 7—压缩机接口 8—针阀弹簧 9—波纹管 11—滤网 12—活塞 13—蒸发器接口

其所对应的温度为 0℃。活塞关闭蒸发器通往压缩机的主通道，实际上要避免蒸发器表面结霜，则应根据制冷剂在饱和状态下温度和压力的对应关系，通过吸气节流阀对压力进行控制，以达到控制温度的目的。与此同时，还要达到最大的制冷效果。当然该系统存在以下不足：一是控制压力受大气压（海拔）的影响，二是控制精度差，三是主膜片容易泄漏制冷剂。POA 系统可以解决上述问题。

先导阀控制的绝对压力阀利用真空波纹管控制制冷剂压力的变化，用以控制一个小小的伺服阀，即导向针阀（先导阀），然后再由伺服阀控制活塞（滑阀），即以活塞位置调整、控制制冷剂的流量。

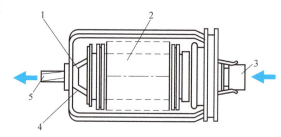

图 2-54 蒸发器压力调节阀（EPR-Ⅲ型）

1—锥阀 2—波纹管 3—进气口 4—锥阀座 5—出气口

蒸发器压力调节阀安装在压缩机的入口处，而不是在蒸发器的出口处。它只有一个铜质的波纹管作为制冷剂的通道，进气口设有锥阀。当蒸发压力高于 0.308MPa 时，波纹管伸长，锥阀打开，反之，锥阀关闭。蒸发器压力调节阀主要用在克莱斯勒公司和丰田公司的中、高级汽车上。EPR-Ⅲ型蒸发器压力调节阀结构简单，但控制精度差。

2.4.3 组合阀

储液器-组合阀系统组成如图 2-55 所示。

所谓组合阀（VIR），即在原有储液干燥器的内部再增加一个膨胀阀和一个蒸发压力控制阀，其结构如图 2-56 所示。组合阀上有四个接头，第一个接头装在组合阀的中部，是从冷凝器来的制冷剂入口。制冷剂经过过滤后沿吸液

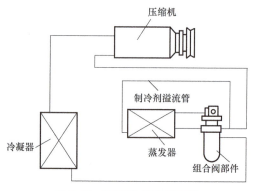

图 2-55 储液器-组合阀系统

项目2 汽车空调制冷系统部件结构与检修

管进入膨胀阀,经膨胀阀降压后,从第二接头进入蒸发器。蒸发后的制冷剂蒸气再从第三个接头进入组合阀的上部,经过蒸发压力控制阀从第四个接头流向压缩机。

在组合阀中,膨胀阀的作用是供给蒸发器适当的液态制冷剂,满足蒸发器热负荷的要求;蒸发压力控制阀的作用是控制蒸发压力高于 0.208MPa,保证蒸发温度高于 0℃,不会结霜。

压缩机起动前,空调管路内压力处于平衡,使压缩机易于起动;反之,若冷凝器和蒸发器压差过大,会使压缩机起动困难。

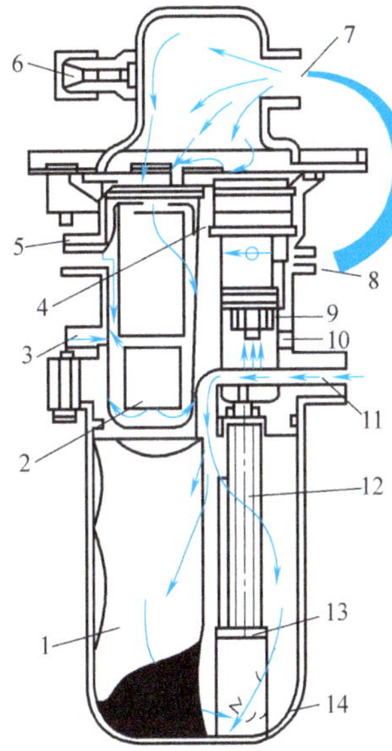

2.4.4 电子膨胀阀

电子膨胀阀由检测元件、控制系统和执行元件三部分构成。按驱动方式分,有电磁式和电动式两类,而电动式又分为直动型和减速型。

1. 电磁式膨胀阀

电磁式膨胀阀结构如图 2-57a 所示。电磁线圈通电前,针阀处在全开位置;通电后,由于电磁力的作用,由磁性材料制成的柱塞被吸引上升,与柱塞连成一体的针阀开度变小。针阀的位置取决于施加在线圈上的控制电压(线圈电流),因此可以通过改变控制电压来调节膨胀阀的流量。其流量特性如图 2-57b 所示。

图 2-56 组合阀结构

1—干燥剂袋 2—蒸发压力控制阀 3—冷冻润滑油溢流口 4—均压管 5—到压缩机出口 6—蒸发压力表备用接头 7—从蒸发器来的制冷剂入口 8—膨胀阀制冷剂出口 9—膨胀阀 10—观察孔 11—从冷凝器来的制冷剂入口 12—吸液管 13—滤网 14—底壳

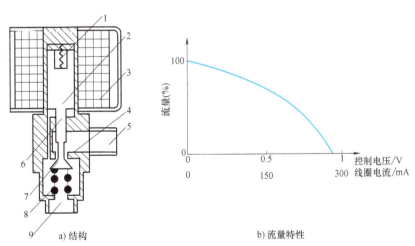

图 2-57 电磁式膨胀阀

1—柱塞弹簧 2—柱塞 3—线圈 4—阀座 5—入口 6—阀杆 7—阀针 8—弹簧 9—出口

2. 电动式膨胀阀

电动式膨胀阀用电动机驱动,电动机直接带动阀针做上下移动的为直动型,其结构和流量特性如图 2-58 所示。

直动型膨胀阀电动机转子的转动主要是依靠电磁线圈间产生的磁力进行的，转矩由导向螺纹变换成阀针直线移动，从而改变阀口的流通面积。转子的旋转角度及阀针的位移量与输入脉冲数成正比。

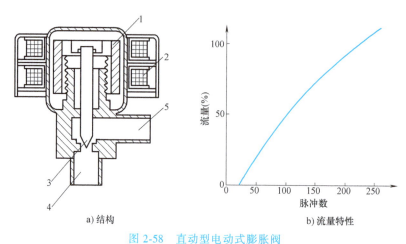

图 2-58 直动型电动式膨胀阀
1—转子　2—线圈　3—针阀　4—入口　5—出口

电动式膨胀阀的另一种形式是减速型，其结构和流量特性如图 2-59 所示。

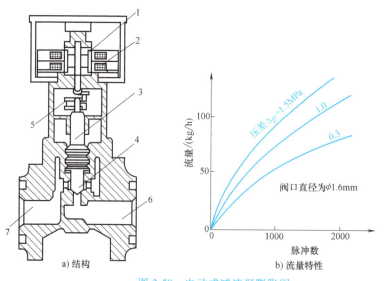

图 2-59 电动式减速型膨胀阀
1—转子　2—线圈　3—阀杆　4—针阀　5—减速齿轮　6—入口　7—出口

减速型膨胀阀的工作原理是：电动机通电后，高速旋转的转子通过齿轮组减速，再带动阀针做直线运动。由于齿轮的减速作用大大增加了输出转矩，较小的电磁力可以获得足够大的输出转矩，所以减速型膨胀阀的容量范围大。减速型膨胀阀的另一特点是电动机组合部分与阀体部分可以分离，这样，只要更换不同口径的阀体，就可以改变阀的容量。

图 2-60 所示为电子膨胀阀在空调制冷系统中的应用。微处理器输入的信号有蒸发器的出口温度、出口压力及压缩机的排气压力。蒸发器出口温度、出口压力决定了蒸发器的过热

度，该过热度信号送入控制器中，与设定值相比较，经PID（比例、积分、微分）调节后输出信号使电子膨胀阀电动机正转或反转，以改变阀芯的开度，从而实现对制冷系统中制冷剂流量的精密控制。排气压力信号用于控制电子膨胀阀开度以防止高压超过规定范围，并能保持机组连续运转。

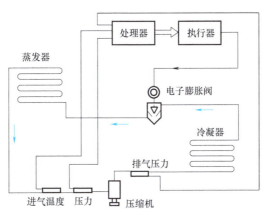

图 2-60　电子膨胀阀在空调制冷系统中的应用

2.5　储液干燥器、气液分离器（积累器）和油分离器

1. 储液干燥器

储液干燥器和冷凝器组装在一起，用来临时储存冷凝器液化的制冷剂并进行干燥和过滤处理。储液干燥器的作用如下：

（1）储存制冷剂　接收从冷凝器来的液体并加以储存，根据蒸发器的需要提供所需制冷剂量。

（2）过滤杂质　将系统中经常会出现的杂质、脏物，如锈迹、污垢、金属粒等过滤掉，这些杂质会损伤压缩机气缸壁和轴承，还会堵塞滤网和膨胀阀。

（3）吸收湿气　汽车空调制冷系统中湿气要求越少越好，因为湿气会造成"冰塞"并腐蚀系统管道等，使之不能正常工作。

根据制冷剂循环量的大小，一般小型车（如轿车、小型客车、小型货车等）将干燥过滤装置组装成一体。如图 2-61 所示，它由干燥器盖、干燥器体、引出管、过滤部分、干燥部分组成。干燥器盖上设有进液孔和出液孔，并装有视液玻璃镜和易熔塞。易熔塞的中部开有小孔，孔中灌有低熔点金属。当高压侧压力达到 2.9MPa、温度达到 95℃时，低熔点金属就熔化，并把制冷剂排放到大气中去，防止整个系统遭受损坏。视液玻璃镜用来观察制冷系统内制冷剂的流动状况。

使用储液干燥器时应注意如下几点：

1）垂直安装（一般偏斜 15°之内），保证出口管将随制冷剂一起循环的冷冻机油压出储液干燥器，并流回压缩机，且保证出口到膨胀阀的是液态制冷剂，使膨胀阀正常工作。

2）进出管口不能接错，若接错进出管口，冷冻机油就会储存在储液干燥器内，压缩机没有足够的油润滑；同时，其出口还会有气泡，使膨胀阀无法正常工作。

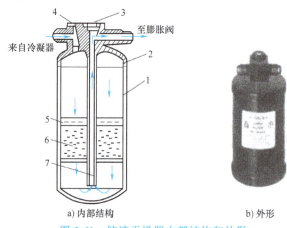

图 2-61 储液干燥器内部结构和外形

1—干燥器体 2—干燥器盖 3—视液玻璃镜 4—易熔塞 5—过滤器 6—干燥剂 7—引出口

3）安装或维修制冷系统时，储液干燥器应该接入系统，防止新干燥剂吸收空气中的水分而破坏其干燥性能。

2. 气液分离器（积累器）

当用膨胀节流管代替膨胀阀时，汽车空调制冷系统要在低压侧（压缩机吸气侧）安装气液分离器。气液分离器的结构如图 2-62 所示。工作时制冷剂从顶部进入气液分离器，液态制冷剂沉入底部，而位于顶部的气态制冷剂被吸入压缩机。气液分离器底部的吸气管上有一个小孔，允许少量冷冻机油流回压缩机，以保证压缩机的正常润滑。

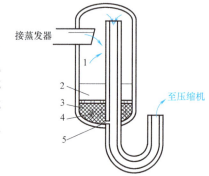

图 2-62 气液分离器结构

1—气体 2—液体 3—滤网 4—干燥剂 5—泄油孔

3. 油分离器

图 2-63 所示为油分离器的结构。它安装在压缩机和冷凝器之间，由筒体、滤网、滤球阀组、进气管、排气管及手动回油阀等组成。一般在大型豪华客车或列车上才采用此装置。

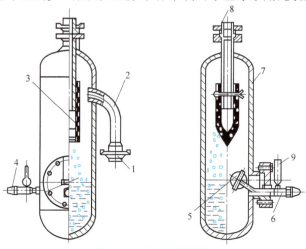

图 2-63 油分离器结构

1—高压气体出口 2—排气管 3—滤网 4—手动回油阀 5—滤球阀组 6—回油阀 7—筒体 8—进气管 9—回油管

项目2 汽车空调制冷系统部件结构与检修

2.6 连接软管和视液镜

1. 连接软管

汽车空调软管中间为橡胶软管，两端铆压金属接头。软管必须具有吸收振动的能力，不能泄漏制冷剂，并能承受一定的重量。

用于汽车空调的两种软管规格见表2-2和表2-3，国产汽车空调软管性能参数见表2-4。

表2-2 耐氟氯丁橡胶软管尺寸

软管号数	软管内径/mm	软管外径/mm	标准长度/m	最小爆裂强度/MPa	最小弯曲半径/mm
6	7.9	19.0	4.6	14.8	101.6
			15.2		
8	10.3	23.0	4.6		127.0
			15.2		
10	12.7	25.0	4.6		127.0
			15.2		
12	15.9	28.6	4.6		152.4
			15.2		

表2-3 尼龙软管尺寸

软管号数	软管内径/mm	软管外径/mm	标准长度/m	最小爆裂强度/MPa	最小弯曲半径/mm
6	7.9	11.5	7.6	29.6	88.9
10	12.7	17.1	7.6	29.6	114.3

表2-4 国产汽车空调软管性能参数

种类	直径/mm	内径/mm	最大外径/mm	螺纹规格	内侧最小弯曲半径/mm	工作压力/MPa
高压用	8	7.9±0.5	21	M16×1.5	95	2.94
	10	10.3±0.5	25	M20×1.5	115	
	11	11.5±0.5	26	M20×1.5	120	
	12	12.7±0.5	27	M22×1.5	125	
低压用	10	10.3±0.5	25	M20×1.5	115	1.47
	12	12.7±0.5	27	M22×1.5	125	
	14	14.0±0.5	30	M22×1.5	135	
	15	15.9±0.5	32	M22×1.5	145	

汽车空调软管接头多用聚四氟乙烯密封圈密封，它依靠接头上的坡口压紧装在配合座上的密封圈，保证不泄漏。安装前各接头处和密封圈都要涂上冷冻机油以防损坏，同时也起到很好的密封作用。密封圈安装如图2-64，图2-65所示为弹簧锁紧接头。

2. 视液镜

视液镜有如下作用：

1）用来指示制冷剂流动状况，当发生缺液或含有水分时，观察玻璃能显示不同颜色和气泡。

2）能观察管路中冷冻机油的流动情况。视液镜的外壳是黄铜模压件，承受工作压力为3.6MPa（36kgf/cm²），在观察玻璃下设有随水分含量变化而改变的指示片，水分极少时呈

57

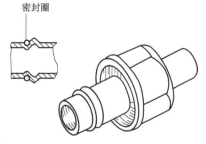

图 2-64 密封圈安装

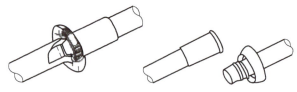

图 2-65 弹簧锁紧接头

淡蓝色,水分增多时变为淡红色。反之,水分减少时又变为蓝色,水分增多时又变为红色,指示反应是可逆的。视液镜可直接安装在过滤器与膨胀阀之间,也可旁通在立臂或水平管上。视液镜安装在系统中,运行100h,应目测检查外表是否有油渗漏。每一季度用检漏灯检查漏气情况。

2.7 其他辅助设备

1. 电磁离合器

汽车空调系统的压缩机主轴上都装有电磁离合器,其作用是通电或断电时,可以控制压缩机停或开。电磁离合器是压缩机与带轮之间的连接件,只要发动机在运转,离合器的带轮总是在旋转。只有当电磁线圈通电时,离合器才被吸上而使压缩机工作。而电磁离合器的电源通断由温度控制器来控制。

电磁离合器由带轮、压力板及轴承等组成,如图2-66所示。电磁线圈固定在压缩机壳体上,压力板则被安装在压缩机主轴上,轴承设置在带轮与压缩机的前端壳之间,其装配关系如图2-67所示。

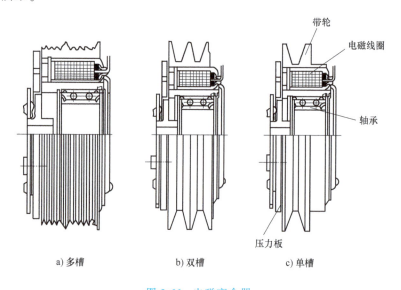

a) 多槽   b) 双槽   c) 单槽

图 2-66 电磁离合器

项目2 汽车空调制冷系统部件结构与检修

2. 电磁阀

（1）电磁阀的作用与结构 电磁阀是一种开关式的自动阀门，它的作用是切断或接通制冷剂输液管。电磁阀的线圈通常与压缩机的电磁离合器线圈接在同一开关上，压缩机起动时，电磁阀通电打开阀孔；压缩机停止时，电磁阀立即关闭。避免了大量的液态制冷剂进入蒸发器，从而防止了再起动时，压缩机冲缸，起了安全保护作用。

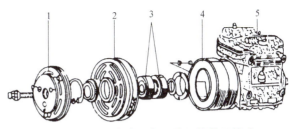

图2-67 电磁离合器与压缩机的装配关系
1—压力板 2—带轮 3—带轮轴承 4—电磁线圈 5—压缩机

电磁阀由电磁外壳、弹簧、线圈、铁心、阀杆、阀体等组成。电磁阀种类很多，而在汽车空调设备中使用的主要是直接启闭式电磁阀，如图2-68所示。图2-69所示为电磁阀关闭、正在开启、全开的工作状况。

电磁阀的工作原理是当接通电源时，线圈与铁心产生感应磁场，铁心被吸而上移，阀孔被打开。电源被切断后磁场消失，铁心因弹簧力和自身重量而下落，阀孔又被关闭。所谓直接启闭式，即是一次开启式的电磁阀，其具有结构简单，操作方便，不易出故障等优点。在制冷系统上被广泛采用。

（2）电磁阀的安装与使用要求

1）必须垂直安装在水平管上，不能倾斜，以免导致铁心卡住。

2）流体方向应与阀体标注箭头一致，反向会导致阀门关闭不严。

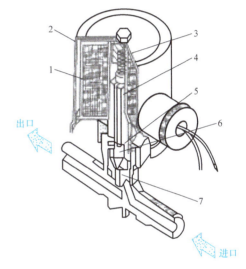

图2-68 电磁阀
1—线圈 2—线圈套 3—回动弹簧 4—铁心
5—阀杆 6—阀芯 7—主阀

3）使用场合的环境温度不宜超过55℃，也不应装在潮湿的地方，以防线圈烧毁。

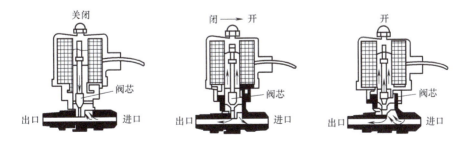

图2-69 电磁阀工作状况

4）电磁阀必须安装在干燥过滤器与膨胀阀之前的液管中。

5）电磁阀的规格主要根据管路直径大小、介质材料要求，使用工作电压来选用。

（3）电磁阀的常见故障与维护 电磁阀的常见故障是铁心不能吸起，或阀孔关闭不严。

如果通电后听不到吸引时的冲击声，断电时又听不到下落声，则由以下几种原因引起：

1) 通电电压低于85%，使电磁力不足而不能吸起。经测量确定后，调整电压。
2) 电源线圈断路。可用万用表测量确定。
3) 铁心被油污粘住。可以拆下来清洗。
4) 电磁阀进、出口压力差超过开阀能力，使铁心不能吸起。检查故障原因，并予排除。
5) 通电后有异味，可能由电磁线圈短路、烧毁所引起。可用万能表检查电压和电阻值。
6) 电磁阀关闭不严，可能由安装不垂直或装反所引起。检查后重新安装调整。

3. 维修辅助阀

汽车空调冷气系统的压缩机吸、排气口一般都装有维修辅助阀（也称三通阀），其有三个工作位置，即前位、后位和中位，如图2-70所示。

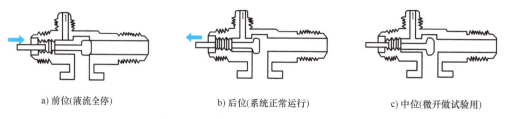

a) 前位(液流全停)　　b) 后位(系统正常运行)　　c) 中位(微开做试验用)

图2-70　维修辅助阀不同的工作位置

维修辅助阀的三个工作位置由调节阀杆来控制，顺时针转到阀位，可以切断系统中制冷剂的流动，如图2-70a所示。逆时针旋到底，在此位置系统畅通，但关闭了制冷剂流向外部的通道。此通道能进行抽真空、充灌制冷剂、接压力表等，如图2-70b所示。如果阀杆转到中间，如图2-70c所示，则处于三通位置。制冷系统被接通，而另一端连接口可以接压力表，测量制冷系统工作压力值，以此可判断压缩机工作情况。

在轿车空调系统中，为了简化制冷系统，压缩机上不设维修辅助阀，而用维修接口来代替，每个维修接口上都装有一个图2-71所示的施拉尔阀。

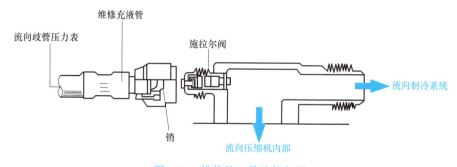

图2-71　维修接口及施拉尔阀

在使用时，先把歧管压力表的维修液管接头拧上，顶开施拉尔阀的阀芯，相当于图2-70c所示的中间位置，这时可以对系统进行压力测量、抽真空和充灌制冷剂等工作。当维修充液管接头拧下时，施拉尔阀复位而关闭，切断与外管的通道。

项目 2　汽车空调制冷系统部件结构与检修

能力提升训练

2-1　汽车空调维修操作注意事项

1. 作业环境

检修空调时注意清洁和防潮，一定要防止污物、灰尘和水分进入制冷系统，要把机组周围和接头附近清洁干净，避免在雨天进行维修作业。

2. 制冷剂的使用

保存和搬运制冷剂时，应按其要求存放，不要用火烘烤钢瓶，也不能把它放置在太阳能直接照射到的地方。制冷剂应存放在 40℃ 以下的阴凉地方。制冷剂不能接触人体，否则会引起冻伤。操作时不可太靠近面部，而且必须带上护目镜和手套。一旦眼睛和皮肤接触到制冷剂，应立即用大量清水清洗，并在皮肤表面涂上凡士林。如果接触面积过大，应立即送往医院。

3. 制冷系统管路操作

拆卸制冷系统管路时，应立即将系统管口或接头封住，以免潮气或灰尘进入。清洁管路时应用高压氮气冲洗。管接头的密封圈是一次性的，每次检修时应该更换。拧紧或松开管接头时，应使用两把扳手。

汽车空调制冷管路的连接一定要牢固可靠，应具有良好的密封性能。但又不能拧得过紧而损伤螺纹，应根据不同的材料、不同的管路对拧紧力矩进行规定。如金属管与金属管的连接，其拧紧力矩见表 2-5。

表 2-5　金属管与金属管的拧紧力矩

管道外径 /mm	拧紧力矩/N·m		管道外径 /mm	拧紧力矩/N·m	
	钢或铜	铝		钢或铜	铝
6	10~20	6.4~9	12	20~29	15~25
8	15~25	10~20	16	25~34	20~29
10	15~25	10~20	19	25~34	20~29

2-2　制冷剂排放回收作业

在检修汽车空调制冷系统时，若系统制冷剂过多，要排放一些制冷剂；维修或更换时，必须排放制冷剂，制冷剂的排放有两种方法。以前是把制冷剂排放到大气中，此法污染环境，浪费资源，现已不再采用；现在采用回收制冷剂的方法，此法较好，但是要用专用制冷剂回收机，下面重点介绍。

1. 制冷剂回收机介绍

常用的制冷剂回收机外形如图 2-72 所示，控制面板功能结构见表 2-6。

61

汽车空调故障诊断与维修

图 2-72 常用的制冷剂回收机

表 2-6 常用的制冷剂回收机控制面板功能

图示	说明
（低压表、高压表、高、低压阀、视液孔）	1）高、低压表用于测量制冷系统内的压力。高压表为红色，低压表为蓝色 2）高、低压阀的作用是控制压力表中的系统压力与制冷剂回收机的连接。例如，关闭低压阀，则系统的低压侧压力就和制冷剂回收机不连接。高压阀为红色，低压阀为蓝色 3）视液孔的作用是在加注制冷剂时，观察液态流入的制冷剂
（回收阀、抽真空、加注阀、压力过高警告灯、罐满警告灯、回收指示灯、回收按钮）	1）回收阀。在回收制冷剂时打开 2）抽真空、加注阀。在抽真空或加注制冷剂时打开 3）压力过高警告灯。在压力过高时灯亮警告 4）罐满警告灯。当制冷剂回收罐装满之后，灯亮报警 5）回收指示灯。当按下回收按钮时，回收指示灯会亮 6）回收按钮。按下此按钮之后，起动回收系统开始回收制冷剂
（抽空按钮、R134a 制冷剂指示灯、指示灯、加注制冷剂按钮）	1）抽空按钮。控制机器的抽空系统 2）R134a 制冷剂指示灯。指示 R134a 制冷剂系统抽空工作 3）加注制冷剂按钮。按下按钮，机器加注系统开始处于工作状态 4）指示灯。指示机器加注系统正处于工作状态

项目2 汽车空调制冷系统部件结构与检修

2. 制冷剂的回收

（1）回收装置工作原理　制冷剂的回收方法有冷却法、压缩法及吸附脱离法三种。但是目前在汽车维修行业中常用的是压缩法回收。

压缩法是用压缩方法将制冷剂压缩，冷却后变成液体。其回收装置如图 2-73 所示，从空调制冷系统排除的制冷剂通过干燥过滤器去除水分和杂质。受到吸入压力调节阀控制，部分液体制冷剂存储在储液筒内。气态的制冷剂被压缩成高温高压的气体，通过分油器时，与制冷剂混合的冷冻机油分离出来，流回压缩机。高温高压的制冷剂进入冷凝器被冷凝，通过气液分离器，液态的制冷剂流到回收容器。回收容器内的部分气态制冷剂通过毛细管被压缩机吸出。

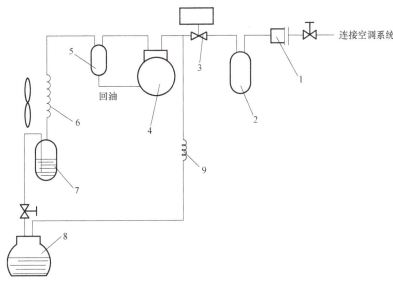

图 2-73　压缩法回收装置

1—干燥过滤器　2—储液筒　3—吸入压力调节阀　4—压缩机
5—分油器　6—冷凝器　7—气液分离器　8—回收容器　9—毛细管

采用压缩法回收可能会因操作不当或管理不善造成制冷剂不纯，因而最好对回收的制冷剂进行再生处理。

（2）回收操作过程　表 2-7 所列为制冷剂回收基本操作过程。

表 2-7　制冷剂回收基本操作过程

图示	操作步骤
	第一步：回收之前运转空调几分钟，便于回收时将杂质及油带出。连接设备的高、低压管到汽车空调的高、低压阀

（续）

图示	操作步骤
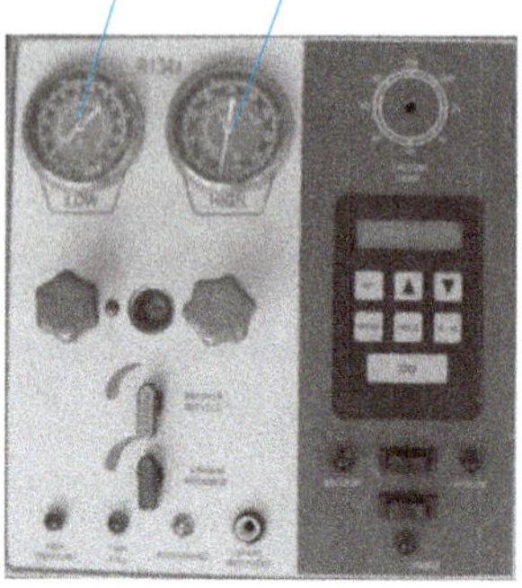 低压表　高压表	第二步：检查高、低压表是否指示正压，没有正压说明无制冷剂可回收
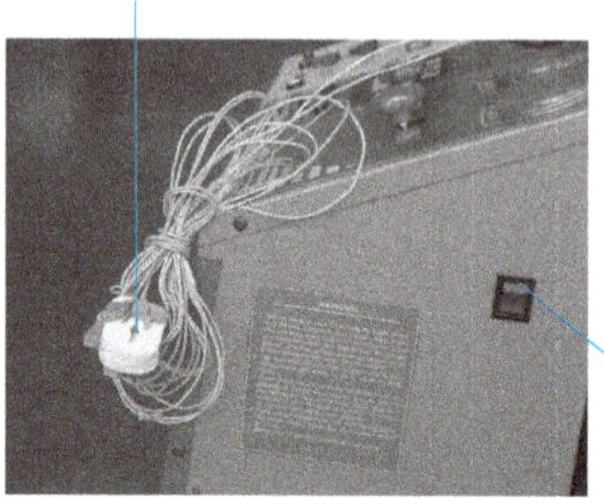 电源插头　电源	第三步：插好制冷剂回收机的电源插头，并打开机器按钮
 制冷剂回收罐阀门	第四步：打开制冷剂回收罐阀门（蓝色）
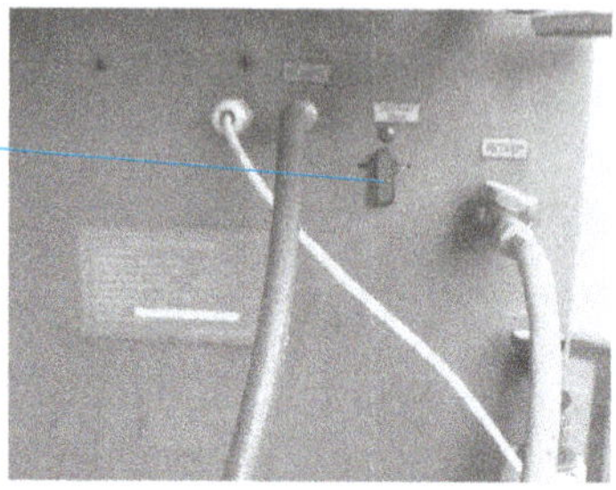 回收输出阀"开"	第五步：把背面的回收输出阀旋转至"开"的位置

(续)

图示	操作步骤
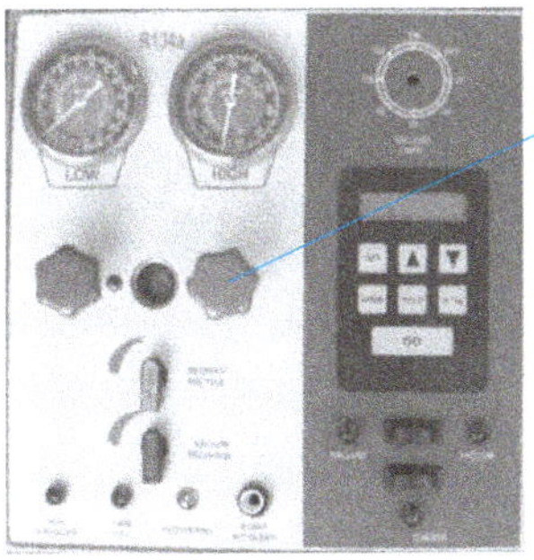  回收阀"开"	第六步:把控制面板上的回收阀旋转至"开"的位置
指示灯亮　回收按钮	第七步:按下"回收按钮","回收指示灯"亮。在显示屏上显示回收制冷剂的重量。回收到压力表指示为"0"为止 注意:观察左边的两个指示灯,如果瓶满指示灯亮,证明回收罐已装满
关闭回收阀 关闭回收阀 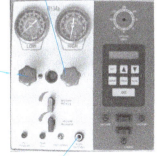 松开回收按钮	第八步:回收到压力表指示为"0"停止回收。①松开回收按钮;②关闭回收阀;③关闭高、低压开关阀
回收阀(蓝色)  换瓶阀	第九步:回收完毕,关闭制冷剂回收罐回收阀

2-3 制冷系统检漏作业

汽车空调制冷系统的工作条件比较恶劣,极容易产生泄漏现象。据统计,空调系统的故障,70%是由泄漏引起的,其泄漏的常见部位见表2-8。

表2-8 汽车空调制冷系统泄漏常见部位

部件	泄漏处	部件	泄漏处
冷凝器	1)冷凝器进气管和出液管连接处 2)冷凝器盘盖	制冷剂管道	1)高、低压软管 2)高、低压软管连接处
蒸发器	1)蒸发器进气管和出液管连接处 2)蒸发器盘盖 3)膨胀阀的两端连接处	压缩机	压缩机油封 压缩机吸、排气阀处 前后端盖密封处 与制冷管道的连接处
储液干燥器	1)易熔塞 2)管道连接处		

此外,每当检修或拆装制冷系统管路或更换部件之后,都必须对制冷系统进行气密性检查,防止制冷剂泄漏引起空调故障。

在维修汽车空调制冷系统时,常用的检漏方法有四种,它们分别是外观检漏、压力检漏、充氟检漏、真空检漏,其中后三种都要使用歧管压力表组,通过压力表的读数进行判断。

1. 外观检漏

制冷剂泄漏部位往往会渗出冷冻机油,若发现在某处有油污渗出,可进一步用毛巾擦拭或用手直接触摸检查,若仍有油污,则可能出现渗漏。

2. 压力检漏

压力检漏时,歧管压力测试仪连接如图2-74所示,高压软管接在系统高压侧的检修气门阀上,低压软管接在低压侧的检修气门阀上。接好后,打开表阀上的高、低压手动阀,向系统中充入干燥氮气(N_2)。其压力一般在1.5MPa左右,当系统压力达到预定压力后,停止充气,进行保压检漏。在保压的同时,可将肥皂液涂在系统各处进行检漏,特别应着重检查易泄漏的部位,如果压力在24h内无明显下降,则说明系统不漏。

进行压力检漏时,严禁用压缩空气代替氮气(N_2)进行检漏,这是由于压缩空气中含有水分,水分随空气进入系统后会在膨胀阀处产生冰堵。

3. 充氟检漏

压力检漏的方法较可靠,但时间过长,而且需对所有可能的泄漏处涂肥皂液检查,工作量大。充氟检漏是向制冷系统中充注制冷剂,并使其压力达到0.1~0.2MPa,然后用电子检漏仪进行检漏,其具体方法如下:

1) 抽真空后,关闭高、低压手动阀,并将真空泵从中间软管接头处拆下。
2) 将中间软管接在制冷剂罐的接头上,如图2-75所示。
3) 打开制冷剂罐上的钢瓶阀,旋松气压表阀上的中间软管接头,释放中间软管的空气。
4) 打开高、低压手动阀,使制冷剂进入制冷系统,当压力达到0.1~0.2MPa时,关闭高、低压手动阀,进行保压,观察压力表读数的变化。若系统压力有变化,则说明系统出现

项目 2　汽车空调制冷系统部件结构与检修

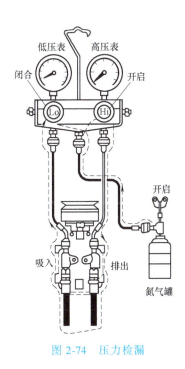

图 2-74　压力检漏

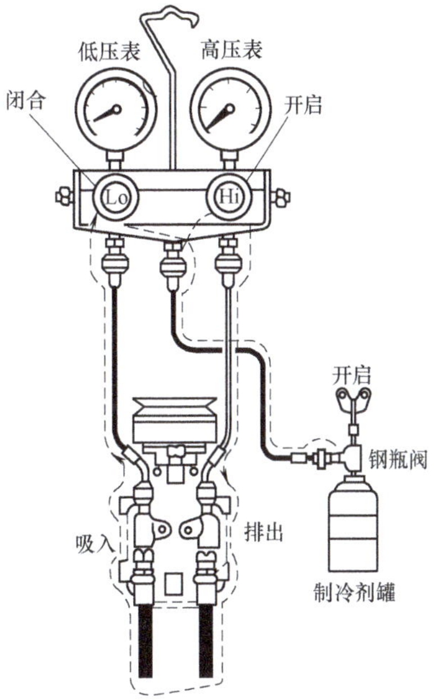

图 2-75　充氟检漏

泄漏，应立即用电子检漏仪进行检漏，并加以修复，若无变化，则说明系统无泄漏。

4. 真空检漏

若系统内的气体抽不空或无法达到真空，或抽完真空保压时，真空度明显上升。说明制冷系统仍有渗漏的现象，应进一步检查、修复。

2-4　制冷系统抽真空作业

汽车空调制冷系统维修过程中，一旦制冷系统暴露于空气中或更换某一个制冷系统部件，就必须抽真空。抽真空的目的是排除制冷系统内的空气和水蒸气，实际上抽真空并不能直接把水分抽出制冷系统，而是产生真空后降低了水的沸点，水汽化成水蒸气排出系统。

抽真空管路连接如图 2-76 所示。具体操作过程如下：

1）将歧管压力表的高、低压软管分别接在高、低压侧气门阀上，将其中间软管与真空泵相连接。

2）打开歧管压力表上的高、低压手动阀，起动真空泵，观察低压表（过程表）的指针，应该有真空显示。

3）连续抽真空 5min 后，低压表数值应达到 0.03MPa（真空度），高压表数值略低于零，如果高压表数值不能低于零刻度，表明系统内有堵塞，应停止抽

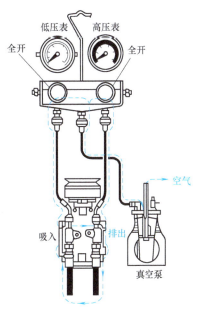

图 2-76　空调制冷系统抽真空

67

真空，修复后再抽真空。

4）真空泵工作 15min 后，低压表指针应在 0.01~0.02MPa 之间。如果达不到此数值，应关闭高、低压手动阀，观察低压表的指针，如果指针上升，说明真空有损失，系统有漏点，应停止抽真空，修复后才能继续抽真空。

5）系统压力接近于真空时，关闭高、低压手动阀，保压 5~10min。若低压表指针不动，则打开高、低压手动阀，开启真空泵，继续抽真空，抽真空的时间不得少于 30min，若条件允许，时间可长些。

6）抽真空结束时，先关闭高、低压手动阀，再关闭真空阀，其目的是防止空气进入制冷系统。这样，就可以向系统中加注冷冻机油或充注制冷剂。

2-5 制冷系统加注冷冻机油作业

汽车空调制冷系统在一般情况下，冷冻机油的消耗量少，可以每两年更换一次，每次添加的量见表 2-9，一定要保证添加同一牌号的冷冻机油，因为不同牌号的冷冻机油会生成沉淀物。

表 2-9 几种车型的冷冻机油添加量

汽车制造厂家	压缩机型号	冷冻机油充注量/mL
马自达	ES200	60
三菱	6F308H13	2000
	2Z306S	350
日产	DKP-12D	190
日野	6C-500	1700~1900
	6C-300	1500
中国北方-Neoplan	FK4	2600
丰田	6D152A	350
	6E171	280

如果制冷系统的制冷剂泄漏很慢，对冷冻机油的泄漏影响不大；如果制冷剂泄漏很快，冷冻机油也会随之快速泄漏。这时应检查压缩机冷冻机油的油量，如果压缩机内的冷冻机油过少，压缩机会过热，甚至发生"拉缸"现象，但如果冷冻机油过多，又会影响制冷系统的制冷效果。当更换制冷系统某一部件时，需要向制冷系补充一定量的冷冻机油，补充量见表 2-10。

表 2-10 更换部件时的冷冻机油补充量

更换的零部件	冷冻机油补充量/mL	更换的零部件	冷冻机油补充量/mL
冷凝器	40~50	制冷系统管道	10~20
蒸发器	40~50	储液干燥器	10~20

1. 压缩机冷冻机油油量的检查

压缩机冷冻机油油量的检查方法一般有以下两种：

1）观察视镜。通过压缩机上安装的视镜玻璃，可观察压缩机油量，如果压缩机冷冻机油面达到视察高度的 80% 位置，一般认为是合适的。如果油面在这个界限之下，则应添加冷冻机油；如果油面在这个位置之上，则应引出多余的冷冻机油。

2) 观察油尺。未装视镜玻璃的压缩机,可用油尺检查其油量。这种压缩机有些只有一个油塞,油塞下面有些装有油尺,有些没有油尺,需要另外用专用油尺插入检查,观察油面的位置是否在规定的上下限之间。

2. 添加冷冻机油

添加冷冻机油可用以下两种方法:

(1) 直接加入法 将冷冻机油按标准称量好,直接倒入压缩机内,这种方法只在更换蒸发器、冷凝器和储液干燥器时采用。

(2) 真空吸入法 添加冷冻机油可在抽真空后进行,其设备如图2-77所示,操作步骤如下:

1) 按抽真空的方法先对制冷系统抽真空。

2) 选用一个带有刻度的注油器,其上面有一个加油旋塞和一个放油阀。盛入比要补充的冷冻机油油量还要多一些的冷冻机油。

3) 将注油器接在表阀的低压接口和空调制冷系统低压检修阀之间。

4) 起动真空泵,打开注油器的放油阀,则补充的冷冻机油从制冷系统的低压侧进入压缩机,当冷冻机油油量达到规定量时,停止真空泵,关闭放油阀。

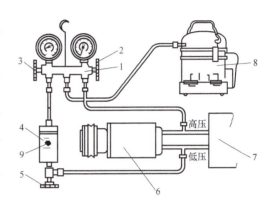

图 2-77 真空吸入法加注冷冻机油
1—表阀 2—高压手动阀 3—低压手动阀
4—注油器 5—放油阀 6—压缩机
7—制冷系统 8—真空泵 9—加油旋塞

5) 拆下注油器,把低压软管接在制冷系统的低压气门阀上,然后对系统进行抽真空,加注制冷剂。

冷冻机油使用完后,需及时盖严油瓶口,并擦净系统上的油迹,更换新的压缩机时,一般内部已有冷冻机油,无须再加入。

2-6 制冷系统充注制冷剂作业

当制冷系统抽真空达到要求,且经检漏确定制冷系统不存在泄漏部位后,即可向制冷系统充注制冷剂,充注前先确定注入制冷剂的量,因为充注量过多或过少都有会影响空调的制冷效果。一般用 R134a 制冷剂的空调系统在其管路部件上标有 "R134a" 或环保空调的字样。

充注制冷剂的方法有三种。第一种是从制冷系统高压侧的气门阀充注,称为高压侧充注,充入的是制冷剂液体。其特点是安全、快速,但用该方法时要注意充注时不可开启压缩机(发动机停转),且制冷剂罐要倒立,这种方法最好是用专用的设备充注。第二种是从制冷系统低压侧的气门阀充注,充入的是制冷剂气体,其特点是充注速度慢,可在系统补充制冷剂的情况下使用。第三种是先从高压侧气门阀充注一定量制冷剂,然后起动发动机,空调制冷系统工作,再从低压侧气门阀吸入制冷剂,用这种方法充注制冷剂的速度较快,不需要其他的专用仪器,一般汽车修理厂都采用这种方法。

1. 从高压侧充注制冷剂

从高压侧充注制冷剂，其具体方法如下：

1) 当系统抽真空后，关闭歧管压力表上的高低压手动阀。将中间软管的一端与制冷剂罐注入阀的接头连接起来，如图2-78所示。

2) 打开制冷剂罐开启阀，再拧开歧管压力表软管一端的螺母，让气体逸出一段时间，把管内的空气排空，然后再拧紧螺母。

3) 拧开高压侧手动阀到全开位置，将制冷剂倒放于台秤上，以便从高压侧充注液态制冷剂，控制制冷剂加入量。

4) 从高压侧注入规定量的液态制冷剂后，关闭制冷剂罐上的注入阀及歧管压力表上的高压手动阀，然后将仪表卸下。这里应注意，从高压侧向系统注制冷剂时，发动机处于停转状态，不可以打开歧管压力表的低压手动阀，以防液击。

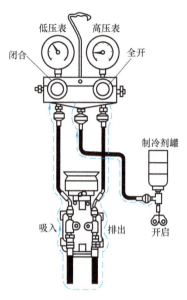

图2-78 从高压侧充注制冷剂

2. 从低压侧充注制冷剂

通过歧管压力表上的低压手动阀，可向制冷系统的低压侧充注气态制冷剂，其步骤如下：

1) 如图2-79所示，将中间软管的一端与制冷剂罐的注入阀接头相连。

2) 打开制冷剂罐的注入阀，拧松中间软管靠歧管压力表一端的螺母，直到听见制冷剂蒸气流动的声音，然后拧紧螺母。其目的是排出中间软管内的空气。

3) 打开低压手动阀，让制冷剂进入系统3~5min，以防止压缩机第一次开动时，冷冻机油被抽走，使压缩机卡住或发生其他故障。

4) 起动发动机，打开空调A/C开关，把风扇置于"Hi"档，发动机转速保持在1250~1500r/min。

5) 如果加入的速度较慢，可以把小制冷剂罐放在热水中加热，以提高其加注速度。注入制冷剂量足够时，关闭低压手动阀，观察制冷剂流过观察孔时的情况，如果无气泡流过，检查高、低压力表数值，在25℃时，若制冷剂为R134a，高压表数值应为1.4~1.5MPa，低压表数值应为0.12~0.14MPa。温度高于或低于25℃时，在其上下浮动。若制冷系统内制冷剂量基本达到要求，则关闭制冷剂罐，停止空调器及发动机工作。

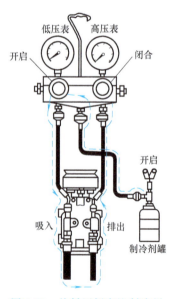

图2-79 从低压侧充注制冷剂

3. 从高压侧注入液态制冷剂，再从低压侧补足制冷剂量

从高压侧注入液态制冷剂，再从低压侧补足制冷剂量，其步骤如下：

1) 从高压侧注入液态制冷剂与从高压侧充注制冷剂的步骤1)、2) 相同。

2) 从高压侧注入液态制冷剂一段时间后，制冷剂罐重量不再下降，而系统中制冷剂仍不足，则关闭高压手动阀，将制冷剂罐竖立。

3) 起动发动机，转速保持在 1250~1500r/min，打开空调 A/C 开关，风扇开到最大档，并打开低压手动阀，让气态制冷剂进入系统的低压侧。

4) 若进气速度慢，则可以把制冷剂罐放在热水中加热，加快进气速度。

5) 通过台秤，视液镜，高、低压力表检查制冷剂量，其方法与上述检查方法一致。加足量后，关闭制冷剂罐，然后关闭低压手动阀，停止空调器及发动机运转。

2-7 压缩机的故障与检修作业

1. 压缩机常见故障

汽车空调系统的大多数运动部件都在压缩机上，因此压缩机的检修量最大。压缩机的常见故障有卡住、泄漏、压缩机无制冷剂输出或压缩不良、异响四种。

(1) 卡住　压缩机卡住时其不能转动。卡住的原因通常是润滑不良或者没有润滑。如果发现冷冻机油因制冷剂的泄漏而泄漏，或者蒸发器的溢油管、POA 阀的溢油阀、CCOT 系统的气液分离器（积累器）的油孔堵塞，都会使压缩机因得不到足够的润滑油而卡住。

如果发现离合器或传动带打滑，在确定不是离合器和传动带的故障后，一般都是由压缩机卡住所致。这时应立即关闭 A/C 开关，检查系统是否泄漏，如果系统泄漏而带出冷冻机油，则应进行检漏；如系统不泄漏，则是油路故障，检查溢油阀与蒸发器压力控制装置是否堵塞。如果堵塞，将系统中的制冷剂放掉或回收，更换溢油阀，并清洗其他各阀，然后重新装回系统。

如果压缩机卡住很牢，完全不能转动，可能是活塞在气缸内"咬死"，这种情况下压缩机已无修理价值，一般报废处理。

(2) 泄漏　泄漏也是压缩机常见的故障。压缩机泄漏有漏油和漏气两种情况，轻微泄漏时只泄漏制冷剂，严重时，既泄漏制冷剂又泄漏冷冻机油。在轴封处也有很微量的泄漏，若每年的泄漏量小于 14.2g，不影响制冷系统的性能，则认为是正常情况；若泄漏量超过 14.2g，就必须进行检修，更换密封件。如果因压缩机的缸体出现裂纹而产生泄漏，则应更换压缩机。

(3) 压缩机无制冷剂输出或压缩不良　压缩机出现无制冷剂输出或压缩不良时，可用歧管压力表检查压缩机的吸气压力和排气压力，如果两者压力几乎相同，用手触摸压缩机，发现其温度异常高，则其原因是压缩机缸垫窜气，从排气阀出来的高压气通过气缸垫的缺口窜回吸气室，再次压缩，产生温度更高的蒸气，这样往复循环，会把冷冻机油烧焦造成压缩机报废。

进、排气弹簧片破坏或者变软也将造成压缩机不能压缩制冷剂或压缩不良，这种故障只是吸气压力和排气压力相同或相差不大，而压缩机不会发热。

(4) 异响　空调系统的异响主要来源于压缩机和蒸发器风扇，若异响由压缩机发出，则其主要原因如下：

1) 尖叫声。尖叫声主要由离合器结合时打滑产生，或者由传动带过松或磨损引起。

2）振动。压缩机的振动及轴的振动也是异响的来源之一。产生振动时首先检查其支撑是否断裂，以及紧固螺栓是否松动。引起压缩机振动的还有传动带过紧或带轮轴线不平行。压缩机的轴承磨损过大会引起轴的振动，带轮轴承润滑不良也会引起异响。

2. 压缩机的检修

压缩机发生故障时，虽然大多数都能修复，但由于压缩机零配件不多，而且装配精度要求高，需要专用装配工具和夹具，许多汽车修理厂以检查判断故障为主，只对压缩机轴封泄漏和异响进行维修。

（1）压缩机就车诊断　起动发动机，转速保持在 1250~1500r/min 之间，把歧管压力表接入制冷系统中，打开空调 A/C 开关，风扇开到最大位置，触摸压缩机的进气口和排气口，正常情况应是进气口凉，排气口热，两者之间的温差较大。如果两者之间温差小，再观察歧管压力表，表上显示高低压相差不大，则说明压缩机的工作不良，应拆下修理；如果压缩机较热，再观察歧管压力表，表上显示低压侧压力过高，高压侧压力过低，则说明压缩机内部密封不良，应更换压缩机；如果制冷系统的高、低压都过低，则说明系统内部的制冷剂过少，应进行检漏，如果是压缩机出现泄漏，则应更换或修理。压缩机正常运转时发出轻脆均匀的阀片跳动声，如果出现异响，应判断异响的来源，并进行修理。

（2）压缩机的维修

1）压缩机的拆装。

① 发动机怠速运转，使空调系统运转 10min，停止发动机，并拆下蓄电池的负极，拔掉电磁离合器插头，将制冷系统中的制冷剂排出或回收。

② 从压缩机上拆下排出和吸入软管，并把排出和吸入软管接头用胶带捆扎密封好，防止潮气和灰尘进入。

③ 松开紧固调节装置，拆下传动带。

④ 拆下搭铁线，压缩机固定螺栓、螺母，托架和压缩机。

⑤ 压缩机的安装按与拆卸时的相反顺序操作。

2）修理离合器。以 SD-5 类型的离合器为例，当电磁离合器出现故障时，需要修理更换。其维修更换步骤如下：

① 把前板手的两个销插入离合器前板的两个螺孔中，用 19mm 套筒拆除螺母，如图 2-80 所示。

② 用拔取器取下前板，如图 2-81 所示，对准拔取器中心螺栓和压缩机轴均匀地拧入 3 个螺钉，顺时针拧动拔取器螺钉，直到前板松开。

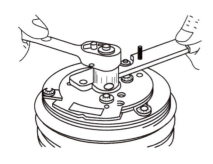

图 2-80　拆除螺母

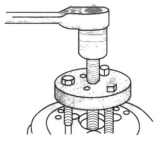

图 2-81　取下前板

项目 2　汽车空调制冷系统部件结构与检修

③ 拆下平键，并用卡簧钳取出轴承卡簧。

④ 用卡簧钳取出前盖卡簧。

⑤ 拆下带轮总成，把颚夹唇端插入卡簧槽，把拔轮器护套放在轴上（图 2-82）。将拔轮器螺钉拧入颚夹，用手拧紧。用 17mm 套筒扳手顺时针方向拧转拔轮器中心螺栓，直至带轮松动为止（图 2-83）。

图 2-82　安装拔轮器护套

图 2-83　取带轮

如果因为离合器打滑发出尖叫声，则修理驱动盘、摩擦板和带轮的摩擦端面。使之不含有油污和其他杂质，然后按技术规范调整它们之间的间隙。如果离合器轴承已磨损，用轴承取出器将轴承取出并换上新轴承。用万用表检查电磁线圈有无短路，若有短路则更换。

3）离合器的安装。

① 如图 2-84 所示，压缩机直立，用四个孔直接支撑压缩机，严禁钳住机体，将带轮笔直地对准前盖轮壳，轻轻套上，用专用装轴承套件和木锤轻敲带轮，使其落入前盖轮壳。用卡簧钳装上轴承卡簧和前盖卡簧。

② 重新放回前板总成，装入离合器间隙垫片、平键，敲打轴护器，直到前板与间隙垫片接触为止。

③ 调整检查离合器间隙，如图 2-85 所示，用塞尺检查离合器间隙，应在 0.4~0.8mm 之间，若间隙不均匀，将低处轻轻撬起，最高处轻轻敲下；若间隙不合格，则拆下前板，调整垫片厚度，再重新安装。

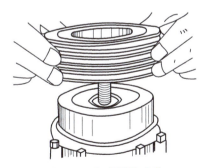

图 2-84　离合器的安装

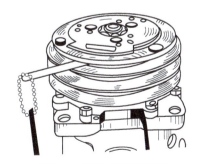

图 2-85　离合器间隙调整

④ 装上六角螺母，拧紧力矩为 33.8~40.7N·m。

4）修理轴封泄漏。如果发现压缩机的轴封泄漏，就要修理轴封的密封部分，其修理步骤如下：

① 按修理离合器的方法，将离合器总成拆下。

② 如图 2-86 所示，用卡簧钳插入毛毡环两个洞中把毛毡环取出。

③ 拿下调整垫片，用卡簧钳拆下轴封座卡簧。

④ 如图 2-87 所示，用轴封专用钳取出轴封座。

图 2-86　用卡簧钳取出毛毡环

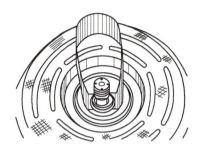

图 2-87　用轴封专用钳取出轴封座

⑤ 如图 2-88 所示，用 O 形圈钩取出 O 形圈，注意避免划伤槽。

⑥ 如图 2-89 所示，将拆轴封专用工具插到轴封上，压下弹簧并转动工具，直到该工具已扣入轴封外壳的开缝中，提出轴封组件。至此，密封件总成全部拆卸完毕，密封座、密封圈、密封件都是一次性的，不能重复使用，必须更换。

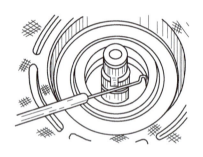

图 2-88　用 O 形圈钩取出 O 形圈

图 2-89　用拆轴封专用工具拆卸轴封

5）安装轴封总成的步骤。

① 用清洁的冷冻机油将压缩机密封部位清洗干净。

② 用清洁的冷冻机油涂抹 O 形圈，再用专用工具安装 O 形圈，保证其装在沟槽内，并用手电筒进行透光检查。

③ 将清洁的冷冻机油涂在静止环上，用钳子把它装上并轻轻压向密封面。

④ 把封套保护器插在压缩机轴上，把轴封拆装专用工具的开口扣进新轴封壳，将轴封压入压缩机，反方向转动工具，拿出工具。

⑤ 重新装上卡簧，把斜切边朝压缩机外，扁面朝内。

⑥ 装上间隙调整垫片。

⑦ 将新毛毡垫轻轻地敲入压缩机轴上相应的位置。

⑧ 重新装上离合器总成。

6）压缩机内部窜气的维修。压缩机发生内部窜气时，其维修步骤如下：

① 将压缩机从机体上拆下，把其内部的冷冻机油倒入一个量杯中，并安装在图 2-90 所示的夹具上。

② 拆下前后端盖的螺栓，取下前后端盖。

③ 取下前后缸垫、O形圈、簧片阀板。

④ 取出内部的活塞、轴承、斜板等，用汽油或其他溶剂清洗，再用冷动机油清洗。用冷冻机油涂抹全部部件并重新装上。

⑤ 装上前后端盖。加入冷冻机油，注入量应比开始倒出量多20mL。

⑥ 用手转动压缩机，感觉其转动是否顺利。

在维修的过程中，如果发现阀板有故障，可以用油石打磨平滑或更换簧片、缸垫、O形圈，新安装的零件需要用清洁的冷冻机油涂抹。

(3) 压缩机的检验 如图2-91所示，将压缩机安装在工作台上即可以进行检验，其方法如下：

1) 检查内部泄漏。在压缩机吸、排气检修阀上安装歧管压力表。关闭高、低压手动阀，用手转动压缩机主轴，每秒转一圈，共转10圈，这时，高压表压力应大于0.345MPa，若压力小于0.3MPa，则说明内部漏气，应重新修理阀片、缸垫。

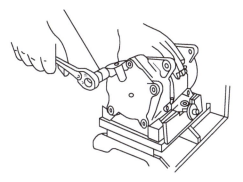

图2-90 将压缩机安装在夹具上

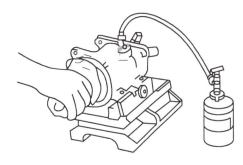

图2-91 压缩机检验

2) 检查外部泄漏。从低压侧注入0.5kg的制冷剂，然后用手转动主轴5圈。用检漏仪测定轴封，两端盖，吸、排气阀口等处，若无泄漏即可装回发动机。

2-8 热交换器的检修作业

热交换器是冷凝器与蒸发器的总称，它们常见的故障是外部脏堵、导管内部脏堵及泄漏等。

1. 冷凝器的检修

(1) 冷凝器检查 用前面所述的检漏方法检查冷凝器的泄漏情况。如果是冷凝器进、出口处出现泄漏，可能是由于密封圈老化，需要紧固或更换密封圈；如果是冷凝器本身泄漏，则应拆下进行修理。检查冷凝器的外观，观察冷凝器外表面有无污垢、残渣，翅片是否倒伏，如果有则会造成冷凝器散热不良。

用歧管压力表检查冷凝器内部脏堵，如果发现压缩机高压过高，不能正常制冷，冷凝器导管外部有结霜或下部不热的现象，则说明导管内脏堵或因外部压瘪而堵塞。

(2) 冷凝器拆卸

1) 将制冷系统中的制冷剂排出或回收。

2）拆卸冷凝器进、出口连接处的连接螺母，并立即封闭制冷系统两端的管路。

3）拧下其紧固螺栓，取出衬垫，拆下冷凝器。

（3）冷凝器维修

1）如果仅是外表有积污，杂物塞在冷凝器散热片中，应用水清洗或用压缩空气吹洗，注意不要损伤冷凝器散热片，若发现散热片倒伏，应加以矫正。

2）如果是冷凝器内部脏堵，则用压缩氮气吹洗，不能用水冲或压缩空气吹洗。如果是冷凝器本身损坏而泄漏，则应拆下焊补。

3）装上与拆下的顺序相反，但要注意切勿接错进口。如果有冷冻机油漏出，要补充一定量的冷冻机油。

2. 蒸发器的检修

（1）蒸发器检查

1）检查蒸发器外表是否有积污及有异味物体。

2）观察蒸发器本身是否损坏。

3）检查蒸发器是否泄漏。

4）观察排水管是否有水流出，检查内部是否清洁、畅通。

（2）蒸发器拆卸

1）拆下蓄电池负极。

2）对制冷剂系统进行排空或回收制冷剂。

3）把蒸发器两端的接头拆下，拿出蒸发器，并立即封住其开口部位和两端系统软管接口。

（3）蒸发器维修

1）用高压水或压缩空气清洗蒸发器表面积污异味物，注意不能用高压蒸气冲洗蒸发器。

2）如果发现有泄漏应找出漏点进行焊补。

3）安装时，注意切勿接错入口和出口，温控元件或感温包要牢固地装在合适的位置，膨胀阀的感温包敷好保温材料。更换新的蒸发器时，必须加注一定量的冷冻机油。

2-9 膨胀阀的检修作业

1. 膨胀阀常见的故障

1）膨胀阀开度过大，制冷剂系统中高、低压均高。低压侧管路有结霜或大量的水珠。

2）膨胀阀开度过小，制冷剂中高压侧压力高，低压侧压力低，制冷性能差。

3）膨胀阀入口滤网堵塞。

4）膨胀阀的针阀（球阀）与阀口粘住、卡滞或阀口脏堵。

5）膨胀阀冰堵。

6）感温包和毛细管破裂、失效。

7）感温包位置不当，固装不牢。

2. 膨胀阀拆卸

1）从恒温开关断开其连接插头。

项目 2 汽车空调制冷系统部件结构与检修

2）拆除连接管路，将其制冷系统两端封闭，拆下固定螺栓，拆出膨胀阀。

3. 膨胀阀的维修

1）检修。如果是上述故障 1）或 2），可调整其调节螺栓，顺时针方向拧，内弹簧减弱，开度增大，反之开度减小。应注意调整时需要专用工具和原厂的一些数据，若没有原厂资料，不能任意调节，应更换新的膨胀阀。

2）如果是上述故障 3），可拆下膨胀阀清洗，烘干后装回。

3）如果是上述故障 4），可拆下膨胀阀用制冷剂冲洗，然后加冷冻机油润滑，也可更换膨胀阀。

4）如果是上述故障 5），先排空制冷系统，然后抽真空，重新加注制冷剂。

5）如果是上述故障 6），应更换新的膨胀阀。

6）如果是上述故障 7），应重新安装固定。

4. 膨胀阀的安装

膨胀阀的安装与拆卸的顺序相反，但安装时要注意膨胀阀应垂直安装，不允许倒置，感温包应安装在蒸发器出口的水平管表面的上端，保证两者绑紧并且用隔热防潮胶布包捆好。

2-10 储液干燥器的检修作业

储液干燥器常见的故障是泄漏、脏堵和失效。

1. 储液干燥器检查

1）用检漏仪检查储液干燥器的接头处与易熔塞有无泄漏。

2）检查储液干燥器的外表、观察孔是否清洁。

3）用于感觉储液干燥器进、出口的温度，如果进、出口温差很大，甚至出口处出现结霜的现象，说明罐中的干燥剂散开，堵塞管路。

4）检查膨胀阀，如果膨胀阀出现冰堵，说明制冷系统中有水，储液干燥剂失效。

2. 储液干燥器拆卸

1）拔掉压力开关的连接插头。

2）拆掉连接管路，将制冷系统两端封闭。拆卸固定螺栓，拆下储液干燥器。

3. 储液干燥器的维修

如果储液干燥器两端的连接接头出现泄漏，则应紧固其接头或更换密封圈，无须拆下储液干燥器。如果是其他故障，则应更换储液干燥器。

储液干燥器的安装与拆卸的相反顺序进行，但要注意以下两点：

1）垂直安装。垂直安装是保证出口管将与制冷剂一起循环的冷冻机油压出储液干燥器，并循环回压缩机。

2）在空调系统的安装维修过程中，储液干燥器应该最后一个接入制冷系统中，并且立即抽真空，防止空气进入。

任务总结

1）蒸气压缩式制冷装置是由压缩机、冷凝器、膨胀阀、蒸发器四大部件及附属设备组成的，制冷剂在封闭的制冷系统内经过压缩、冷凝、节流和蒸发四个过程，完成了一个制冷循环。

2）汽车空调制冷系统可分为恒温器控制的离合器制冷循环系统和蒸发器压力控制系统，或介于二者之间的系统。

3）汽车空调压缩机主要有往复式、旋转式、可变排量压缩机三种类型。热交换器主要有冷凝器和蒸发器两类。

4）不能把制冷剂放入大气中，否则会污染环境，浪费资源。现在一般采用专用制冷剂回收机回收制冷剂。

5）在维修汽车空调制冷系统时，常用的检漏方法有四种，分别是外观检漏、压力检漏、充氟检漏、真空检漏，其中后三种都要使用歧管压力表组，通过压力表的读数来进行判断。

6）充注制冷剂的方法有三种。第一种是从制冷系统高压侧的气门阀充注，称为高压侧充注，充入的是制冷剂液体。其特点是安全，快速，但用该方法时要注意充注时不可开启压缩机（发动机停转），且制冷剂罐要倒立，这种方法最好是用专用的设备充注。第二种是从制冷系统低压侧的气门阀充注，充入的是制冷剂气体，其特点是充注速度慢，可在系统补充制冷剂的情况下使用。第三种是先从高压侧气门阀充注一定量制冷剂，然后起动发动机，空调制冷系统工作，再从低压侧气门阀吸入制冷剂，用这种方法充注制冷剂的速度较快，不需要其他的专用仪器。

7）电动汽车空调系统类型、组成及工作原理。

学习工作页

完成"学习工作页"任务工单2各项作业。

项目3 汽车空调暖风与配气系统检修

学习目标

知识目标：
1) 能掌握汽车空调暖风系统的基本类型、功能和特点。
2) 能解释汽车空调净化系统的类型和工作原理。
3) 能解释电动汽车暖风系统的工作原理。
4) 能够区分和解释配气系统在除霜、暖风和制冷状态的工作过程。
5) 能正确使用和操作手控汽车空调面板功能键。
6) 能正确描述手控汽车空调面板功能键与除霜门、中风门、下风门、调温门、气源门的对应关系。

技能目标：
1) 能正确实施暖风系统维护作业。
2) 能正确拆装和检修汽车空调通风系统和真空控制系统。
3) 能正确维护汽车空气净化系统。

思政目标：
1) 培养良好的职业道德与安全、环保意识。
2) 培养良好的标准化、规范化和科学化等职业素养，包括严格遵守 6S 管理、相关工艺规程和检验标性。

任务接受

一辆 2006 款一汽丰田卡罗拉汽车一年多没有使用空调，发现无暖风等，要求维修技术人员能够解决空调的问题。

相关知识学习

3.1 汽车空调暖风系统

汽车空调暖风系统按暖风设备所使用的热源可分为发动机余热式和独立燃烧式；按空气循环方式可分为内循环、外循环和混合循环式三种；按载热体可分为水暖式和气暖式两大类。本节将按热源的不同，分余热式和独立燃烧式两种暖风系统分别进行介绍。

1. 余热式暖风系统

(1) 水暖式暖风系统 轿车、载货汽车和小型客车经常利用发动机冷却液的余热作为热源，将其引入热交换器，由鼓风机将车厢内或车外部空气吹过热交换器而使之升温。此装置设备简单，安全经济，但热量小，受发动机运行工况影响大。如图3-1所示，水暖式暖风系统的工作原理是发动机上的冷却液控制阀4分流出来的冷却液送入暖风机的加热器芯子1，放热后的冷却液由加热器出水管2流回发动机。冷空气被加热器鼓风机13强迫通过加热器芯子，被加热后，由不同的风口吹入车厢内，进行风窗除霜和取暖。另一路冷却液由散热器进水管5进入散热器8，降温后由散热器出水管11回到发动机。具体通过控制冷却液控制阀的开闭和冷却液流量的大小，调节暖风机的供热量。水暖式暖风系统换热原理示意图如图3-2所示。

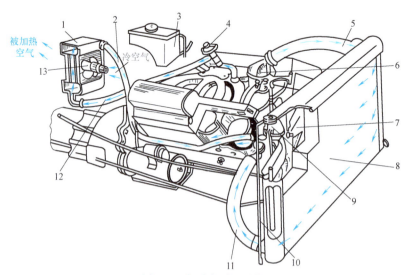

图3-1 水暖式暖风系统

1—加热器芯子 2—加热器出水管 3—膨胀水箱 4—冷却液控制阀 5—散热器进水管 6—恒温器 7—风扇 8—散热器 9—水源 10—散热器溢流管 11—散热器出水管 12—加热器进水管 13—加热器鼓风机

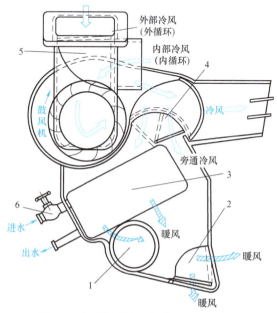

图3-2 水暖式暖风系统换热原理示意图

1—除霜器 2、5—风门 3—散热器 4—冷暖风混合风门 6—进水阀

项目 3 汽车空调暖风与配气系统检修

空气输入暖风机有三种方式：一是输入车内的空气，称为内循环；二是输入车外的新鲜空气，称为外循环；三是同时输入车内外两种空气，称为混合循环。一般内循环采暖效果好，加热空气吸热量少，外循环吸入的空气新鲜，混合循环则具备二者的优点，克服了二者的缺点，在汽车上应用广泛。图 3-3 所示为混合循环式暖风系统。由外部空气吸入口 7 吸进新鲜空气，由内部空气吸入口 5 吸进内部空气，在混合室 4 混合，然后被鼓风机 8 送入热交换器 1，加热后被送往前座脚下部位，并通过后座导管 2 及暖气管道 3 供后座乘员取暖。

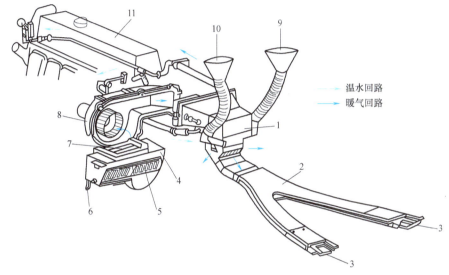

图 3-3 混合循环式暖风系统

1—热交换器 2—后座导管 3—暖气管道 4—混合室 5—内部空气吸入口 6—风门操纵杆 7—外部空气吸入口
8—鼓风机 9—除霜（前窗） 10—除霜（后窗） 11—发动机

（2）气暖式暖风系统　将发动机排气管中的废气余热或冷却发动机后的热空气作为热源，通过热交换器加热空气，把加热后的空气输送到车厢内取暖的系统，称为气暖式暖风系统，如图 3-4 所示。这种暖风系统受车速变化的影响大，对热交换器的密封性、可靠性要求高。

余热式暖风装置如图 3-5 所示，在发动机排气管上装一段肋片管，管外套上外壳，废气通过肋片传热，加热夹层中的空气，在鼓风机作用下，将空气加热后送入车室。

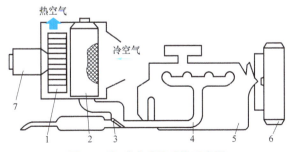

图 3-4 气暖式暖风系统示意图

1—暖风鼓风机 2—热交换器 3—废气阀门 4—发动机上排气管
5—发动机 6—发动机主散热器 7—鼓风机电动机

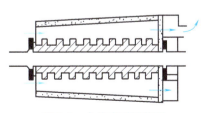

图 3-5 余热式暖风装置

81

图3-6所示为另一种气暖装置，通过热交换器12将冷却发动机后的部分空气与进气管2的空气相混合，加热后通过排热风管10在鼓风机7的作用下送入车室内，以供采暖。

2. 独立燃烧式暖风系统

发动机余热式暖风系统普遍受发动机功率和工况的影响较大，车速低、下坡时暖气效果不佳。目前大客车普遍采用独立燃烧式暖风系统，其热容量大，热效率可达80%，一般可以煤油、轻柴油作为燃料。

图3-7所示为独立燃烧式（空气加热式）暖风系统结构图。这种系统通常由燃烧室、热交换器、供给系统和控制系统四部分组成。燃烧室由火花塞和燃料分布器组成，燃料分布器直接装在暖房空气送风机的电动机轴上，在工作时，由其内部出来的燃油在离心力的作用下雾化。热交换器位于燃烧室后端，由双层腔组成，内腔通过的是燃烧的高温气体，外夹层通过的是新鲜空气，便于冷热交换。供给系统包括燃料供给系统，助燃空气供给系统和被加热空气供给系统三个部分。其中燃料供给系统由燃料泵、电动机、燃油电磁阀、油箱和输油管组成，助燃空气供给系统和被加热空气供给系统共用一台电动机，电动机两端各装一台风机供两个系统使用。控制系统有手动和自动两种控制方式，用来控制电动机、电磁阀、点火装置及自动控制元件的工作。

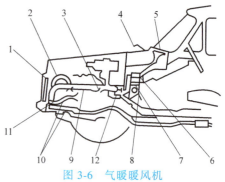

图3-6 气暖暖风机

1—挡风栅 2—进气管 3—夏季用热风泄出阀 4—通风 5—除霜器 6—电动机 7—鼓风机 8—转换门 9—截止阀 10—排热风管 11—专用排气管（除霜、去雾等） 12—热交换器

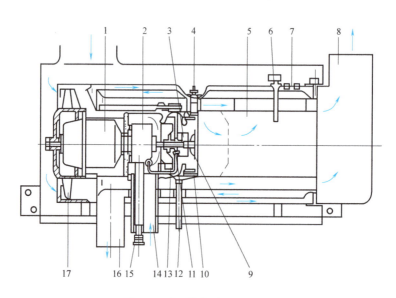

图3-7 独立燃烧式暖风系统

1—电动机 2—燃料泵 3—燃料分布器 4—火花塞 5—燃烧室 6—燃烧指示器 7—熔丝 8—暖气排出口 9—分布器帽 10—燃烧环 11—油分布器管 12、16—排气管 13—燃烧空气送风机 14—燃烧室空气吸入管 15—燃料吸入口 17—暖房空气送风机

独立燃烧式暖风系统的工作过程如下：工作时，燃油由电路电磁阀和液压泵来控制。当

项目3 汽车空调暖风与配气系统检修

打开暖气开关时电磁阀打开，电动机工作，与其同轴的燃料泵2工作，燃油从油箱经滤清器进入燃料分布器3，在离心力的作用下飞散雾化，并与供给燃烧的空气混合进入燃烧室5，电热塞电阻丝通电发热，使混合气点燃燃烧，燃烧后的高温气体在与新鲜空气换热后，由排气管16排向大气。另一方面，在电动机轴前端安装的暖房空气送风机17送入空气，经换热器加热后由暖气排出口8进入车室的管路和送风口。

该系统的优点是取暖快，不受汽车行驶工况的影响。将空气作为换热介质提供的暖风处于高温干热状态，舒适性差；将水作为换热介质提供的暖风，出风柔和，舒适性好，还可用来预热发动机、润滑油和蓄电池等。该系统由于燃烧时温度高，对其进行安全保护相当重要，暖风出口温度过高，过热保护器动作断开电磁阀的电源，停止燃油供应。另外，燃烧终止或停机时，供油中断，不再燃烧，风机应继续运行一段时间，直至感测温度指示内部温度正常才停止。因此，燃烧室不会因过热受损。

3. 电动汽车暖风系统工作原理

燃油汽车空调系统的暖风热源主要为发动机冷却液，而电动汽车的暖风系统与之不同，主要包括热泵式暖风系统和PTC（正温度系数）暖风系统。

(1) 热泵式暖风系统　热泵式暖风系统由传动带驱动直流无刷电动机提供动力，工作原理如图3-8所示。空调系统的制冷/制热模式由四通换向阀转换。

该空调系统的工作原理具体如下：当空调系统需要运行在制冷模式时，通过四通换向阀的动作，压缩机出口流出的制冷剂按照图3-8中实线指示的方向运行，通过鼓风机将冷风吹入车内，实现车内制冷。当空调系统需要运行在制热模式时，同样通过四通换向阀的动作，压缩机出口流出的制冷剂按照图3-8中虚线指示的方向运行，实现车内制热。

可以看出，该空调系统与普通空调系统的整体架构不同，其区别在于增加了可改变制冷剂流向的四通换向阀，且采用了允许双向流动的膨胀阀。但当该系统工作在制热工况下，系统从除霜模式转换为制热模式时，风道内换热器上的冷凝水将迅速蒸发，在车辆的风窗玻璃上结霜，影响驾驶安全性。

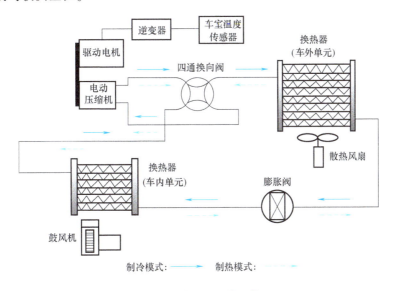

图3-8　热泵式暖风系统工作原理

日本电装（DENSO）公司开发出的一套以 R134a 为制冷剂的热泵空调系统，在风道中使用了 2 个换热器，如图 3-9 所示。制冷、制热模式保持不变。当系统以除霜/除湿模式运行时，制冷剂将流过所有 3 个换热器，运行路线为压缩机—四通阀—内部冷凝器—电子膨胀阀 1—外部冷凝器—电子膨胀阀 2（电磁阀关闭）—蒸发器—气液分离器—压缩机。系统通过内部蒸发器来除湿，将空气冷却到除霜所需要的温度，再通过内部冷凝器加热，然后通过鼓风机送入室内。

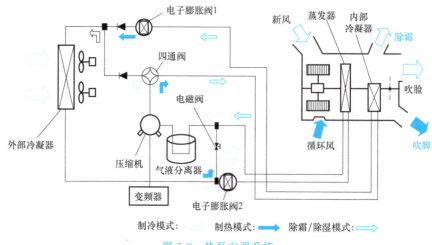

图 3-9　热泵空调系统

当系统制冷时，高温高压制冷剂气体从压缩机流过四通阀进入外部冷凝器变成低温高压制冷剂液体，再经过电子膨胀阀 1 进行节流形成低温低压制冷剂液体，然后经过内部蒸发器进行吸热蒸发，形成低温低压制冷剂气体，通过气液分离器进行气液分离，回到压缩机，此时电磁阀关闭。通过以上循环，鼓风机将冷风从风口送出。

当系统制热/除霜时，高温高压制冷剂气体从压缩机流过四通阀进入内部冷凝器变成低温高压制冷剂液体，然后经过电子膨胀阀 2 进行节流形成低温低压制冷剂液体，然后经过外部蒸发器进行吸热蒸发，形成低温低压制冷剂气体，此时电磁阀打开，通过电磁阀，经过气液分离器进行气液分离回到压缩机。通过以上循环，鼓风机将热风从风口送出。

（2）PTC 电加热器式暖风系统　PTC 电加热器是采用 PTC 热敏电阻元件为发热源的一种加热器。PTC 热敏电阻通常是用半导体材料制成的，电阻随湿度变化而急剧变化。当外界温度降低时，PTC 电阻值随之减小，发热量反而会相应增加。

PTC 热敏电阻按材质可以分为陶瓷 PTC 热敏电阻和有机高分子 PTC 热敏电阻。用于空调辅助电加热器的是陶瓷 PTC 热敏电阻。PTC 热敏电阻具有阻值随环境温度变化而变化的特性，所以 PTC 加热器具有节能、恒温、安全和使用寿命长等特点。

空调辅助电加热器可以分为粘接式陶瓷 PTC 加热器和金属 PTC 管状加热器。粘接式陶瓷 PTC 加热器是将多个陶瓷 PTC 芯片及铝波纹散热片用耐高温树脂胶粘接在一起的加热器，其散热性好，电气性能稳定。粘接式陶瓷 PTC 加热器又分为加热器表面带电型和加热器表面不带电型。

金属 PTC 管状加热器以镍铁合金丝为发热材料，发热管外镶铝散热片，其散热效果非常好。加热器配用温度控制器和熔断器，使产品使用更安全可靠。

项目3 汽车空调暖风与配气系统检修

（3）PTC水加热器式暖风系统
PTC水加热器式暖风系统采用PTC水加热器进行取暖，该PTC水加热器自带水温传感器、高压互锁装置、绝缘栅双极型晶体管（IGBT）温度传感器、电压采集装置、电流采集装置及对应的自动保护程序。

PTC水加热器式暖风系统的工作原理是：如图3-10所示，储水壶中的冷却液经水泵输送到PTC水加热器，经过加

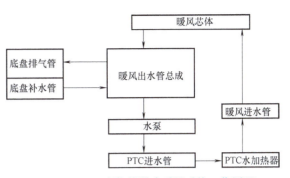

图3-10 PTC水加热器式暖风系统工作原理

热的冷却液输送到暖风芯体，经鼓风机将暖风芯体周围的热量输送到驾驶室各出风口，暖风芯体的冷却液经回水管回到暖风系统储水壶，然后再次进行循环。

3.2 汽车空调配气系统与控制面板

汽车空调已由传统单一制冷和取暖方式逐步发展到现在的冷暖一体化方式，不仅要保持车内的温度和湿度稳定在一定范围内，还要保证车内的空气清新。前面已介绍了汽车空调的暖风系统，本节重点介绍汽车空调的通风、净化、调节输送和分配系统。

1. 汽车空调的通风、净化与配气系统

（1）通风系统　根据我国对汽车空调新鲜空气的要求，新鲜空气换气量按人体卫生标准不低于$20m^3/(h·人)$，车内CO_2浓度不超过0.03%（体积分数）、风速为0.2m/s。因此，汽车内部均设有引进新鲜空气代替污浊空气的通风系统。

汽车空调的通风方法有两种，即迎风通风和压力吸气，排气也有自然排气和动力抽风两种。为保证进气正压和清洁，进风口一般设在轿车、货车的车头部位。为便于车内污浊气体的排出，排风口一般设在前驾驶室两侧上部的负压区处，如图3-11所示。

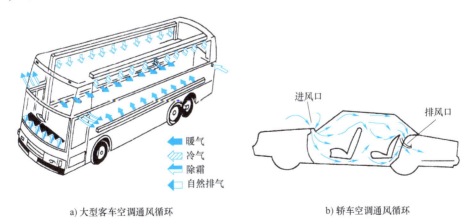

a）大型客车空调通风循环　　　　b）轿车空调通风循环

图3-11 汽车空调通风循环

（2）净化系统
1）粉尘净化。汽车空调系统采用的空气净化系统通常分过滤除尘和静电除尘两种。

① 过滤除尘。过滤除尘结构简单，广泛用于各种普通汽车空调系统中。它是在空调系统的送风口和回风口处设置空气滤清装置，它仅能滤除空气中的灰尘和杂物，只需定期清理过滤网上的灰尘和杂物即可。预滤器用于过滤大颗粒的杂质。

② 静电除尘。静电除尘结构复杂、成本高，只用于高级轿车和旅游车上。它是在空气进口的过滤器后再设置一套静电集尘装置或单独安装一套用于净化车内空气的静电除尘装置。它除具有过滤和吸附烟尘等微小颗粒杂质的作用外，还具有除臭、杀菌、产生负氧离子以使车内空气更为新鲜洁净的作用。图 3-12 所示为静电除尘式空气净化系统工作过程。

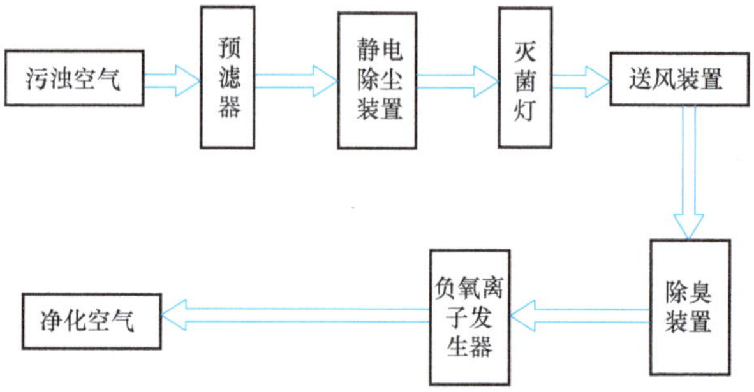

图 3-12 静电除尘式空气净化系统工作过程

静电除尘装置以静电方式把微小的尘埃粒子、烟灰及汽车排出的气体中含有的微粒吸附在集尘板上。其工作原理是：高压放电时产生的加速离子通过热扩散或相互碰撞而使浮游尘埃粒子带电，然后在高压电场中库仑力的作用下，克服空气的阻力而被吸附在集尘板上，图 3-13 所示为静电除尘原理图，其中图 3-13a 所示为微粒子带电，放电电极流出的辉光电流使尘埃粒子带电；图 3-13b 所示为微粒子集尘，带电粒子向集尘板运动。

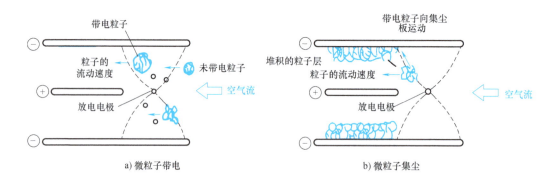

图 3-13 静电除尘工作原理图

2）除灭菌。

① 灭菌灯。灭菌灯用于杀灭吸附在集尘板上的细菌，它是一种低压水银放电管，能发射出波长为 353.7 nm 的紫外线，其杀菌能力约为太阳光的 15 倍。

② 除臭装置。用于除去车厢内的油料及烟雾等的气味，一般是采用活性炭过滤器、纤维式或滤纸式空气滤清器来吸附烟尘等有害气体。

3）典型空气净化装置。图 3-14 所示为实用的静电除尘式空气净化装置结构示意图，它通常安装在制冷、取暖采用内循环方式的大型客车上，经过这种装置净化后的空气清洁度很高，可以充分满足乘员对汽车舒适性的要求。

（3）配气系统　汽车空调配气系统按功能可分为冷暖分开型、冷暖合一型和全功能型。

项目3 汽车空调暖风与配气系统检修

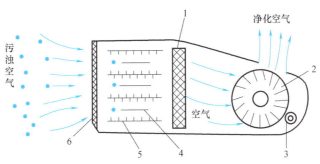

图 3-14 静电除尘式空气净化装置结构示意图

1—活性炭过滤器　2—鼓风机　3—负氧离子发生器　4—充电电极　5—集尘电极　6—粗滤器

1）冷暖分开型。制冷和采暖系统各自分开，由两个完全独立的冷风机和暖风机所组成，各有各的风机，控制系统也是完全分开的。其制冷时完全是吸入车内空气，采暖时既可吸入车内空气，也可吸入车外新鲜空气（图3-15）。这种结构占用空间较多，主要用在早期的汽车空调中。

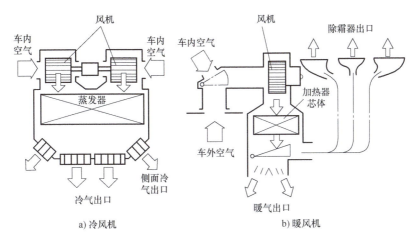

图 3-15 冷暖分开型汽车空调

2）冷暖合一型。在暖风机的基础上增加蒸发器和冷气出风口，但制冷和采暖各自分开，不能同时工作。目前，许多乘用车（如桑塔纳汽车等）采用这种结构。冷暖合一型虽然结构合一，但制冷和采暖的功能仍然是分开的（图3-16）。

3）全功能型。全功能型汽车空调集制冷、除湿、采暖、通风、净化于一体，既可供冷气，又可供暖气，还可进行通风、除尘。

冷暖分开型和冷暖合一型空调的缺点是冷风机只能降温、除湿，不能调节送风的相对湿度。

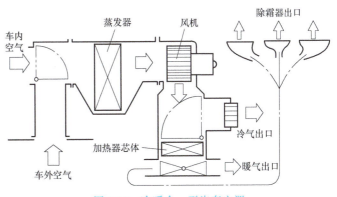

图 3-16 冷暖合一型汽车空调

夏季，当车厢内需要冷风时，风机吸入外界的湿热空气，经过蒸发器的冷却、除湿，变成冷风送入车厢内。然而，这种脱去冷凝水而吹出来的冷风，尽管绝对含湿量降低了，但相对湿度却在95%以上，这种冷而湿的风直接吹到乘员身上并不舒适，因此，必须设法在冷风吹出来之前降低其相对湿度。简单的办法就是将冷却除湿后的空气再适当地加热。图3-17所示为全功能型汽车空调空气处理系统示意图，它是在蒸发器和加热器之间设置了一个可以连续调节的混合风门。从蒸发器流出来的空气可以随混合风门的开闭，部分或全部通过加热器。流过加热器和不流过加热器的空气在空调内先混合，再经风门送出。夏季，可以通过调节混合风门的开度来调节冷湿空气的再加热程度；冬季，可以通过调节混合风门的开度调节暖风的温度。混合风门的设置大大改善了空调对空气相对湿度的调节能力。

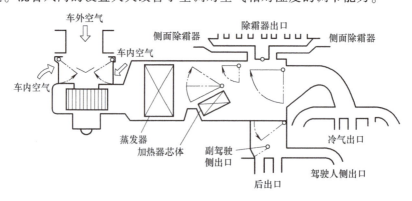

图3-17 全功能型汽车空调空气处理系统示意图

2. 控制面板

（1）手动空调控制面板的操作　各型汽车空调系统空气的调节与控制过程大同小异，以图3-18为例说明。

手动空调采暖及制冷装置仅在发动机运转且鼓风机打开的情况下工作。旋转开关1、5和6，可以调节温度、空气流向和鼓风机转速。按压2~4之间的按钮可以开启或关闭相应功能，开启某项功能后按钮内的指示灯随之亮起。再按一下该按钮，该功能即被关闭。

1）操作元件的基本操作。

① 后风窗加热按钮。后风窗加热功能仅在发动机运转的情况下才工作。打开大约10min后，加热功能会自动关闭。也可以按压此按钮提前关闭加热功能。

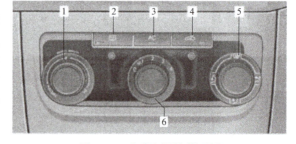

图3-18 手动空调控制面板

1—温度调节开关　2—后风窗加热按钮　3—制冷装置按钮
4—空气内循环按钮　5—空气流向调节开关　6—鼓风机开关

② 制冷装置按钮AC。制冷装置开启后，按钮中的指示灯随即亮起。

③ 空气流向调节开关。

气流吹向前风窗玻璃。

项目3 汽车空调暖风与配气系统检修

气流吹向上身。

气流吹向脚部空间。

气流吹向风窗玻璃和脚部空间。

④ 鼓风机开关。鼓风机可分4档调节空气流量大小。行车时建议至少将鼓风机开启在较低的档位上运行,以便随时都会有新鲜空气进入车内。

2)车内采暖和制冷。

① 车内采暖。旋转温度调节开关1,设置适合的温度。建议将车内温度设定在22℃。旋转鼓风机开关6,设定鼓风机转速。转动空气流向调节开关5,调节送风方向。

② 车内制冷。按下按钮 AC ,开启制冷装置。按钮上的指示灯随即亮起。旋转温度调节开关1,设置适合的温度。建议将车内温度设定在22℃。旋转鼓风机开关6,设定鼓风机转速。转动空气流向调节开关5,调节送风方向。

③ 前风窗除霜。将空气流向调节开关5转到位置 。将鼓风机开关6转到3档。将温度调节开关1顺时针转到底。将仪表板两侧的出风口的送风方向调向侧面车窗。

④ 前风窗除雾。将温度调节开关1转到合适位置。将鼓风机开关6转到2档或3档。将空气流向调节开关5转到位置 。按下制冷装置按钮 AC 。将仪表板两侧的出风口的送风方向调向侧面车窗。

⑤ 关闭电子手动空调。将鼓风机开关6转到位置0,即可关闭空调系统。

⑥ 新鲜空气通风。将鼓风机开关6转到位置0。将温度调节开关1逆时针转到极限位置。将鼓风机开关6转到合适位置。将空气流向调节开关5转到位置 。按下制冷装置按钮 AC ,关闭制冷装置。按压空气内循环按钮 ,关闭空气内循环模式。

对于采暖系统,只有在发动机达到工作温度时,才能发挥最大可能的加热功率并快速除去车窗玻璃上的冰雪。对于制冷系统,在制冷装置打开时不仅可以降低车内温度,而且空气湿度也会降低。这样可在车外湿度较高的情况下提高乘员的舒适度,并能防止车窗玻璃形成水雾。

如果无法打开制冷装置,可能有以下原因:① 没有起动发动机;② 鼓风机已关闭;③ 车外温度低于3℃;④ 制冷装置的压缩机由于发动机冷却液温度过高而暂时关闭;⑤ 空调的熔丝损坏了;⑥ 其他故障。

3)空气内循环模式。在空气内循环模式下,可阻止车外空气进入车内。

按压按钮 即可打开或关闭空气内循环模式。如果此按钮中的指示灯亮起,说明其处于打开状态。在空气内循环模式下,车外空气不会进入车内。空气仅仅在车内循环运行。因此,开启空气内循环模式可防止车外混浊难闻的空气进入车内。在车外温度较低时,开启空气内循环模式可以改善加热效率,因为此时只对车内的空气进行加热。

在车外温度较高时,开启空气内循环模式可以改善制冷效率,因为此时只对车内的空气进行制冷。为安全起见,在空气内循环模式下,如果把空气流向调节开关转到位置 ,空气内循环模式便会关闭。再次按压按钮 可以重新打开空气内循环模式。在打开空气内循环模式的情况下请勿吸烟,因为烟雾会沉积在制冷装置的蒸发器和空气滤清器上,从而导致

89

难以去除的异味。

利用出风口中间的导流片可以上下/左右调节气流方向,前部通风口的分布如图3-19所示。此外,还可以通过此导流片旋转相应的出风口调节空气流向。拨动出风口旁的滚花小轮,可以开启或关闭相应的出风口,如图3-20所示。

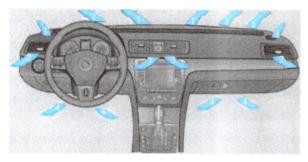

图3-19 前部通风口

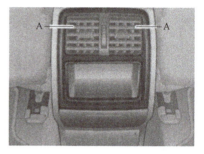

图3-20 中央通道后部的出风口

（2）全自动空调系统控制面板的操作 对于不同类型的汽车空调,人工控制面板的控制键和形式有所不同,但它们的控制内容基本相同。全自动空调系统的控制面板如图3-21所示。

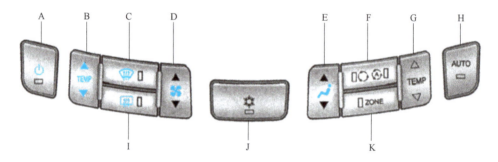

图3-21 全自动空调系统的控制面板

A—电源 B—驾驶人温度控制 C—风窗玻璃除霜 D—风扇控制 E—送风模式控制 F—内循环/自动内循环 G—乘员温度控制 H—AUTO（自动） I—后窗除雾器 J—空调系统 K—ZONE（温区）

1）自动操作。按下控制面板上的AUTO（自动）按钮,系统会自动控制风扇转速、送风、空调和空气内循环,以让车辆加热或冷却至所需要的温度。当AUTO指示灯点亮时,系统处于完全自动操作状态。如果手动调节了送风模式或风扇设置,则自动指示灯会熄灭,显示屏上将会出现所选择的设置。

按如下步骤将系统置于自动模式：①按下AUTO（自动）按钮。②设定温度。让系统有时间稳定下来。然后根据需要调节温度,以达到最佳舒适度。

TEMP▲/▼（驾驶人和乘员温度控制）：驾驶人和乘员侧的温度可单独进行调节。按下可调高或调低温度。

ZONE（温区）：按下可将所有温区设置联系到驾驶人设置。当指示灯点亮时,所有温区设置均可独立于驾驶人设置进行操作。

2）手动操作。

项目3 汽车空调暖风与配气系统检修

（电源）：按下可开启或关闭风扇。

（风扇控制）：按下可调高或调低风扇转速。风扇转速设置出现在显示屏上。按下其中一个按钮可取消自动操作，系统将进入手动模式。按下 AUTO 按钮可返回至自动操作。

（送风模式控制）：按下可改变气流的方向。当前模式会出现在显示屏上。在 AUTO 模式下改变送风模式会取消自动操作，系统将进入手动模式。按下 AUTO 按钮可返回至自动操作。若想改变当前模式，请选择下列其中之一：

（通风）：引导空气流向仪表板通风口。

（双向）：空气在仪表板通风口和地板通风口之间分流。

（三向）：空气在风窗玻璃、仪表板和地板通风口之间分流。

（除雾）：清除车窗上的雾气或湿气。引导空气流向风窗玻璃和地板通风口。

（地板）：引导空气流向地板通风口。

（风窗玻璃除霜）：为迅速地清除车窗上的雾气或凝霜，引导空气流向风窗玻璃。为取得最佳效果，除霜前请清除风窗玻璃上的所有冰雪。

（空调）：按下可开启或关闭空调系统。如果风扇已关闭或室外温度降至冰点以下，则空调系统不会工作。按下此按钮可取消自动空调模式并关闭空调系统。按下 AUTO 按钮返回自动操作，空调系统会根据需要自动启动。

（内循环/自动内循环）：按下可在自动内循环、内循环和车外空气模式之间切换。指示灯会显示所选择的内循环模式。如果两个指示灯全都熄灭，则会将车外空气引入车内。内循环模式可实现空气在车内的内循环。这样有助于迅速冷却车内空气或防止外界空气和异味进入车内。自动内循环模式会根据进入车辆空气的质量，在车外空气和内循环空气之间切换。

如装备自动除雾：温度控制系统可能配备有一个传感器，可自动检测车内空气湿度。当湿度高时，温度控制系统可调节车外空气供应并开启空调系统。风扇速度会稍微提高以帮助除雾。如果温度控制系统检测不到车窗雾气，就会返回至正常操作。可通过车辆个性化设置来关闭或开启自动除雾功能。

3） （后窗除雾器）。按下可开启或关闭后窗除雾器。后窗除雾器会在约 12min 后自动关闭。如果再次开启，则会在运行约 5min 后再次关闭。除雾器还可通过将点火开关拧到 ACC/ACCESSORY 或 LOCK/OFF 位置来关闭。后窗除雾器可在车辆个性化设置中将其设置为自动操作。当后窗自动除雾功能启用时，若车内外温度过低，后窗除雾器就会自动开启。大约 10min 后，后窗除雾器自动关闭。

对于配备有加热型车外后视镜的车辆，加热型车外后视镜功能会在按下后窗除雾器按钮时开启，以帮助清除后视镜表面上的雾气或凝霜。

4）后排温度控制系统（选装）。如果车辆配备有后排温度控制系统，这些控制装置位于后排座椅扶手上，控制面板如图 3-22 所示。前排控制装置和后排控制装置均可控制该系统。

ZONE（温区）：按下前排温度控制系统上的 ZONE（温区）按钮，可关闭后排风扇，并使前排乘员侧和后排温度控制系统进入同步模式。此时按钮上的指示灯熄灭。后排温度控制系统还可通过按住 ✿ 按钮来关闭。若想从后排座椅开启该系统，请按下任一后排温度控制系统按钮，✿ 按钮除外。

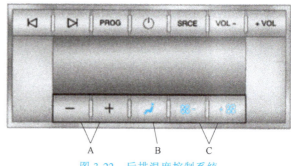

图 3-22　后排温度控制系统
A—温度控制　B—送风模式控制　C—风扇控制

同步模式：该模式可让后排温度控制的气流设置与前排温度控制的相一致。首次按下 ZONE（温区）按钮时，会启用此模式。

独立模式：该模式会根据后排控制装置的设置引导后排乘坐位置的气流。若想从后排座椅开启该系统，请按下任一后排温度控制系统按钮，✿ 按钮除外。

自动操作，如装备 AUTO 模式：按下 ♪ 按钮直至选中该设置，即可控制车内温度、送风和风扇转速。启用自动操作时，AUTO 会出现在显示屏上。

+/-（调高/调低温度）：按"+"或"-"按钮，可调高或调低后排客厢温度。后排控制装置的温度显示将会显示温度设置升高或降低。

手动操作： ✿ ✿ （风扇控制）：按下后排座椅控制装置上的这些按钮可调高或调低气流量。在系统关闭时按下风扇的 ✿ 按钮将会开启系统。送风模式依然保持在自动控制下。

+/-（温度控制）：按下这些按钮可调节流入乘员区域空气的温度。按下"+"按钮可让空气变暖，按下"-"按钮可让空气变冷。

♪（送风模式控制）：按下模式按钮可改变车内的气流方向。反复按下该按钮，直至显示屏上出现所需要的模式。多按几次会在可用的送风模式间循环切换：通风、双向和自动。

能力提升训练

3-1　水暖式暖风系统维护作业

（1）暖风机软管检查　检查暖风机软管的连接状态，如图 3-23 所示。

（2）水阀开关检查　检查水阀开关是否破损、有裂纹及有其他的损伤，必要时应更换。检查水阀开关的连接状态，检查是否有漏水现象及其他的损伤，检查其密封性能。

（3）散热器检查　主要检查散热器密封性能，若有泄漏会导致汽车仪表下侧出现积水。检查散热片是否堵塞，若散热片堵塞可用压缩空气清除杂质。

（4）暖风散热器拆装

1）排出发动机冷却液，不必把冷却液全部排出，如图 3-24 所示。

2）拆下仪表板和加强件。

项目3 汽车空调暖风与配气系统检修

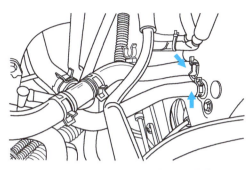

图 3-23 检查暖风机软管连接状态

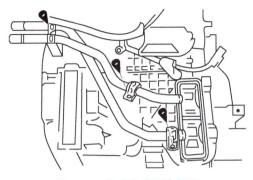

图 3-24 排出发动机冷却液

3) 拆下暖风散热器，如图 3-25 所示。

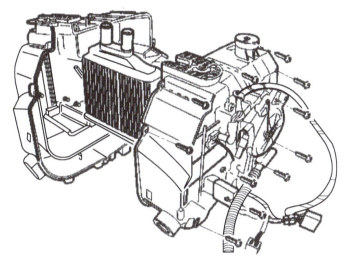

图 3-25 拆下暖风散热器

安装暖风散热器时的步骤与拆卸时相反。

（5）维护与保养　定期检查发动机冷却液管道是否正常。温度低地区的发动机要注意加防冻液，以防止损坏冷却液管道。更换系统后要注意排空冷却液管道，否则系统会出现气堵现象。

3-2　独立燃烧式暖风系统使用与维护作业

独立燃烧式暖风系统是利用燃料（如汽油、柴油、煤油、丙烷等）在燃烧器中燃烧所产生的热量，通过介质吸收，然后释放到需要加热的空间，加热器实质上是由燃烧器和热交换器两部分组成的。

独立燃烧式暖风系统根据传热介质的不同分为水加热器独立燃烧式暖风系统、空气加热器独立燃烧式暖风系统、气水综合加热器独立燃烧式暖风系统等几种。图 3-26 所示为一种典型的气水综合加热器独立燃烧式暖风系统。

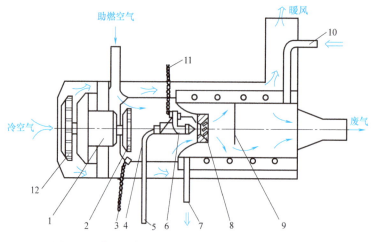

图 3-26 典型的气水综合加热器独立燃烧式暖风系统

1—电动机 2—助燃风扇 3—火焰传感器 4—油泵 5—进油口 6—喷油口
7—出风口 8—导向器 9—中间挡板 10—水道管 11—电弧点火 12—冷气风扇

下面以日本三国牌 M85 型加热器说明维护方法。

（1）使用检查事项

1）对于空气加热器，检查油箱油量、室内热风口是否打开、暖风进风口是否堵塞。

2）对于水加热器，除检查上述三项外，还要检查散热器是否有冷却液、冷却液管道阀门是否打开。

（2）使用操作　加热器电路图如图 3-27 所示。开机时要有一个预热过程再起动，关机时先关闭油泵电路，待内部冷却一段时间后再关机。

1）起动。

① 预热。开关打到预热位置。

② 运行。预热约 1min 后开关打到运行位置。

经过 1min 后燃烧指示灯亮，点火灯熄灭。可通过转换开关调节室内温度。

2）停机。

① 开关打到停机位置，电磁阀电路中断，燃烧停止。

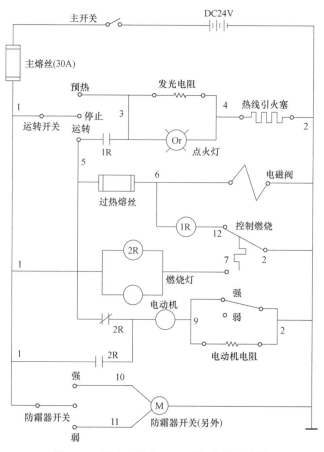

图 3-27 日本三国牌 M85 型加热器电路图

② 约 5min 后，鼓风机停止工作，加热器完全停止工作。

（3）维修与维护

1) 如果过热熔丝熔断，则应查清原因后再更换。
2) 定期检查燃料管道是否存在泄漏。
3) 定期维护燃油滤清器。
4) 定期检查电线是否损坏。
5) 定期维护火花塞。
6) 检查空气进气通道与废气排泄孔是否堵塞。

3-3　手控拉索控制式通风系统拆装作业

1) 检查控制拉索，观察用于拉动面板的控制键是否正常，如图 3-28 所示。控制拉索时，必须使控制滑钮移动灵活，并应停在正确位置。

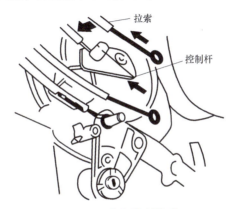

图 3-28　检查控制拉索

2) 控制拉索拆装，如图 3-29 所示。

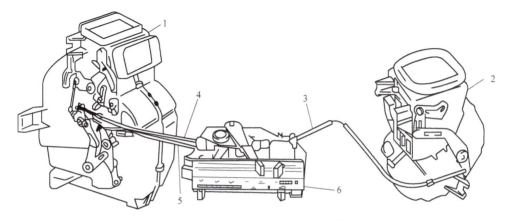

图 3-29　手控拉索控制式通风系统拆装

1—暖风机　2—暖风鼓风机　3—新鲜空气控制拉索　4—暖风控制拉索
5—空气控制拉索　6—控制杆

3-4　真空控制系统的主要部件检修作业

1) 当发动机运行时，检查真空管路真空度，真空度应约为 60 kPa；当发动机关闭时，真空度应保持在约 60kPa。

2) 断开真空软管，直接向执行器加真空，测试各真空执行器工作情况。

3) 使发动机运转并使空调控制加热器在各运行模式下循环运转，同时观察真空阀门执行器。

4) 观察模式阀门执行器位置，检查模式阀门执行器的真空度。当真空负压时，执行器应工作。如果真空执行器按要求不缩回，应更换暖风通风空调控制真空开关总成；如果真空执行器未按要求缩回，检查是否有真空泄漏、真空软管损坏或阀门卡滞现象。

5) 管线模压到一个连接器中，其与控制按钮相连。若软管泄漏或萎缩，不必更换整个管束，可以把软管剪断，插入一根塑料接头。

6) 真空罐检修主要检查真空罐是否漏气、真空管接头接触是否良好、单向阀工作是否正常。

7) 常见故障一般为真空管道泄漏、真空泵膜片损坏、真空选择开关损坏等。

3-5　汽车空气净化系统维护作业

清洁空气滤清器（粒子、花粉清除型）装在鼓风机装置中，擅长清除尘土和花粉。清洁车内空气的滤清器用聚酯制成，因而可以很容易地把它作为易燃的物质处理掉，这一特性使其不会造成环境污染。为方便维修，仅通过打开杂物箱就可以更换清洁空气滤清器。清洁空气滤清器如图 3-30 所示。

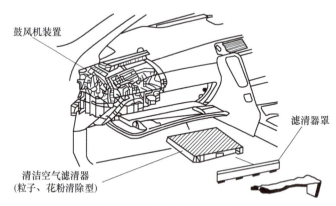

图 3-30　清洁空气滤清器

正常情况下，清洁空气滤清器更换间隔为 30000km，多尘情况下为 15000km，随着使用条件和环境的变化而变化。应在关闭点火开关后再更换清洁空气滤清器。

任务总结

1) 汽车空调暖风系统按暖气设备所使用的热源可分为余热式和独立燃烧式；按空气循

项目3 汽车空调暖风与配气系统检修

环方式可分为内循环、外循环和混合循环式三种;按载热体可分为水暖式和气暖式两大类。

2)轿车、载货汽车和小型客车经常利用发动机冷却液的余热作为热源,将其引入热交换器,由鼓风机将车厢内或车外部空气吹过热交换器而使之升温。此装置设备简单,安全经济,但热量小,受发动机运行工况影响大。

3)汽车空调的通风方法有两种,即迎风通风和压力吸气法,排气也有自然排气和动力抽风两种。

4)汽车空调系统采用的空气净化系统通常分空气过滤式和静电集尘式两种。

5)配气系统常见的空气混合方式有冷风、暖风独立式,冷风、暖风转换式,半空调方式,全空调式;典型的配气系统包括通风、制冷、再热系统。

6)真空控制空调系统的常见故障一般为真空管道泄漏、真空泵膜片损坏、真空选择开关损坏等。

学习工作页

完成"学习工作页"任务工单3各项作业。

项目4　汽车空调电气系统检修

知识目标：
1）能解释汽车空调系统常用控制装置的作用和工作原理。
2）能分析汽车空调鼓风机、压缩机等的常用电路。
3）能分析单风口电路空调基本工作原理。
4）能运用空调控制电路原理分析典型汽车空调电路控制原理，能解决一般故障。
5）能正确使用汽车空调电路检修常用检查工具。

技能目标：
1）能准确完成汽车空调电路的检修作业。
2）能准确完成汽车空调电器元件的检修作业。

思政目标：
1）培养良好的职业道德与安全、环保意识。
2）培养良好的标准化、规范化和科学化等职业素养，包括严格遵守 6S 管理、相关工艺规程和检验标准。

任务接受

一辆 2007 款广汽丰田凯美瑞轿车，客户反应空调不制冷。试车发现空调压缩机工作不间歇，出风口出风不冷。初步观察，压缩机电磁离合器打滑。更换电磁离合器后，压缩机仍然不间歇工作。于是对空调系统进行全面检查。

相关知识学习

为了使汽车空调系统能正常地工作，维持车内所需的舒适性条件，汽车空调系统中需要有一系列控制元件和调节执行装置工作。汽车空调控制系统已由手动操作发展到半自动化或全自动化控制。现在很多高级汽车空调采用微机控制，真正实现了全自动控制。

控制汽车空调制冷温度的方法有两种：一种是控制蒸发器表面温度，另一种是控制蒸发压力。控制蒸发器表面温度是靠压缩机电磁离合器断开和接通来实现的，常用恒温开关（温度控制器）、压力开关来控制，控制精度不高。目前大多数汽车空调都采用这种控制方式。

对于由主发动机直接驱动的非独立式汽车空调（如轿车、货车空调等），空调运行对汽车的行驶性能有一定影响。如汽车怠速行驶时，起动空调会使发动机转速降低，发动机过热，甚至引起发动机熄火；会因压缩机运转而影响超车能力。因此，在汽车空调上需安装一

项目4 汽车空调电气系统检修

些车速控制装置，如怠速继电器、怠速提升装置、加速切断装置等。

为使汽车空调系统正常工作，还需要一系列安全保护装置，如高、低压开关，过热开关等。另外，汽车空调系统中的很多控制执行动作是依靠真空系统完成的，如各种调节风门的转动、怠速提升装置的动作等，需要真空单向阀、真空促动器等元件来完成。

4.1 常用控制与保护装置

4.1.1 温控器

图4-1所示为离合器循环控制的制冷系统，常用温控器控制蒸发器的表面温度。温控器又称恒温器、热敏开关等。它是汽车空调电路控制系统中用于温度控制的一种基础元件。

温控器一般安装在蒸发器组件或靠近蒸发器组件的空调操作面板上。它主要有两种形式：机械式和电子式。

1. 机械式温控器

（1）机械式温控器构造　机械式温控器的结构如图4-2所示，它主要由感温系统、调温机构和触头开闭机构组成。

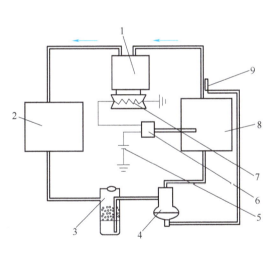

图4-1 离合器循环控制的制冷系统

1—压缩机　2—冷凝器　3—储液干燥器　4—内平衡膨胀阀　5—蓄电池　6—温控器　7—电磁线圈　8—蒸发器　9—毛细管温控器

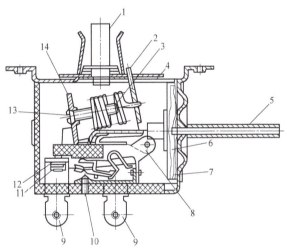

图4-2 机械式温控器结构

1—调温轴　2—控温板　3—主弹簧　4—调温凸轮　5—毛细管　6—感温剂　7—膜盒　8—杠杆　9—接线柱　10—温差调节螺钉　11—动触头　12—静触头　13—调温螺钉　14—固定架

感温系统主要由毛细管和波纹管构成，在这个密封的空腔内充满处于饱和状态的感温剂，如图4-3a所示。感温管一端插入蒸发器表面的翅片上，感受蒸发器出风口方向的表面温度。当蒸发器表面温度变化时，感温装置内工质的压力也发生变化，使波纹管伸长或缩短，并将压力信号传递出去，控制电路的通断。在一定的温度变化范围内，感温工质的压力与温度变化呈线性关系，即力点 A 的位移与感温工质的压力变化呈正比关系，如图4-3b

99

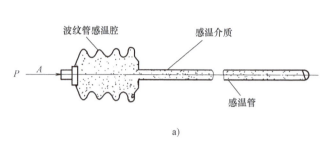
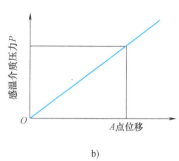

a)　　　　　　　　　　　　　　　　b)

图 4-3　波纹管式感温器

所示。

调温机构由凸轮、转轴、调节螺钉等组成，其功能是使温控器能在最低至最高温度范围内对任一设定温度产生控制动作。温控器触头开关的断开点是根据调节轴给定的位置而变化的，触头的闭合点与断开点的位置平行，工作温度特性如图 4-4 所示。

触头开闭机构主要由触头、弹簧、杠杆等组成，其功能是执行由控制机构传来的动作信号。通过触头开闭来接通或断开电磁离合器电路，实现恒温控制。

图 4-4　温控器工作温度特性

（2）机械式温控器工作原理　如图 4-5，通过温控器调温旋钮预设温度后，若蒸发器表面温度高于设定值，此时触头开关闭合，接通电磁离合器电路，压缩机工作。随着蒸发器表面温度不断下降，毛细管内感温剂压力下降，波纹管收缩，当降至设定温度值时，在弹簧拉力的作用下，活动触头与固定触头快速分离，压缩机停止运转。压缩机停止运转后，在鼓风机的作用下，蒸发器表面温度重新上升，毛细管内感温工质的温度随之升高，管内压力不断增大，波纹管伸长，克服预置弹簧力，推动杠杆移动，使活动触头与固定触头闭合，电磁离合器线圈通电，压缩机工作。由于温控器的作用，这一过程不断循环往复，使车内温度能在一定范围内得到控制，调节凸轮的位置和弹簧的预紧力，改变温控器起作用的时刻，使送风温度改变，达到人们要求的舒适范围。

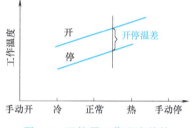

图 4-5　机械式（波纹管）温控器工作原理

1—蓄电池　2—离合器线圈　3—弹簧
4—毛细管　5—毛细波纹管总成
6—轴　7—凸轮　8—调节弹簧　9—温度调节螺钉
10—触点开关

2. 电子式温控器

电子式温控器是目前汽车空调上广泛使用的一种温控器，一般简单的电子式温控器只具备温控功能，它所用的感温元件为热敏电阻，通过小插片插在蒸发器出风口方向翅片上，用来检测蒸发器出风口温度。温度变化时，其阻值发生相应的变化，空调上多采用负温度特性的热敏电阻，即随着温度升高，阻值下降，温度降低，阻值上升，它的特性曲线如图 4-6 所示。

热敏电阻的性能直接影响控制的精度，其检查方法如图 4-7 所示。

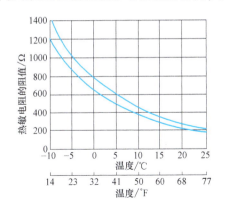

图 4-6 负温度特性热敏电阻特性曲线

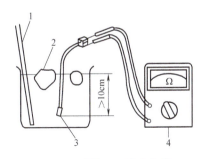

图 4-7 热敏电阻检查方法
1—温度计 2—冰块 3—热敏电阻 4—欧姆计

热敏电阻通过导线与电子式温控器相连，由于温度变化使热敏电阻阻值发生变化，转化为线路中电压信号的高低变化，经温控器将信号放大后，控制电路的接通与断开，实现循环制冷。温控器上设有调温旋钮，实际上是可变电阻，调节电阻值可改变送风温度范围，满足乘员的不同需要。

下面以图 4-8 所示的电子式温控器为例说明这种温控器的工作过程。这种温控器主要由温度检测电路、信号放大电路和电子开关电路三部分组成，其中调温电阻 15、R_1、R_2、可变温度控制电阻 14、热敏电阻 13 组成电压敏感电路，进行温度检测采样。当车内温度变化时，热敏电阻 13 的阻值改变。VT_1、VT_2 起放大作用，将 A 点电位的微弱变化进行放大，以驱动输出回路。VT_3、VT_4 组成电子开关，控制继电器的吸合与断开。

温控器的工作过程如下：发动机运转后，闭合空调开关，电流经空调开关 4→R_{13}→调

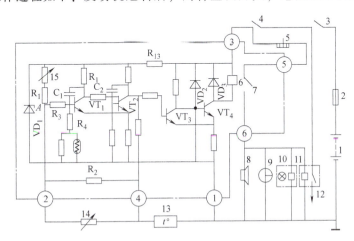

图 4-8 电子式温控器
1—蓄电池 2—熔丝 3—点火开关 4—空调开关 5—压力开关 6—电磁线圈
7—触头 8—电磁离合器 9—空调工况指示灯 10—真空开关阀
11—冷凝器风扇继电器 12—通往调节器（冷凝器风扇电机）
13—热敏电阻 14—可变温度控制电阻 15—调温电阻

温电阻 15→R_1→可变温度控制电阻 14（R_2）→热敏电阻 13→搭铁构成回路。

1）若车内温度高于设定温度，则热敏电阻 13 阻值较小，A 点电位较低，此时 VT_1 处于截止状态，集电极电位较高，致使 VT_2 导通，VT_3 截止，VT_4 导通，继电器线圈通电，产生吸力将触头闭合，电源经过继电器触头加至电磁离合器线圈，压缩机运转。

2）压缩机工作后，车内温度不断下降，热敏电阻 13 阻值上升，A 点电位上升。当温度降至调定值时，VT_1 饱和导通，则 VT_2 截止，VT_3 导通，VT_4 截止，继电器线圈电路被切断。触头回位，切断电磁离合器电路，压缩机停转。

实际工作过程中，上述两个过程反复进行，保持车内温度在调定范围之内。

电路中的 VD_1 为稳压管，起过压保护作用，VD_2 为保护二极管，接错线时起保护作用，VD_3 为续流二极管，起保护 VT_4 的作用，电容 C_1、C_2 起提高晶体管 VT_1、VT_2 灵敏度的作用。线路中的电阻一般为偏置电阻及反馈电阻。

需要说明的是，热敏电阻 13 设置在蒸发器出风口翅片上，作为感温元件。可变温度控制电阻 14 为可变电阻，通过调温旋钮可改变其阻值，从而改变晶体管 VT_1 起作用的时机，以改变送风温度设定。

4.1.2　怠速控制装置

怠速稳定有两种方式：一种是怠速切断器：开启空调时，只要发动机怠速低于规定转速，即用怠速切断器切断压缩机电磁离合器电源，以稳定发动机怠速性能，防止发动机因负荷过大而熄火，这一方式为一部分丰田汽车所采用；另一种是怠速提升装置在开启空调的同时，利用怠速提升装置自动提升发动机怠速，增加发动机输出功率，达到带负荷的低速稳定运转，这样便维持了空调的舒适性要求，这一方式为绝大多数汽车所采用。下面分别介绍这两种怠速稳定装置，即怠速切断器和怠速提升装置。

1. 怠速切断器

怠速切断器又称怠速继电器，它具有发动机怠速过低时，自动切断压缩机电磁离合器电源的功能，这种怠速切断器的外形如图 4-9 所示。

怠速切断器上面有一个怠速设定旋钮，预选转速由人工控制，一般把转速调整到 700～750r/min 时，自动切断离合器电路，转速为 950r/min 时再接通电路。怠速切断器上面设有一个转换开关 K，将开关调至 A 位为自动控制，调至 M 处为人工控制（怠速切断器不起作用）。

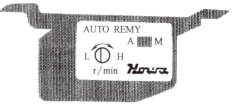

图 4-9　怠速切断器外形

怠速切断器一般有 4 根接线，如图 4-10 所示，其中①接电源正极，②接电磁离合器线圈，③接搭铁，④接点火线圈负极接线柱。

下面以图 4-10 为例分析这种怠速切断器的工作过程。系统工作时，点火线圈一次绕组的信息脉冲频率与发动机转速成正比。当脉冲输入时，电容 C_1 通过 R_1 充电，其端电压提高使 VT_1 导通；脉冲消失，靠 C_1 放电使 VT_1 的导通维持并逐步转向截止，这样便在 VT_1 的集电极上获得一个交流电压信号，此信号经 C_2 耦合，VD_2、VD_1 和 C_3 整流滤波后，变成一个矩形脉冲信号。这个矩形脉冲信号与发动机转速一致，该信号输入到由 VT_2 和 VT_3 组成的稳态触发电路,决定 VT_2 的基极电位。若发动机转速高,则点火脉冲频率高,从 VT_1 集电极上取得的平均电压信号就高,VT_2 的基极电位就会相应提高。调节可调电阻,使当发动机转速达到规定的怠速转速时,VT_2 导通,则 VT_3 截止,VT_4 导通,继电器通电吸合,电磁离合器接合,压缩机工作。若发动机转速低于设定值,则 VT_1 集电极上取得的平均电压信号较低,使 VT_2 截止,VT_3 导通,VT_4 截止,继电器线圈回路被切断,压缩机不工作,发动机转速得以稳定。

电路中 VT_2 和 VT_3 组成施密特触发器,用来驱动 VT_4;VT_4 为功率晶体管,用以驱动继电器。施密特触发器向 VT_4 基极提供高电平还是低电平,取决于发动机转速是否达到设定值。

开关 K 为工作方式选择开关,工作方式分手动和自动,调至 OFF 位置则继电器接通吸合,压缩机工作不再受怠速切断器控制,反之当调至 ON 位置时,接通怠速切断,压缩机的工作受到发动机转速的控制。

以上分析的怠速切断器为单一功能的怠速控制装置。目前,很多汽车将温控器和怠速切断器制成一体,同时具有温度控制和怠速切断功能。一些电喷汽车则用发动机 ECU(电子控制单元)去完成低速切断。

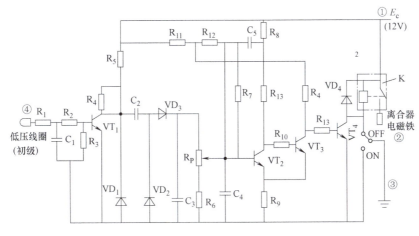

图 4-10 怠速切断器电路

2. 怠速提升装置

采用怠速切断装置后,一旦汽车处于空负荷或小负荷,空调便不能开启,不能达到空调系统的舒适性要求,特别是在堵车或是炎热的夏季,这种情况就更为突出。采用怠速提升装置就能解决这一矛盾,即 A/C 开关闭合后,在接通离合器电源的同时,自动地提高发动机的怠速转速,增加一定的功率来保证压缩机继续工作,当空调未开启或压缩机被温控装置切断电源而停止工作时,发动机仍按原调定转速运行,而无须重新调定发动机怠速。

常见的怠速提升装置有以下两种形式:

(1) 空气旁通式怠速控制器 空气旁通式怠速控制器适用于电控燃油喷射式(EFI)发动机,其控制原理如图 4-11 所示。

当空调开关打开,怠速提升控制电磁阀通电时,会使一股空气不需要经过节气门阀体而旁通到稳压箱内,此时发动机电控单元(ECU)会根据旁通空气流量的大小增加燃油喷射量,使发动机怠速转速提高。

如果是节气门直动式怠速控制机构，ECU便会直接控制电动机将节气门开大，提高怠速转速。

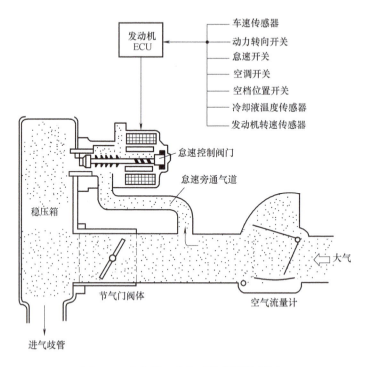

图 4-11　空气旁通式怠速控制器控制原理

（2）发动机怠速电机控制式怠速提升装置　为使发动机实现优化运行，现代高级轿车采用发动机集中控制系统，即包括怠速控制、点火控制、燃油喷射控制等都由ECU集中统一控制。所以这些车没有专用的空调怠速提升装置。怠速的提升是通过发动机的怠速控制阀完成的，发动机ECU通过空调开关或空调压缩机工作的电位信号，便能检测空调器接通情况，以决定是否要提高发动机的转速，进一步控制怠速电机的工作，提高或降低发动机转速。

4.1.3　空调放大器

随着电子技术的发展，电子元件高度集成化：体积不断缩小、功能不断扩展且高度智能化。汽车空调控制器在发展过程中也从无到有，从简单到复杂，从低级到高级，从功能单一到多功能。如电子式温控器只具备温控功能，怠速控制器只具有怠速控制功能，功能相对单一，现代汽车将几种控制器制成一体，成为空调放大器（空调控制器）。这种控制器功能增加，控制精度提高。在一些普通轿车及小客车上广泛应用。现代高档轿车更是将ECU作为控制装置，进行高度智能化控制，实现了空调运行与汽车运行相统一，极大地提高了制冷效果，节约了燃料，从而提高了汽车的整体性能和最佳的舒适性。下面介绍最基本的空调放大器。

1. 具有温度控制和怠速切断功能的空调放大器

这种放大器由温度控制器和速度控制器组合而成。内部电路由发动机转速检测电路、温度检测电路、放大驱动电路等组成。其控制原理如图 4-12 所示。

起动空调后,在实际工作中会出现如下四种工作情况:

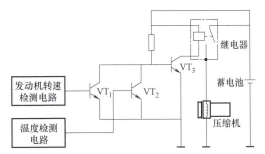

图 4-12 怠速和温度控制的放大器控制原理

1)车内温度高于设定温度,发动机转速高于空调放大器设定转速。这时发动机转速检测电路使 VT_1 截止,温度检测电路使 VT_2 截止。所以此时 VT_3 饱和导通,继电器线圈通电吸合,压缩机工作。

2)车内温度高于设定温度,而发动机转速低于空调设定起作用转速。此时,发动机转速检测电路使 VT_1 导通,温度检测电路使 VT_2 截止。根据电路特点分析可知,VT_1 或 VT_2 导通都会使 VT_3 截止,所以此时 VT_3 处于截止状态,继电器不工作,电磁离合器处于分离状态。

3)车内温度低于设定温度,而发动机转速高于空调工作转速。这时,发动机虽允许空调工作,但由于热敏电阻检测到温度低于调定值,经温度检测电路放大后,将使 VT_1 处于导通状态,仍然不能满足压缩机工作条件。

4)车内温度低于设定温度,发动机转速低于规定转速。根据前面的分析可知。此时 VT_1、VT_2 均处于导通状态,故 VT_3 截止,压缩机不工作。

综合以上四种工作状态可知,只有同时满足温度高于设定值,转速高于设定转速,即第一种状态,压缩机才能起动。

下面以夏利轿车空调放大器为例来分析这种类型放大器的电路控制原理。

夏利轿车空调控制电路采用了专用的集成芯片 SE078(以下分析简称 IC),其电路图如图 4-13 所示,空调放大器原理图如图 4-14 所示。

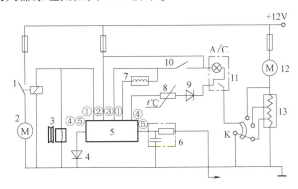

图 4-13 空调系统控制电路图

1—散热风扇继电器 2—散热风扇电动机 3—压缩机 4、9—保护二极管
5—空调放大器 6—滤清器 7—怠速提高装置 8—热敏电阻 10—低压开关
11—空调开关 12—鼓风电动机 13—变阻器

2. 多功能手动空调放大器

这种放大器主要应用在手动空调上,它在温度控制和速度控制的基础上增加了其他功能,使放大器更加完善。其原理框图如图 4-15 所示。

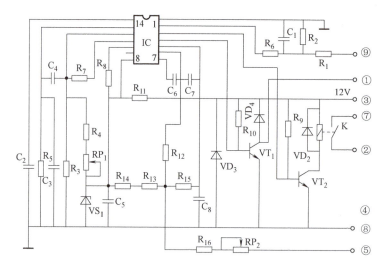

图 4-14　空调放大器原理图

这种放大器由工作电源、信号采集电路、执行器电路、空调放大电路等组成。空调放大器根据空调开关等各种信号控制压缩机电磁离合器、发动机怠速提升等装置。

4.1.4　制冷剂压力开关

现代汽车空调系统一般都装有各种形式的压力开关。设置压力开关有两个目的：压力控制和系统保护。这些开关装在空调管道上或储液干燥器上，用来感测系统的工作压力，一旦压力异常高或低，压力开关就会打开或闭合，为了加强散热效果，这时空调系统会自动切断压缩机电路或控制散热风扇。常见的压力开关主要有高压开关、低压开关、双重压力开关、三重压力开关等。

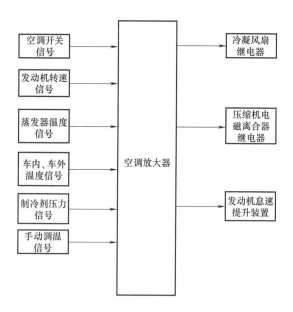

图 4-15　多功能手动空调放大器原理框图

1. 高压开关

高压开关有两种形式：高压控制开关和高压保护开关。用于压缩机电源切断的一般为高压控制开关（图 4-16a），用于散热风扇控制的则有高压保护开关（图 4-16b）。下面以高压控制开关为例分析它的结构。高压端制冷剂压力作用在膜片上，正常情况下，高压端压力小于金属膜片的弹力，固定触头与活动触头处于闭合状态，电路处于接通状态。一旦系统压力超过 3.14MPa，高压蒸气压力大于金属膜片弹力，金属膜片反弹变形，致使活动触头与固定触头快速分离，切断离合器电路，压缩机停转。当高压端制冷压力下降到 2.55MPa 时，触头恢复闭合，电路接通，压缩机恢复运转。

项目4 汽车空调电气系统检修

注：各种汽车高压压力值有所不同，详见维修手册。

2. 低压开关

常用的低压开关一般装在制冷系统的高压端。它用来防止压缩机在异常低压下工作。空调工作时高压侧压力过低，一般表明系统存在泄漏，另外，在小型的汽车空调制冷系统中，很多压缩机本身不带润滑油泵。压缩机中摩擦副的润滑在很大程度上靠制冷剂带油回流进行。这样压缩机在缺油环境下继续运行可能导致严重损坏，且空调送出的风不凉，又增加了发动机功耗。在这种情况下，低压开关动作，触点断开。压缩机停转，起到保护作用。

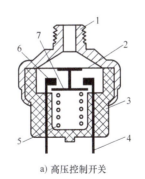
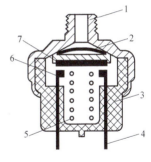

a) 高压控制开关　　b) 高压保护开关

图 4-16　高压开关结构

1—接头　2—膜片　3—外壳　4—接线柱　5—弹簧
6—固定触头　7—活动触头

低压开关还可作为环境温度开关使用。当环境温度较低时，低压开关断开，切断离合器电源，防止空调在低温环境下工作。该作用原理较简单，当环境温度较低时，制冷剂对应的压力也低，这时低压开关断开，空调不能起动。在设计时一般将压力控制在 0.423MPa（对应温度为 10℃）以上。

另有一种低压开关用于控制蒸发器的蒸发温度。许多循环离合器孔管（CCOT）系统和固定孔管循环工作离合器（FOTCC）系统用压力开关替代温控器，低压开关装在系统中蒸发器出口和压缩机进口之间的任意位置，一般装在集滤器上，感受低压侧压力，使离合器在压力约为 207kPa 时定期断开，该压力对应温度为 0℃，即利用饱和状态下温度与压力成对应关系的原理。图 4-17 所示为用低压开关控制的 CCOT 系统。

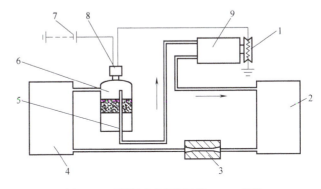

图 4-17　用低压开关控制的 CCOT 系统

1—电磁线圈　2—冷凝器　3—孔管　4—蒸发器　5—溢油孔
6—气液分离器　7—蓄电池　8—压力开关　9—压缩机

设置低压开关后，既可以实现温控，还可以保护系统不受可能进入的空气和湿气的损害。

3. 双重压力开关

双重压力开关由一个高压开关和一个低压开关复合而成，它同时具有低压开关和高压开关的功能，结构如图 4-18 所示。

双重压力开关装在制冷系统的高压端，当系统制冷剂泄漏致使压力过低或已没有制冷剂循环时，双重压力开关中的低压开关动作，切断压缩机电磁离合器电源，以保护压缩机免受破坏。若由于散热不良等原因致使系统压力超过设计值时，双重压力开关中的高压开关动

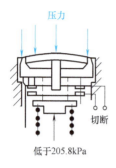
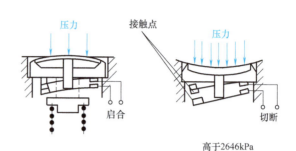

图 4-18 双重压力开关结构

作，切断压缩机离合器电源。R134R 制冷剂系统双重压力开关的工作压力范围如图 4-19 所示。

4. 三重压力开关

为了减少压力开关的数量和接口，以进一步减小制冷剂泄漏的可能，使空调结构更加紧凑，目前很多汽车空调采用三重压力开关（三段式压力开关）这种开关由高-低压开关（双重压力开关）和一个中压开关组成，装在制冷系统高压端，如图 4-20 所示。

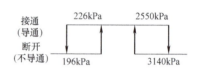

图 4-19 双重压力开关工作压力范围

当制冷管道高压端压力太高（由于散热不良等）或太低（由于泄漏）时，三重压力开关动作，产生信号传递到散热风扇控制单元（本田汽车）或空调控制器（一般车），以防止压缩机在异常高或异常低的压力下运转。

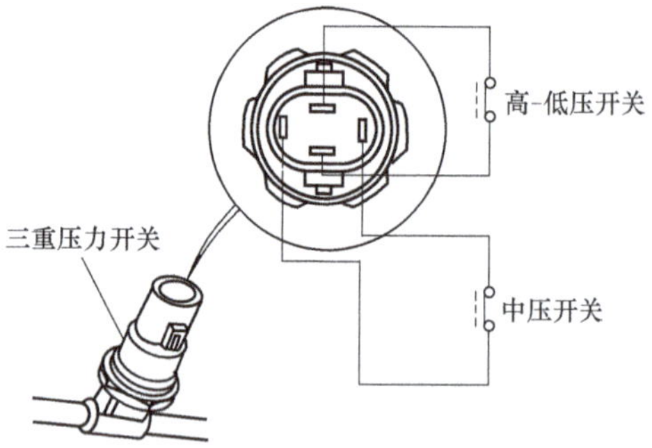

当制冷剂压力低于 1520KPa 时，三重压力开关会传递信号到散热风扇控制单元，或直接控制冷凝器继电器来改变冷凝器风扇和散热风扇的速度（高—低），若设计上中压开关闭合，则风扇仅高速运转。

图 4-20 三重压力开关

三重压力开关工作压力范围如图 4-21 所示。

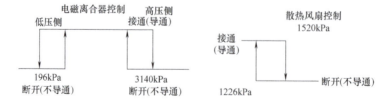

图 4-21 三重压力开关工作压力范围

5. 压力传感器

有些高档轿车用压力传感器来感测高压，测量压力是否正常，它的结构相当于一个歧管压力传感器，一般为压敏电阻式，主要应用在一些丰田公司生产的高档轿车空调上。此传感器除用于压力控制外，还可控制散热风扇。

项目4 汽车空调电气系统检修

常见汽车空调压力开关的形式及作用见表4-1。

表4-1 常见汽车空调压力开关的形式及作用

种类	特性	作用
低压开关A型	常闭	高压端压力低于设计值时停止压缩机运转
低压开关B型	常闭	低压端压力低于设计值时断开压缩机电源（CCOT系统）
低压开关C型	常开	低压回路压力低于规定值时接通除霜电磁阀
高压开关A型	常闭	高压端压力高于或低于规定值时使压缩机停转
高压开关B型	常开/常闭	高压端压力高于规定值时使冷凝器风扇高速运转
三重压力开关	由双重压力开关和中压开关组成	1）压力过高或过低时使压缩机停转 2）压力达到一定值时，接通冷凝器风扇电路
双重压力开关	常闭	高压端压力高于或低于规定值时使压缩机停转
压力传感器	将压力信号转化为电压信号	1）压力过高或过低时使压缩机停止运转 2）压力达到一定值时，加快冷凝器风扇的运转速度

4.1.5 过热过压保护装置

1. 过热限制器

过热限制器主要应用在通用汽车公司生产的斜板式或摇板式压缩机上，当系统温度过高时，过热限制器受热反应，切断电磁离合器电源，使压缩机停止工作，保护压缩机免受损坏。

过热限制器主要由过热开关和熔断器两部分组成。其原理如图4-22。过热开关一般装在压缩机后缸盖上，它是一个温度开关，结构如图4-23所示，系统压力正常时，此开关保持常开，而当制冷系统的制冷剂泄漏或因某些原因而使压缩机过热时，该开关受热动作，即开关闭合。

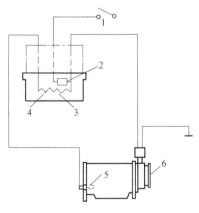
图4-22 过热限制器原理图
1—环境温度开关 2—温度感应熔丝 3—绕线式电阻加热器
4—热力熔断器 5—过热开关 6—电磁离合器线圈

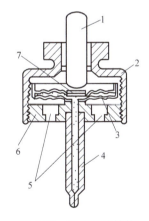
图4-23 过热开关结构
1—接线柱 2—壳体 3—膜片总成 4—感应管
5—底座孔 6—膜片底座 7—电触点

熔断器由低熔点金属丝和发热丝两部分组成。当压缩机出现过热状态时，过热开关闭合，接通热力熔断器的发热丝，熔断低熔点金属丝，电磁离合器电源被切断，压缩机停止工作。

2. 高压释放阀

在一些汽车制冷压缩机上或高压管上装有高压释放阀，以防止空调系统超高压工作而产生破坏。下面以三菱汽车上应用的高压释放阀为例来说明高压释放阀的结构和工作原理。如图4-24所示,高压释放阀在正常压力范围内处于常闭状态,在空调运转中当高压超过42.2kg/cm²时,高压释放阀被高压打开,使制冷系统内的压力释放到大气中,起到安全保护作用,当制冷系统内的压力下降到28.1kg/cm²时,在弹簧力作用下,高压释放阀自动关闭,空调器继续工作。

注:各种车型的压力值有所不同,详见各种车型的维修手册。

3. 易熔塞

在一些汽车上,储液干燥器顶端安装易熔塞,如图4-25所示,其作用是当冷凝压力过高时,易熔合金立即熔化,将容器内的高压制冷剂全部排空泄放,起安全保护作用,易熔塞的熔化温度一般为95~100℃。

图4-24 高压释放阀结构　　图4-25 易熔塞结构

4. 减压安全阀

在一些R134a空调系统中,设置减压安全阀以代替易熔塞或高压卸压阀,起防止污染环境的作用。它安装在压缩机气缸体上,结构如图4-26所示,当系统压力异常高至3.43~4.14MPa时,减压安全阀受高压作用开启,将一部分制冷剂释放回低压端,以降低系统压力。

高压管道上一般还设置有压力保护开关,当制冷系统压力异常高时,压力保护开关就会使电磁离合器电源切断。因此,减压安全阀只作为压力开关的备用部件,起双保险作用。

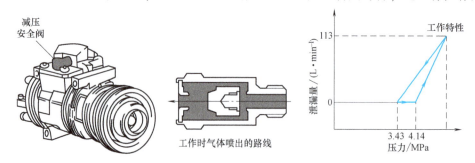

图4-26 减压安全阀结构

4.1.6 发动机的功率保护装置

1. 汽车加速时的功率保护

现代高级轿车设有加速切断器。设置加速切断器的目的是在汽车加速或超车时暂时切断压缩机离合器电源，使发动机全部功率用于满足车辆加速需要，防止压缩机超速损坏。实现加速切断的方法有：一是利用和节气门杆系连接的机械开关；二是利用能感应进气管真空度的真空开关（此类开关和压缩机离合器的电路串联）；三是一些电喷车利用节气门位置传感器信号和曲轴位置传感器信号感知发动机处于加速状态，由发动机 ECU 完成空调电路切断。

（1）机械式加速切断器　机械式加速切断器的开关是由加速踏板通过连杆或钢索来操纵的，当加速踏板被踩到其行程的 90% 时，碰到切断器的控制簧片，切断器将电磁离合器电源切断，压缩机停止运行，这样便卸除了压缩机的动力负荷，使发动机的功率用来克服汽车加速时的阻力，保证汽车有足够的动力输出，实现顺利超车。当切断器断开时，压缩机的转速被限制在最高极限转速范围内，从而使压缩机零件免受损坏。机械式加速切断器结构如图 4-27 所示。

桑塔纳轿车加速切断器原理如图 4-28 所示，它由延迟继电器和加速开关组成。加速开关一般装在加速踏板下，或装在其他位置通过连杆或钢索来操纵。当加速踏板行程达到最大行程的 90% 时，加速开关及延时继电器切断电磁离合器线圈电路，使压缩机停止工作，发动机的全部输出功率用来克服加速时的阻力，提高了车速。若加速踏板行程小于 90% 或加速开关打开后延时十几秒，则自动接通电磁离合器线圈电路，使压缩机又自动恢复工作。

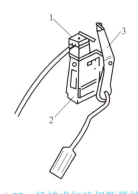

图 4-27　机械式加速切断器结构
1—加速切断器　2—加速踏板托架　3—加速踏板总成

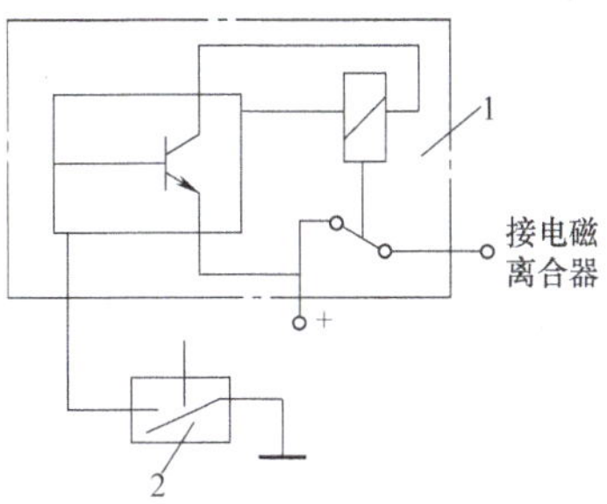

图 4-28　桑塔纳轿车加速切断器原理
1—延迟继电器　2—加速开关

（2）真空式加速切断器　真空式加速切断器由发动机进气歧管的真空度控制，外形如图 4-29 所示。当进气歧管的真空度较低（汽车均速行驶或加速度较低）时，开关处于闭合状态，空调正常工作。当进气歧管真空度较大（急加速或怠速）时，真空式加速切断器内膜片断开触点，切断离合器电源，压缩机停止工作。当加速度减小时，真空度下降，弹簧推动膜片将触点闭合，空调系统恢复正常工作。

（3）高级轿车的加速切断　有些高级轿车上不设置专门的加速切断器，但同样具有加速切断功能。如日产风度轿车，这种车的空调加速切断是由发动机 ECU 控制的。加速时，发动机 ECU 由节气门位置传感器和曲轴位置传感器采集节气门开度和发动机转速信号，当感知出急加速状态时，发动机 ECU 停止压缩机继电器的工作几秒钟以实现加速切断，其原理如图 4-30 所示。

2. 助力转向时的功率保护

有些汽车装有一种开关，在助力转向油压上升时，断开压缩机离合器电路，这就排除了发动机辅助负荷，使发动机功率用于助力转向，而发动机不致熄火。这种开关装在助力转向压力管道上，通常和压缩机继电器线圈相连，当助力转向压力上升时，此开关受油压作用断开，压缩机离合器电路被切断。其结构与压力开关基本相同。

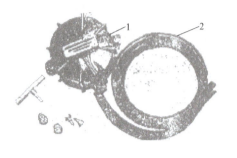

图 4-29　真空式加速切断器外形
1—真空开关　2—真空管

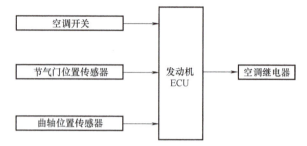

图 4-30　高级轿车加速切断原理

3. 发动机起动时的功率保护

发动机起动时，起动电流很大。为实现顺利起动，在发动机起动时，应暂时切断车上其他用电设备电源，同时卸去发动机不必要的负荷。有些车上设置起动切断继电器，由起动机开关直接控制。一部分电喷汽车则由发动机 ECU 接收起动信号，一旦处于起动状态，发动机 ECU 将压缩机继电器回路切断。

4. 制动时的功率保护

有些汽车上装有制动助力真空开关，设置此开关的目的是，当需要最大制动力时，利用此开关将离合器电源切断，这个开关通常串联在压缩机离合器电路中，它不向空调控制器或发动机 ECU 提供数据。

5. 发动机过热时的功率保护

当发动机处于大转矩输出或冷却系统存在故障时，冷却液温会上升到很高。此时，若不切断压缩机离合器电源，冷却液温度还会进一步升高，最终导致发动机动力严重不足，甚至拉缸、抱瓦。为防止发动机在带动压缩机时过热，三菱公司和丰田公司在一些发动机上设置了冷却液温度过热保护开关，如图 4-31 所示。其工作温度见表 4-2。

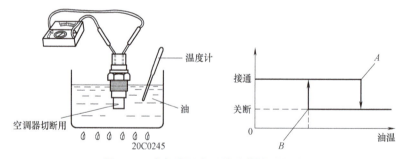

图 4-31　冷却液温度开关及其检测方法

表 4-2　冷却液温度开关工作温度

项目	空调器切断用
A 点的温度（接通→关断）	112～118℃
B 点的温度（关断→接通）	108℃

这种冷却液温度过热保护开关内部结构为石蜡型温控开关，在冷却液温度正常时，开关始终是闭合的，一旦冷却液温度高于设计值，石蜡膨胀使冷却液温度过热保护开关打开，切断压缩机离合器电源，防止发动机冷却液温度进一步上升，待冷却液温度下降后，开关重新闭合，恢复空调工作。

有些汽车则采用冷却液温度传感器来测量冷却液温度，并将冷却液温度变化信号转换成电压高低信号送至空调控制器或发动机ECU。冷却液温度过低时，为尽快实现暖机，散热风扇不运转，压缩机也不能工作。若冷却液温度过高，ECU将接通散热风扇继电器的电路使散热风扇高速运转，并将压缩机继电器控制回路切断，以防止发动机过热。

6. 怠速时的功率保护

怠速时，开启空调易造成发动力过热，车上用电负荷过大，发动机功率不足，甚至导致怠速熄火等不良现象。故空调上设置了怠速切断器或怠速提升装置，对发动机怠速功率进行保护，这一内容已在前面做过介绍，在此不再详述。

现代轿车发动机采用ECU控制，可实现多种功率保护功能。图4-32所示为日产风度轿车发动机功率保护控制原理框图，从图中可看出，发动机电路同时具有加速切断控制、过高切断、起动切断及怠速控制功能。

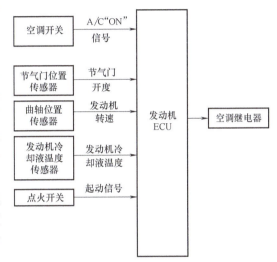

图4-32 日产风度轿车发动机功率保护控制原理框图

4.2 汽车空调常用电路分析

汽车空调种类繁多，电路形式各不相同，但其电气系统都有一定规律可循。分析电路时，只要分成鼓风机控制/冷凝器风扇控制、温度控制（压缩机控制）、通风系统控制、保护电路等即可清楚地了解其电路控制原理。

4.2.1 鼓风机转速控制电路分析

鼓风机的外形如图4-33所示。要使车内有一个舒适的环境，除了要控制送风温度外，还应使鼓风机的转速可控，适应环境变化，满足驾驶人或乘客的不同需要。鼓风机的调速一般通过改变线路中的电阻值来实现，根据控制方法的不同可分为以下三种形式。

1. 由鼓风机开关和调速电阻联合控制电路

鼓风机的控制档位一般有二、三、四、五速四种，最常见的是四速。鼓风机调速控制电路如图4-34所示，通过改变鼓风机开关与调速电阻的接通方式可使鼓风机以不同转速工作。鼓风机开关处于Ⅰ位置时，至电动机的电流须经过

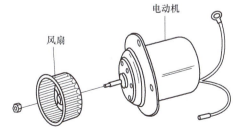

图4-33 鼓风机外形

三个电阻,鼓风机以低速运行;开关调至Ⅱ位置时,至电动机的电流须经过两个电阻,鼓风机以中低速运行;鼓风机开关拨至Ⅲ位置时,至电动机的电流只经过一个电阻,鼓风机以中高速运行;鼓风机开关位于位置Ⅳ时,电路中不串任何电阻,加至电动机的是电源电压,鼓风机以最高速运行。

需要说明的是,调速电阻一般装在空调蒸发器组件上,利用气流进行冷却,其外形如图4-35所示。鼓风机开关一般装在控制面板内,设置不同档位供调速用,在设置时,鼓风机开关可控制鼓风机电源正极,也可控制鼓风机搭铁。

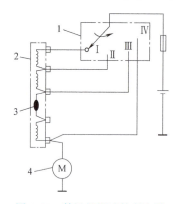 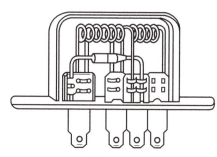

图4-34 鼓风机调速控制电路　　　　　　图4-35 调速电阻外形

1—鼓风机开关　2—调速电阻　3—限温开关　4—鼓风机

2. 电控模块通过大功率晶体管控制电路

现代中高档轿车为实现风速的自动控制,鼓风机的转速一般由电控模板通过大功率晶体管控制,控制原理如图4-36所示。

功率组件控制着鼓风机的运转,它把来自程序机构的鼓风机驱动信号放大,放大器的输出信号根据车内情况,按照指令提供不同的鼓风机转速,如果车内温度比所选定的温度高很多,在空调工作状态下,鼓风机将高速运转;而当车内温度降低时,鼓风机速度又降为低速。

相反地,如果车内温度比所选定的温度低得多,在加热状态下,鼓风机将被起动为高速;而当车内温度上升后,鼓风机速度降为低速。

3. 晶体管与调速电阻器组合型电路

鼓风机控制开关有自动(AUTO)档和不同转速的人工选择模式,如图4-37所示,当鼓风机转速控制开关设定在"AUTO"档时,鼓风机的转速由空调控制单元根据车内、车外温度及其他传感器的参数控制。若按动人工选择模式开关,则空调电路自动取消自动功能,执行人工设定功能。

4.2.2 冷凝器风扇和散热风扇控制电路分析

对于一般小型客车和大中型客车,由于车辆底盘结构跟轿车有很大的不同,其冷凝器一般不装在散热器前,故冷凝器风扇须单独设置。一般只受空调开启信号控制。轿车空调的冷凝器一般都装在散热器前,为了减少风扇的配置,使结构简化,轿车在设计上一般都将散热风扇和冷凝器风扇组装在一起,利用一个或两个风扇对散热器和冷凝器进行散热。车型不同,则配置风扇的数量不同,控制线路设计方面的差异也很大,但其控制方式则大同小异,一般根据冷却液温度信号和空调信号共同控制,同时满足散热器散热和冷凝器散热需要,下面就一些较典型的冷凝器散热风扇电路进行分析。

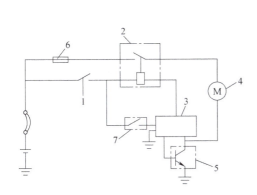

图 4-36 用晶体管控制的鼓风机电路

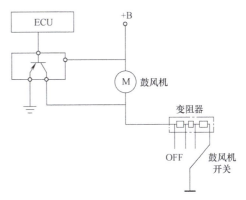

图 4-37 晶体管与调速电阻器组合型

1—点火开关 2—加热电器 3—空调控制器 4—鼓风机
5—晶体管 6—熔丝 7—鼓风机开关

1. A/C 开关直接控制型电路

这种冷凝器风扇电路比较简单,如图 4-38 所示,空调开关打至"ON"的位置,在给压缩机电磁离合器供电的同时,加电源至冷凝器风扇继电器线圈,继电器触头开关闭合,冷凝器风扇高速运转。

2. A/C 开关和冷却液温度开关联合控制型电路

有些汽车的发动机冷却系统和空调冷凝器共用一个风扇进行散热,如图 4-39 所示。

这种风扇有两种转速,即低速和高速。风扇电动机转速的改变是通过改变线路中电阻值的方法实现的。从图 4-39 中可以看出,起关键控制作用的是 A/C 开关和冷却液温度开关。当空调开关开启时,常速风扇继电器

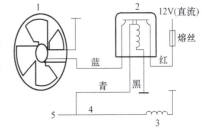

图 4-38 A/C 开关直接控制的
冷凝器风扇电路

1—冷凝器风机 2—冷凝器风扇继电器
3—电磁离合器 4—温度控制器
5—接至 A/C 开关

通电工作。由于线路中串联了一个电阻,风扇低速运转。当冷却系统冷却液温度达到 89~92℃时,散热风扇也是低速运转;当发动机冷却液温度升至 97~101℃时,散热风扇高速运转,以加强散热效果。

3. 制冷剂压力开关与冷却液温度开关控制组合型电路

目前很多轿车采用制冷剂压力开关与冷却液温度开关组合的方式对散热风扇系统进行控制。图 4-40 所示为雷克萨斯 LS400 散热风扇系统电路图,从该图可以看出,起控制作用的是冷却液温度开关和高压开关,冷却液温度开关和高压开关处于不同状态,则控制继电器形成不同组合,从而控制两个并排的风扇不运转、低速运转或高速运转。下面分三种状态分别介绍。

(1) 空调不工作时 在不开空调的情况下,风扇的工作状态取决于发动机冷却液温度。

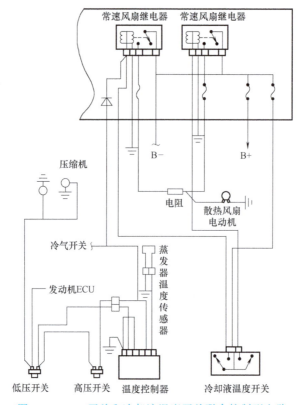

图 4-39　A/C 开关和冷却液温度开关联合控制型电路

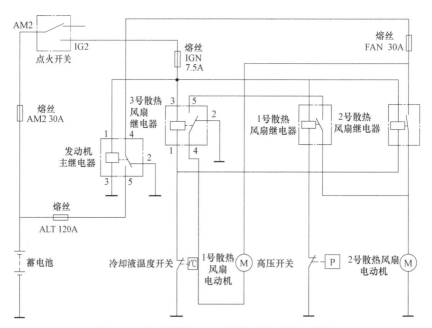

图 4-40　雷克萨斯 LS400 散热风扇系统电路图

1）发动机冷却液温度低于 93℃。这时，由于冷却液温度较低，冷却液温度开关处于闭合状态，3 号散热风扇继电器和 2 号散热风扇继电器工作。其中，3 号散热风扇继电器 4 与

5接通，2号散热风扇继电器常闭触头被打开。同时，由于空调不工作，高压开关处于常闭合状态，1号散热风扇继电器通电工作，使常闭触头打开，这时两个散热风扇均不工作，使发动机尽快暖机。

2）发动机冷却液温度高于93℃。这时，冷却液温度开关打开，2号和3号散热风扇继电器回到原始状态，即不工作。虽然这时高压开关使1号散热风扇继电器常闭触点打开，但并不影响风扇的工作。加至1号散热风扇电动机和2号散热风扇电动机的都是12V电压，此时，两风扇同时高速运转，以满足发动机冷却系统的散热需要。

（2）空调工作时　空调工作时，冷却液温度控制器回路仍然起作用，这时散热风扇受空调和冷却液温度控制回路的双重控制。

1）开空调，高压端压力大于13.5kPa，且冷却液温度低于93℃。这种情况下，冷却液温度开关处于闭合状态，而高压开关打开，这时2号和3号散热风扇继电器受控动作，而1号散热风扇继电器不工作，即触头处于常闭状态，这样，继电器使两散热风扇电动机串联工作，故两散热风扇同时低速运转，以满足冷却系统散热需要。

2）开空调，高压端压力大于13.5kPa，且冷却液温度高于93℃。这种情况下，高压开关和冷却液温度开关都打开，1、2、3号散热风扇继电器均不工作，加至两散热风扇电动机的都是12V电压，故两散热风扇同时高速运转。

综上所述可知，两散热风扇的工作同时受冷却液温度和空调信号的影响，而在同时不运转、同时低速运转或同时高速运转三种状态之间循环。其控制原理如图4-41所示。

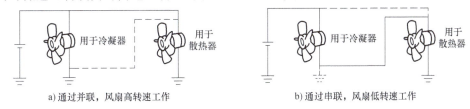

a) 通过并联，风扇高转速工作　　　　　b) 通过串联，风扇低转速工作

图4-41　散热风扇电动机控制原理

高压开关和冷却液温度开关特性见表4-3。

表4-3　高压开关和冷却液温度开关特性

散热风扇工作条件					继电器			散热风扇工作状态
压缩机	冷却液温度（发动机）	冷却液温度开关	制冷剂压力/kPa	压力开关	1	2	3	
OFF	<83℃	ON	<10	ON	OFF	OFF	ON	停
	>93℃	OFF				ON	OFF	高速运转
ON	<83℃	ON	>13.5	OFF	ON	OFF	ON	低速运转
	>93℃	OFF				ON	OFF	高速运转

4. 冷却液温度传感器和制冷剂压力开关控制组合型电路

除采用继电器控制风扇的转速外，还可采用专用控制器对风扇进行控制。它根据空调信号和冷却液温度信号进行联合控制，图4-42所示为本田里程散热风扇控制电路原理图。

风扇控制单元控制散热风扇和冷凝器风扇的运转，控制单元根据冷却液温度传感器及空调系统的空调压力开关（A、B）的输入信号决定是否转动风扇及转动的速度。除此之外，冷却液温度高于109℃时，温度开关关闭空调的工作。若空调系统压力高于正常压力，则压力开关A关闭且风扇高速转动。冷却液温度控制散热风扇、冷凝器风扇及空调系统的过程

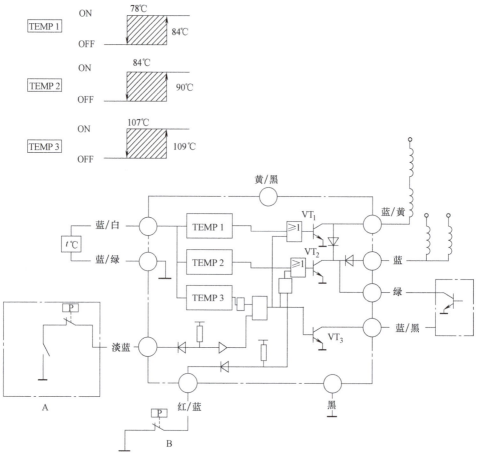

图 4-42　冷却液温度传感器和制冷剂压力开关控制组合型电路

如下：

1）TEMP 1，当散热器冷却液温度高于温度范围时，控制单元会将 VT_1 打开，而使散热风扇（低速）和冷凝器风扇（低速）运转。

2）TEMP 2，当散热器冷却液温度高于温度范围时，控制单元会将 VT_2 打开，而使散热风扇（高速）和冷凝器风扇（高速）运转。

3）TEMP 3，当散热器冷却液温度高于温度范围时，控制单元会将 VT_3 关闭，而使空调压缩机停止运转。

5. 制冷剂压力开关与微机控制组合型电路

大多数高级轿车都采用这种布置和控制方式。如图 4-43 所示，两个散热风扇有三种不同的运转工况：

1）空调开关已接通，但制冷剂压力未达到 1.81MPa 时，只有辅助散热风扇电动机运转。

2）当制冷剂压力达到 1.81MPa 时，散热风扇电动机和辅助散热风扇电动机同时运转。

3）不论空调开关是否接通，只要发动机冷却液温度达到 98℃ 以上，散热风扇电动机就高速运转。

项目4 汽车空调电气系统检修

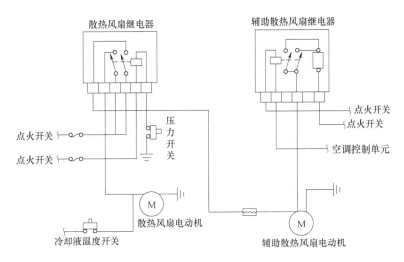

图 4-43 制冷剂压力开关与微机控制组合型电路

丰田公司在部分 1UZ-FE 和 1MZ-FE 发动机上采用了电控液力散热风扇系统,用于雷克萨斯 LS400、雷克萨斯 LS300、佳美 3.0L 等车型,与一般的电控风扇系统有较大差异。其电路如图 4-44 所示,在此系统中,风扇控制单元通过电磁阀的控制作用在液力电动机上产生油液压力,这样就可以根据发动机工况和空调状态而自动控制散热风扇的转速。其工作过程如下:

液力泵单独设计或与动力转向泵组合为一体,由传动带驱动,产生一定的油压,受控制单元控制,电磁阀调节从液力泵到液力电动机的油量,该电动机直接驱动风扇,已通过液力电动机的液压油回到液力泵。

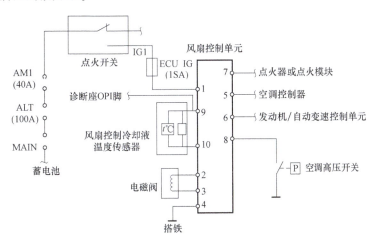

图 4-44 电控液力散热风扇电路

4.2.3 压缩机电磁离合器控制电路分析

1. 压缩机的控制方式

压缩机的控制方式根据控制开关的位置分为两种:即电源控制(图 4-45a)和搭铁控制

（图4-45b）。

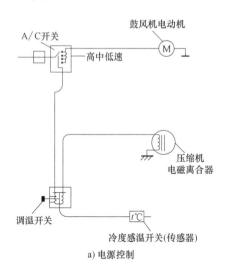
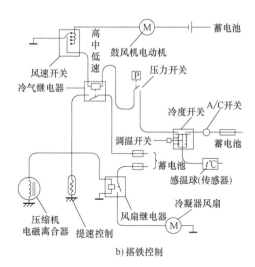

图4-45 压缩机控制

电源控制方式是由开关直接控制电源，当开关闭合时，大电流流经开关至执行器构成回路，长期工作后容易造成触点烧蚀。所以，现在大多数轿车均不采用这种控制方式。搭铁控制方式是由开关控制继电器线圈的回路，这种控制方法的优点是以小电流信号控制大电流通断，从而有效地防止触点烧蚀，目前大多数轿车采用这种控制方法。

2. 压缩机工作控制方法

控制压缩机工作时机的方法可分为三种：手动空调压缩机的控制、半自动空调压缩机的控制和全自动空调压缩机的控制。

（1）手动空调压缩机的控制 如图4-45b所示，压缩机工件的必备条件是空调开关（A/C开关）闭合、冷度开关闭合、压力开关闭合、鼓风机开关闭合。此时压缩机电磁离合器继电器（冷气继电器）工作，蓄电池电源才能给压缩机电磁离合器线圈供电。

（2）半自动空调压缩机的控制 半自动空调压缩机工作的必备条件是空调开关（A/C开关）闭合、冷度开关（热敏电阻）工作、压力开关闭合、鼓风机开关闭合、制冷剂温度开关闭合，且发动机转速信号、压缩机转速信号正常。当点火开关和鼓风机开关接通时，加热器继电器就接通。若空调器开关此时接通，则压缩机电磁离合器继电器由空调器放大器接通。这就使压缩机电磁离合器接合，压缩机工作。空调器电路示意图如图4-46所示。

在下述情况下，电磁离合器脱开，压缩机被关闭：

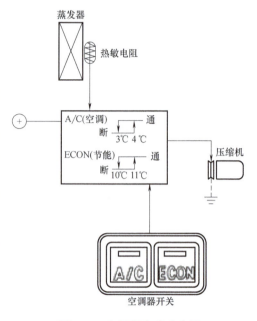

图4-46 空调器电路示意图

项目4 汽车空调电气系统检修

1) 鼓风机开关位于 OFF（断开）。当鼓风机开关断开时，加热器继电器也断开，电源不再接通空调器。

2) 空调器开关位于 OFF（断开）。空调器放大器（控制压缩机电磁离合器继电器）的主电源被切断。

3) 蒸发器温度太低。若蒸发器表面温度降至 3℃（37 °F）或以下，则空调器放大器电源被切断。

4) 双重压力开关位于 OFF（断开）。若制冷回路高压端压力极高或极低，则双重压力开关便断开。空调器放大器检测到这一情况，就切断电磁离合器继电器。

5) 压缩机锁止（仅限某些车型）。压缩机与发动机转速的差超过一定值时，空调器放大器就会判断压缩机已锁止，并切断电磁离合器继电器。

(3) 全自动空调压缩机的控制　全自动空调压缩机一般由发动机 ECU 控制，其控制原理可参见项目 5 中有关内容。

4.3　典型汽车空调电路的综合读图分析

下面主要介绍一些常见车型的空调电路，分析电路的特点、组成及控制原理。

4.3.1　丰田凯美瑞轿车空调电路综合读图分析

丰田凯美瑞轿车空调电路如图 4-47 所示。

1. 电源电路

(1) 常供电电路　此电路为中央处理器和只读存储器供电，电流方向：蓄电池→熔断器→B+（A13）→空调控制盒→搭铁（A14）。

(2) 正常工作供电电路　点火开关放在点火位置（IG 档）时，电源通过点火开关 IG 端子向空调控制盒和伺服电动机供电。

2. 压缩机电磁离合器控制电路

电磁离合器由电磁离合器继电器控制。继电器的线圈由空调控制盒 MGCR（B2）端子内的一个开关管控制。开关管导通，继电器吸合，离合器接合；开关管截止，继电器断开，离合器脱开。

3. 鼓风机控制电路

按下 A/C 或 FRONT 开关，向 ECU 输送一个使用空调或暖风信号，ECU 则使 HR（A10）端子内的开关管饱和导通，鼓风机继电器通电，常开触点吸合，鼓风机电路因串联固定电阻 R（约 3Ω）而低速转动，显示屏中部的低速显示竖条点亮。此时，BLW（B16）端子电压为 0V，晶体管截止。

1) 按动鼓风机开关的右侧，则向 ECU 输送一个增速信号，ECU 则使 BLW（B16）端子的电压逐步增加。晶体管的基极电流和集电极电流相应增加，鼓风机的转速逐步升高。晶体管饱和导通时，鼓风机转速最高。

2) 按动鼓风机开关的左侧，则向 ECU 输送减速信号，ECU 使 BLW 端子的电压逐步下降，鼓风机转速逐步下降到低速运转。

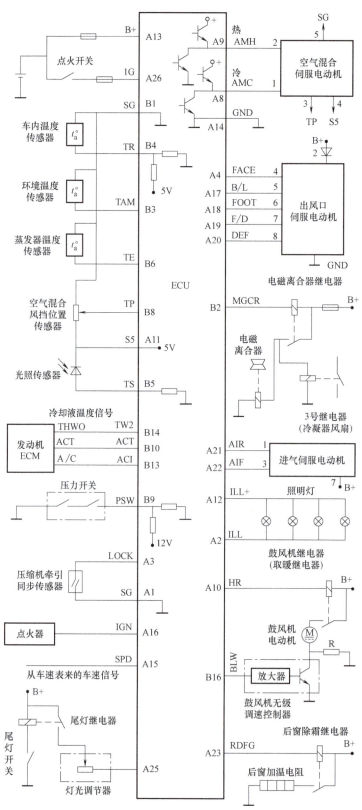

图 4-47　丰田凯美瑞轿车空调电路

项目4 汽车空调电气系统检修

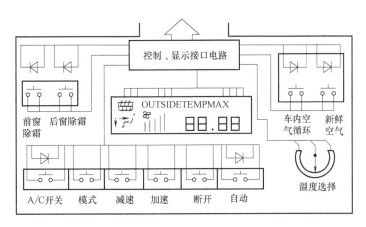

图 4-47 丰田凯美瑞轿车空调电路（续）

4. 冷凝器风扇控制电路

冷凝器风扇控制电路如图 4-48 所示。

（1）不工作状态 断开点火开关，2 个风扇的正负两端都搭铁而相通，电动机处于动力阻尼状态，扇叶不会因迎风而转动。在未使用空调时，电磁离合器继电器未通电，3 号继电器线圈未通电，2 个风扇均不转动。

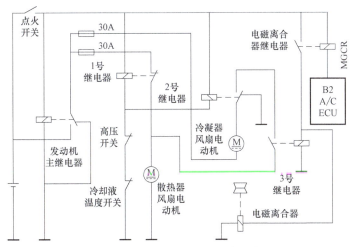

高压开关特性：高压管路压力高于1520kPa时开关断开，低于1226kPa时开关接通。
冷却液温度开关特性：常温时接通，冷却液温度上升到93℃时断开。冷却液温度下降到83℃时接通。

图 4-48 冷凝器风扇控制电路

（2）工作状态 电磁离合器继电器通电，3 号继电器通电，常开触点吸合，风扇慢速转动。当鼓风机在高转速时，制冷量增加，高压管路压力上升。当上升到 1520kPa 时，高压开关断开，1 号和 2 号继电器线圈断电，常闭触点接通，风扇电动机转速上升到最大转速。

5. 后窗除霜电路

按下后窗除霜（REAR）开关，ECU 使 RDFG（A23）端子内的开关管饱和导通，后窗除霜继电器吸合，加温电阻通电，REAR 开关旁的除霜符号点亮。再按 REAR 开关，RDFG

(A23）端子内的开关管截止，后窗除霜继电器断开，后窗加温电阻断电，除霜符号熄灭。

6. 空调系统的自动工作过程

按下自动（AUTO）开关，ECU则启用自动工作程序。ECU根据5个传感器（TR、TAM、TE、TS、TP）送来的信号和设定的温度信号与存储器中的数据进行运算，然后决定风机电动机、出风模式伺服电动机、进气风挡伺服电动机、空气混合伺服电动机的工作状况。

（1）出风模式伺服电动机的工作状况　当设定温度低于车内温度时，则出风模式处于脸部，即将低温空气引入车内顶部；当设定温度高于车内温度时，则出风模式处于足部，即将较热的空气引入车内底部。

（2）鼓风机电动机的工作状况　设定温度与车内温度相差较大时，则鼓风机高速运转，增加出风口的流量。设定温度与车内温度相差较小时，则鼓风机中速运转。

（3）空气混合伺服电动机的工作状况　当设定温度低于车内温度且相差较大时，空气混合风挡迅速移动，使热风侧流量减小，冷风侧流量增加，出风口温度变低。随后，车内温度逐渐下降，空气混合风挡移动减缓，出风口温度达到设定温度时，则空气混合风挡稳定在相应的位置。

当设定温度高于车内温度且相差较大时，空气混合风挡迅速移动，使冷风侧流量减小，热风侧流量增大，出风口温度上升。随后，车内温度逐渐上升，空气混合风挡移动减缓，出风口温度接近设定温度时，则空气混合风挡稳定在相应的位置。

4.3.2　广州本田雅阁轿车空调电路综合读图分析

广州本田雅阁轿车空调系统电路如图4-49所示。

1. 散热器风扇电路

（1）控制电路　蓄电池正极→熔断器/继电器盒（发动机盖下）100A熔丝No.41→熔断器/继电器盒（发动机盖下）50A熔丝No.42→点火开关IG2档→熔断器/继电器盒（驾驶人侧仪表板下）7.5A熔丝No.3→散热器风扇继电器端子3→散热器风扇继电器线圈→散热器风扇继电器端子4，然后分为两路：一路经ECM/PCM端子A20→ECM/PCM，另一路经散热器风扇开关→搭铁端子G101→蓄电池负极。此时当点火开关接通，按下空调压力开关或散热器温度高于93℃时，电路接通，散热器风扇继电器得电闭合，散热器风扇继电器端子1、2接通。当散热器温度高于93℃时，即使不按下空调压力开关，散热器风扇开关也会闭合。

（2）主电路　蓄电池正极→熔断器/继电器盒（发动机盖下）100A熔丝No.41→熔断器/继电器盒（发动机盖下）20A熔丝No.57→散热器风扇继电器端子1→散热器风扇继电器电磁开关→散热器风扇继电器端子2→散热器风扇电动机端子2→散热器风扇电动机端子1→搭铁端子G201→蓄电池负极。

2. 冷凝器风扇电路

（1）控制电路　蓄电池正极→熔断器/继电器盒（发动机盖下）100A熔丝No.41→熔断器/继电器盒（发动机盖下）50A熔丝No.42→点火开关IG2档→熔断器/继电器盒（驾驶人侧仪表板下）7.5A熔丝No.3→冷凝器风扇继电器端子3→冷凝器风扇继电器线圈→冷凝器风扇继电器端子4，然后分为两路：一路经ECM/PCM端子A20→ECM/PCM；另一路经散热器风扇开关→搭铁端子G101→蓄电池负极。此时当点火开关接通，按下空调压力开关或

项目 4　汽车空调电气系统检修

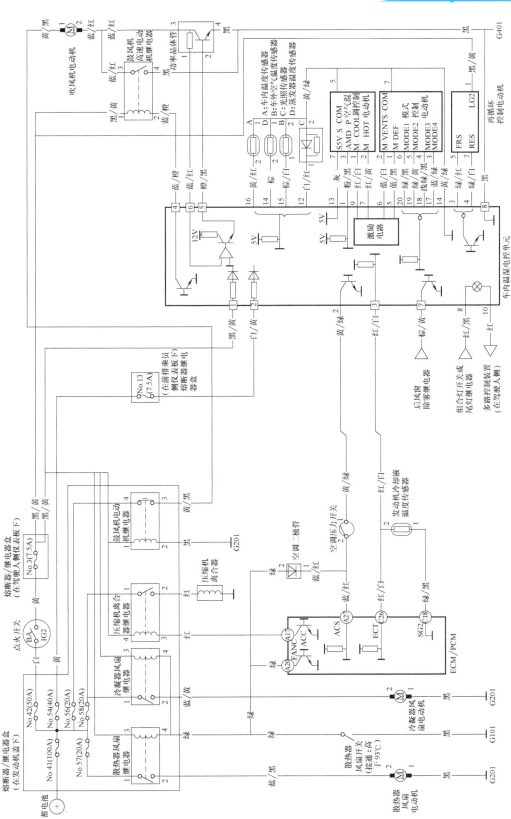

图 4-49　广州本田雅阁轿车空调系统电路

散热器温度高于93℃时，电路接通，冷凝器风扇继电器得电闭合，冷凝器风扇继电器端子1、2接通。当散热器温度高于93℃时，即使不按下空调压力开关，此电路也会接通。

（2）主电路　蓄电池正极→熔断器/继电器盒（发动机盖下）100A熔丝No.41→熔断器/继电器盒（发动机盖下）20A熔丝No.58→冷凝器风扇继电器端子1→冷凝器风扇继电器电磁开关→冷凝器风扇继电器端子2→冷凝器风扇电动机端子2→冷凝器风扇电动机→冷凝器风扇电动机端子1→搭铁端子G201→蓄电池负极。

3. 压缩机离合器电路

（1）控制电路　蓄电池正极→熔断器/继电器盒（发动机盖下）100A熔丝No.41→熔断器/继电器盒（发动机盖下）50A熔丝No.42→点火开关IG2档→熔断器/继电器盒（驾驶人侧仪表板下）7.5A熔丝No.3→压缩机离合器继电器端子4→压缩机离合器继电器电磁线圈→压缩机离合器继电器端子3→ECM/PCM端子A17→ECM/PCM。此时继电器得电闭合，压缩机离合器继电器端子1、2接通。

（2）主电路　蓄电池正极→熔断器/继电器盒（发动机盖下）100A熔丝No.41→熔断器/继电器盒（发动机盖下）20A熔丝No.58→压缩机离合器继电器端子1→压缩机离合器继电器电磁开关→压缩机离合器继电器端子2→压缩机离合器→搭铁→蓄电池负极。

4. 鼓风机电动机电路

（1）控制电路　蓄电池正极→熔断器/继电器盒（发动机盖下）100A熔丝No.41→熔断器/继电器盒（发动机盖下）50A熔丝No.42→点火开关IG2→熔断器/继电器盒（驾驶人侧仪表板下）7.5A熔丝No.3→鼓风机电动机继电器端子1→鼓风机电动机继电器电磁线圈→鼓风机电动机继电器端子2→搭铁→蓄电池负极。此时鼓风机电动机继电器得电接通，鼓风机电动机继电器3、4端子得电闭合。另一路控制电路为鼓风机高速电动机端子1→鼓风机高速电动机电磁线圈→鼓风机高速电动机继电器端子2→车内温湿电控单元端子4。此时车内温湿控制单元接收各传感器信号，适时控制鼓风机高速电动机继电器的通断。

（2）主电路　蓄电池正极→熔断器/继电器盒（发动机盖下）100A熔丝No.41→熔断器/继电器盒（发动机盖下）20A熔丝No.56→鼓风机电动机继电器端子4→鼓风机电动机继电器端子3→吹风机电动机端子1→吹风机电动机→吹风机电动机端子2，然后分为两路：一路经功率晶体管端子3→功率晶体管端子4→G401搭铁→蓄电池负极，另一路经鼓风机高速电动机继电器端子3→鼓风机高速电动机继电器端子4→G401搭铁→蓄电池负极。

车内温湿控制单元接收各传感器信号来判断车内温度和湿度，从而控制鼓风机高速电动机继电器的接通和断开，以达到对制冷效果的自动控制。

车内温度传感器是一个负温度系数的热敏电阻，车内温湿控制单元通过检测此传感器两个端子的电压降的变化来获得车内温度信号。车外空气温度传感器也是一个负温度系数的热敏电阻，用于检测车外空气温度。

能力提升训练

汽车空调电路故障可能发生在线路上，如接触不良、短路及断路；也有可能是电子元件本身故障。但有些电路故障，如电磁离合器不吸合、冷凝器风扇不运转，有可能是由制冷循环而引起的，因此在分析电路故障时，必须和制冷系统结合起来判断。

项目4 汽车空调电气系统检修

4-1 汽车空调电路检修常用工具使用

常用的检查仪器有普通万用表和数字万用表。普通万用表可以检测电路的电压、电流和电阻,判断电路故障。数字万用表主要用来检测电子元件及集成电路,也可以代替普通万用表来检测电路的电压、电流和电阻,但是普通万用表不能用来检测电子元件、集成电路,否则会损坏它们。

在没有检查仪器的情况下,也可自制简单的检查工具,以便能迅速找出故障之处。

1. 试灯笔

如图4-50所示,准备一支透明塑料柄螺钉旋具,在其柄上钻一个孔,装入国产12V汽车小型管状灯泡,入口处用丝锥攻成螺孔,常用胶木或其他绝缘材料加工成螺栓,中心钻一小孔,将软塑料铜线穿入绝缘螺栓内,用薄铜片剪一个小圆垫片,焊在穿过绝缘螺栓的铜线末端,再在铜线的另一端焊上一个鳄鱼夹,最后把绝缘螺栓拧入螺钉旋具柄内,这样就制成了试灯笔。试灯笔可用来检查电路中有无断路及搭铁不良等。

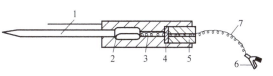

图4-50 自制试灯笔

1—透明塑料柄螺钉旋具 2—管状灯泡 3—电阻丝
4—铜片 5—绝缘螺钉 6—鳄鱼夹 7—导线

2. 跨接线

如图4-51所示,跨接线可用几根粗细不同的导线,在两端焊上鳄鱼夹制成。可以用跨接线把两点直接连接起来,检查电路中的断路和接触不良故障。

图4-51 自制跨接线

4-2 汽车空调电器电路的检修作业

汽车空调电器电路的常见故障有接触不良、断路及搭铁故障。

1. 接触不良

电路接触不良表现为电器时而工作,时而不工作,即使工作也达不到性能要求,这种情况较为普遍。一般用电量大的电器易查出故障部位,用电量小的电器困难一些。

如鼓风机转速过低,或时转时不转,可以按如下方法检查:

1)检查有关部件与线路是否有不正常的发热现象,并用万用表测量发热点间的电阻。
2)用手摇动用电器部件,观察部件接触是否良好。
3)观察各部件长期使用后是否受潮、锈蚀、导电不良或损坏。
4)检查插接器,可用万用表或试灯笔进行检查,如插头前后的电阻较大或插头前发光正常,插头后发光亮度低,即可确定插接器处有故障。

2. 断路故障

断路也称开路,即电路中无电流。这种故障现象在空调电路中比较常见,若因接触不良引起,检查方法如前所述;若是线路被车体刃角切断而引起的断路,可用试灯笔、跨接线和万用表仔细检查；若是负极开路，可将试灯笔夹在蓄电池的正极检查，也可用万用表配合试灯笔进行检查，若万用表测量电阻值为无穷大，则说明两点间断路。

3. 搭铁故障

空调电路中出现搭铁故障，即出现短路。出现搭铁故障时，电路中电流过大，易烧坏或烧断熔丝。如遇到熔丝烧断，切记不要任意增大熔丝的安培数或用细铜丝代替熔丝，否则会烧坏线路和电阻。可用逐步断路法排除搭铁故障。

（1）检查各电阻部件　首先将熔丝盒外壳打开，把烧坏的熔丝拔出，把试灯笔或万用表插入熔丝的两端，打开空调开关，试灯笔中的灯泡会发亮或万用表显示直流电流的大小。把电路中有关的部件逐个拔出或卸掉，观察灯泡亮度是否减弱或熄灭。若灯泡亮度不变或电流不变，把部件装回原处，继续取下一级电器部件，直到灯泡亮度或电流发生变化，找出搭铁部件为止，并修换该部件。

（2）检查电路　如果所有部件都试过后灯炮亮度或万用表中的电流仍不变，则说明部件良好，可确定搭铁故障在电路上，可采用逐步断路法排除。

4. 传统单风口汽车空调压缩机控制电路检修方法

图 4-52 所示，压缩机离合器线圈由温控器、急速控制器、风机开关、继电器综合控制等组成，检修时先检查工作指示灯是否正常。如正常则检查继电器、压缩机离合器线圈及线路；如不正常则查温控器、急速控制器、风机开关、电源及线路。

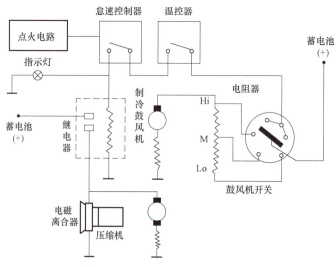

图 4-52　传统单风口汽车空调压缩机控制电路

5. 长安之星汽车空调压缩机放大器控制电路检修

长安之星汽车空调放大器电路如图 4-53 所示。空调放大器输入信号分别为空调起动开关信号、蒸发器出风口温度信号（温度控制器）发动机冷却液温度信号、点火开关信号和加速切断开关信号。输出信号分别由空调放大器内部继电器输出和晶体管开关输出。其中继电器输出信号控制压缩机电磁离合器和风扇电动机的通断，晶体管的输出信号控制怠速提升控制电磁阀的通断。

在空调系统正常工作状态下，当发动机内的冷却液温度传感器感温温度升至（110±1.5）℃时，压缩机电磁离合器应断开；当冷却液温度传感器感温温度降低（3±0.5）℃时，延迟（0.8±0.1）s后，压缩机电磁离合器应接通工作。

在空调系统正常工作状态下，当蒸发器出风门温度降至（2.5±0.5）℃时，压缩机电磁离合器断开；当蒸发器出风口温度升高（1.8±0.3）℃时，急速提升控制电磁阀应接通工作，延迟（0.8±0.1）s后压缩机电磁离合器应接通工作。

当空调起动开关处于接通状态，点火开关位于ST档（起动档）时，压缩机电磁离合器应断开，当点火开关从ST档回位至ON档时，延迟（0.8±0.1）s后压缩机电磁离合器应接通工作。

检修时，依次检修空调控制开关、压力开关、蒸发器温度传感器、继电器、熔丝、压缩机电磁离合器线圈及电路等。

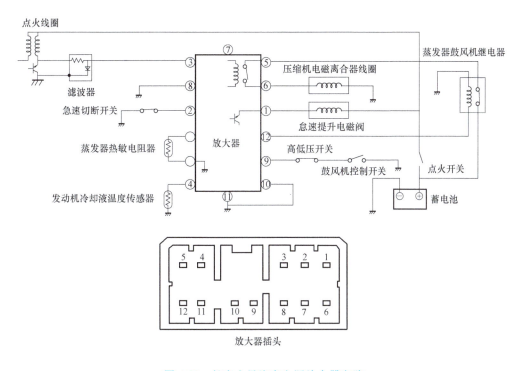

图 4-53　长安之星汽车空调放大器电路

4-3　汽车空调电器元件的检修作业

1. 温控器的检修

温控器一般指感受蒸发器表面温度从而控制压缩机开停的控制器，下面以波纹管式温控器为例介绍温控器的检修。波纹管式温控器常见的故障有感温包泄漏及触点接触不良。其检修方法如下：

（1）就车检修

1）当环境温度在5℃以下，空调系统不工作时，用万用表测量端子A、C（图4-54）两处，两处间应是不导通的，否则温控器有故障，应更换。

2）起动发动机，打开空调A/C开关，将功能键选在最大位置而将调风键选在"Lo"

位置，使蒸发器结霜，观察压缩机是否停转。

（2）温控器的测试

1）拔下温控器的插头，拆下温控器，拆卸时应避免划破感温管。

2）检查感温管是否完好，管内的介质是否泄漏。

3）如图 4-54 所示，将蓄电池的正极接在温控器插接器的端子 C 上，而端子 B 与负极相连，然后在端子 A、C 之间接一个测试灯（电压为 12V、功率为 3~18W）。

4）将温控器的感温管浸入一个盛满冰水的杯中，应避免插接器进水，观察测试灯的变化。

5）水温在 5℃ 以下时测试灯不亮，而在 5℃ 以上时测试灯应亮，否则更换温控开关。

2. 压力开关的检修

汽车空调的制冷系统中有高低压保护开关。目前，多数空调系统的高低压保护开关组合在一起，形成三位压力开关，安装在高压回路中的储液干燥器上。压力开关制成一个整体，对其进行检测时，如果发现其有故障，一般应更换。

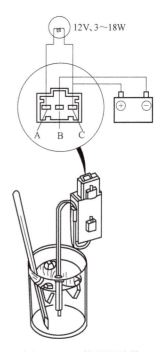

图 4-54 温控器的检修

（1）压力开关的就车检修

1）把歧管压力表安装到制冷系统中。

2）从压力开关上脱开插接器。起动发动机并使其以约 1500r/min 的转速运转。检查压力开关的动作情况，如图 4-55 所示。

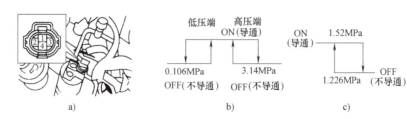

图 4-55 压力开关的测试

3）电磁离合器控制。如图 4-55a 所示，将万用表的正极引线与端子 4 相连，负极引线与端子 1 相连。如图 4-55b 所示当低压端压力低于 0.106MPa 或高压端压力高于 3.14MPa 时不导通，当低压端压力高于 0.106MPa 或高压端压力低于 3.14MPa 时导通。

4）散热风扇检修。如图 4-55a 所示，将万用表的正极引线与端子 2 相连，负极引线与端子 1 相连。如图 4-55c 所示，当高压端压力在 1.226~1.52MPa 之间时，端子 2 与端子 1 之间导通，否则，应更换压力开关。

5）将发动机熄火，拆下歧管压力表。

6）将插接器接至压力计开关。

（2）压力开关的拆装

1）从制冷系统中排出制冷剂。

2）脱开压力开关插接器，用呆扳手卡住制冷管上的开关座，操作时应避免使管子扭曲，然后以 10N·m 的力矩拆下压力开关。

压力开关的安装按与拆卸相反的顺序进行。

3. 压缩机锁止传感器

压缩机锁止传感器一般是磁脉冲式传感器，安装在压缩机上。下面以雷克萨斯 LS400 压缩机锁止传感器为例介绍压缩机锁止传感器的检修方法。

压缩机锁止传感器电路如图 4-56 所示，其检测方法如下：

1) 通过空调的自诊系统进行检测，检测出压缩机锁止传感器的故障码。

2) 起动发动机，并将鼓风机和 A/C 开关置于"ON"位置，检查压缩机的运转情况。若运转不良，则调整压缩机传动带的松紧度或修理压缩机；若运转良好，则用千斤顶顶起车辆，并拔下压缩机锁止传感器的导线插接器。

3) 用电子万用表检测传感器等之间的电阻值，当温度为 20℃ 时，万用表的读数为 570~1050Ω；当温度为 100℃ 时，万用表的读数为 770~1440Ω。若万用表的读数不符合要求，则应更换压缩机锁止传感器。若万用表的读数符合要求，则检查空调控制总成与压缩机锁止传感器之间的配线和插接器。

4) 若配线或插接器不良，则修理或更换配线或插接器。

5) 若上述都正常，则应用示波器检测传感器的波形、频率，本传感器在发动机每一转内发送 4 个脉冲给空调控制总成。若压缩机的转速与发动机转速之比小于预定值，则压缩机内的齿轮损坏或齿损坏，应更换压缩机。

6) 经过上述检修正常后，对空调系统进行自诊断，系统内应该无压缩机锁止传感器的故障码。

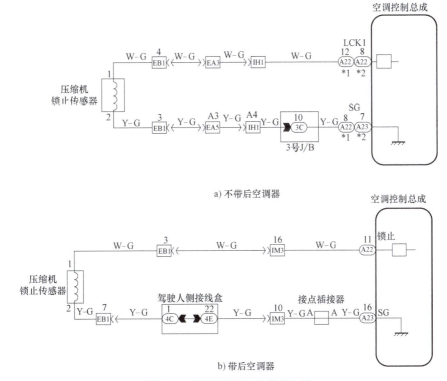

图 4-56 压缩机锁止传感器电路

4. 真空转换阀的检修

真空转换阀是轿车怠速自动调整装置的主要部件，主要由线圈（电磁）、活动铁心及压缩线圈组成。常见的故障是不能正常导通，内部的线圈发生短路、断路故障。其检修方法如下：

（1）拆下真空转换阀

1) 如图4-57所示，脱开插接器。

2) 脱开空气软管。

3) 拧下两个紧固螺栓，拆下真空转换阀。

（2）检查真空转换阀的导通情况。

1) 向管子中吹空气，检查真空回路的导通情况。

2) 将蓄电池端子相连，如图4-58a所示，向A管中吹空气，空气应从B管中出来，否则出现故障，应更换真空转换阀。

3) 脱开蓄电池两端子，如图4-58b所示，向A管中吹入空气，空气不能从B管中出来，否则出现故障，应更换真空转换阀。

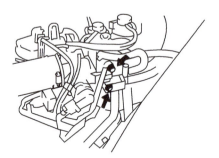

图4-57 脱开插接器

（3）检查真空转换阀的短路情况

1) 如图4-59所示，用万用表检查各端子与真空转换阀壳体之间是否导通，如果导通，即出现短路现象，则应更换真空转换阀。

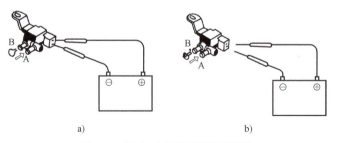

图4-58 检查真空回路的导通情况

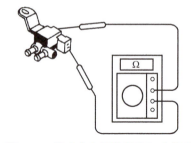

图4-59 检查真空转换阀的短路情况

2) 用万用表测量两个端子之间的电阻值，在20℃时，电阻为30~34Ω，如果电阻值与规定值不符，则更换真空转换阀。

真空转换阀的安装按与拆卸相反的顺序进行。

5. 鼓风机的检修

（1）就车检修 起动发动机并保持怠速，转速为1250~1500r/min，打开空调A/C开关，把鼓风机开关置于"0"档，送风口应有微风出来，然后接上风扇电动机开关，从低档到高档分别拨动调速档，每档使风扇停留5min，检查其吹出的风速是否有变化，若没有变化，则可能是开关或调整电阻损坏。

（2）鼓风机开关的检修 如图4-60所示，当风扇开关置于"0"档时，端子A、B、C、D、E、F、G都不导通；当风扇开关置于"1"档时，端子A、B、D之间相互导通；当风扇开关置于"2"档时，端子A、B、E之间相互导通；当风扇开关置于"3"档时，端子A、B、F之间相互导通；当风扇开关置于"4"档时，端子A、B、G之间相互导通。否则应更换风扇开关。

(3) 鼓风机电动机和电阻器的检修

1) 鼓风机的拆卸。

① 拆下仪表下镜镶板。

② 如图4-61所示,脱开鼓风机电动机上的插接器,松开3个紧固螺钉,拆下鼓风机电动机。

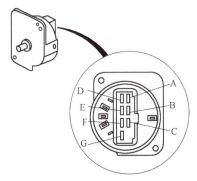

图4-60 鼓风机开关的检修

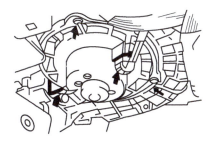

图4-61 拆下鼓风机电动机

2) 鼓风机电动机的检修。如图4-62所示,将蓄电池正极与端子2相连,负极与端子1相连,然后检查电动机运行情况,电动机运行应平稳无异响,否则应更换鼓风机电动机。

3) 鼓风机电阻器的检修。鼓风机电阻器安装在鼓风机外壳上,与鼓风机串联在一起,可用万用表检测。如图4-63所示,测量电阻A时,其阻值为3~4Ω(以捷达轿车为例),测量电阻B时,其阻值为0.8~1.2Ω,否则出现故障,应更换。

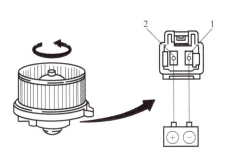

图4-62 鼓风机电动机的检修

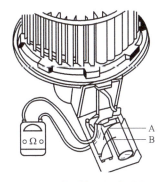

图4-63 检测鼓风机串联电阻

如图4-64所示,也可测量插接器插头2、3之间的电阻,其值为3~4Ω,插头4、5之间的阻值为0.8~1.2Ω,它们之间应相互导通,否则应更换。

以与拆卸相反的顺序安装鼓风机。

6. 继电器的检修

汽车空调控制系统中有冷凝器风扇继电器、鼓风机继电器及主继电器等,它们的工件原理相同,检修方法相似。下面以最简单的四插

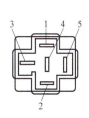

图4-64 鼓风机电阻器插接器的插头

脚继电器为例，说明继电器的检修方法。如图 4-65 所示，继电器的检测方法有两种。

（1）静态检测

1）用万用表测 A、D 之间的电阻，电阻值应为几欧到几十欧不等。

2）用万用表测 B、C 之间的电阻，其值应为无穷大，否则应更换。

（2）动态检测

1）在 A、D 之间加上 12V 的电压，应听到 "叭" 的继电器吸合声。

2）用万用表测 B、C 之间的导通情况，应导通，否则应更换。

7．放大器的检修

空调放大器是由晶体管和一些外围集成电路组成的，其中主要由晶体管与一些外围主要起到开关的作用。下面以时代超人汽车空调放大器为例，说明其检修方法。

如图 4-66 所示，空调放大器有两排插脚。左边有四个插脚，其中 T4/1 是空接头，T4/2 接左右风扇的高速档，T4/3 接左右风扇的低速档，T4/4 接蓄电池的正极。右边有十个插脚，其中 T10/2 接组合开关的高压开关，T10/3 接组合开关的低压开关，T10/6 接压缩机切断继电器，T10/7 接散热风扇热敏开关的高速档，T10/8 接压缩机切断继电器的触点线路，T10/9 与 X 相接，T10/10 与电磁离合器的线圈相连。该空调放大器 4 端接蓄电池，5 端接从

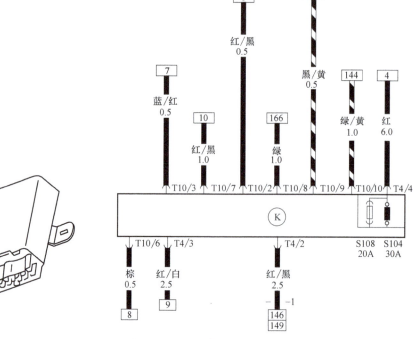

图 4-66　空调放大器

项目4 汽车空调电气系统检修

点火开关来的电源线，6端接高压开关，7端接低压开关，8端接压缩机切断继电器，9端接散热风扇低速档，10端接散热风扇热敏开关高速档，144端接电磁离合器，146端接散热风扇左高速档，149端接散热风扇右高速档，166端接压缩机切断继电器，S108是散热风扇低速档熔丝，S104是散热风扇高速档熔丝。由于空调放大器是集成电路，不能进行静态检测，只能进行动态测量，测量时应注意用电子万用表，否则将损坏空调放大器。检测步骤如下：

1）从杂物箱下拆出空调放大器，拆卸时要注意线束。

2）起动发动机，打开空调 A/C 开关，用电子万用表检查 T10/10 有无电流到电磁离合器，有则正常，无则应检修线路及空调放大器。

3）检查 T10/3 是否有电压，若有电压，T10/10 无电流到电磁离合器，则说明空调放大器有故障，应更换。

4）短接组合开关的高压开关，T10/2 有电流，用电子万用表检测 T10/10 是否有电流，有则说明正常，无则应更换空调放大器。

5）当把散热风扇热敏开关高速档短接时，T10/7 有电流，用电子万用表检测 T4/2 是否有电流。有则说明正常，无则应更换空调放大器。

6）突然急踩加速踏板，急加速检测 T10/6 是否有电流，有电流并且听到继电器断开的声音，同时电磁离合器也断开，压缩机几秒钟不工作，说明空调放大器正常，否则应更换。

任务总结

1）温控器又称恒温器、热敏开关等，是汽车空调电路控制系统中用于温度控制的一种基础元件。离合器循环控制的制冷系统常用温控器控制蒸发器的表面温度。

2）分析汽车空调电路控制原理时，一般可分成鼓风机控制/冷凝器风扇控制、温度控制（压缩机控制）、通风系统控制、保护电路等。

3）只有在鼓风机工作的前提下压缩机才能开始工作，以防止蒸发器结冰和产生"液击"现象。

4）汽车空调电器线路中的常见故障有接触不良、断路及搭铁故障。

5）汽车空调放大器控制电路检修的顺序一般依次为检查空调控制开关、检查压力开关、检查蒸发器温度传感器、检查继电器、检查熔丝、检查压缩机离合器线圈及检查线路等。

学习工作页

完成"学习工作页"任务工单4各项作业。

项目5 汽车空调自动控制系统检修

学习目标

知识目标：

1）能解释汽车空调自动控制系统的功能和类型。
2）能够解释汽车自动空调面板的功能键的作用。
3）能够描述半自动和全自动电控气动汽车空调控制工作过程。
4）能够解释微型计算机控制的自动空调系统功能和控制原理。
5）能分析由微型计算机控制的空调自动控制系统的温度控制、鼓风机转速控制、进气控制、气流方式控制和压缩机控制的工作原理。
6）能分析电动汽车空调的结构与控制原理。
7）能分析雷克萨斯 LS400 空调自动控制系统电路图和工作原理。
8）能分析日产风度 A32 自动空调控制系统电路图和工作原理。

技能目标：

1）能完成雷克萨斯 LS400 自动空调故障自诊断操作。
2）能完成雷克萨斯 LS400 自动空调故障主要模式控制系统的电路检修。

思政目标：

1）培养良好的职业道德与安全、环保意识。
2）培养良好的标准化、规范化和科学化等职业素养，包括严格遵守 6S 管理、相关工艺规程和检验标准。

任务接受

一辆 2009 款丰田卡罗拉（2ZR-FE 发动机），空调鼓风机偶尔不工作。主要故障现象是在正常使用车辆前除霜功能时，前风窗出风口突然无风，此时操作空调面板上的任何开关均正常，但无风量。将点火开关断开，再次起动车辆，操作空调面板，伴随着一股异味（烧焦味），空调系统恢复正常。

相关知识学习

手动控制的空调系统只按驾驶人所设定的鼓风机转速运转，压缩机的通与断动作变化只按驾驶人所设定的温度动作。它不能依据车内外温度的变化对冷气负荷做出任何修正动作。配气系统各个风门位置的变化也是由面板功能键通过拉索与风门刚性连接控制。而在汽车运行中，太阳辐射、乘客散发的热量、发动机余热等将引起车内温度发生变化，因此要求现代汽车空调能予以自动修正控制。

项目 5　汽车空调自动控制系统检修

为了减轻驾驶人的负担，避免手动调节的麻烦，现代汽车安装了自动控制空调器。它能根据驾驶人所设定的温度不断检测车内外温度、太阳辐射等，自动调节鼓风机转速，保持车内温度在设定范围内，有些还可进行进气控制、气流方式控制和压缩机控制等。

目前，自动调节的汽车空调有两种形式：电控气动空调系统和微机控制空调系统。本项目将分别予以介绍。

5.1　电控气动汽车空调控制系统

5.1.1　控制面板

图 5-1 所示为通用汽车自动空调的控制面板，其主要由温度键和功能键组成，具体功能如下。

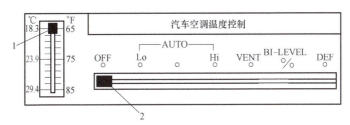

图 5-1　自动空调控制面板

1—温度键　2—功能控制键

1. 温度键

驾驶人可从 18.3℃（65 ℉）到 29.4℃（85 ℉）之间任意选择一个温度，空调器会自动为达到和保持该温度而进行调配。

2. 功能控制键

1）OFF（停止）功能键在停止位置时，若点火开关断开，空调系统不工作；若点火开关接通，当车内温度高于 26.7℃，发动机冷却液温度高于 82℃时，空调器会自动送出自然风。

2）VENT（自然风）功能键置于自然通风位置时，取暖、制冷系统不工作，车外空气未经加热和冷却由鼓风机吹入车内。若车内温度高，鼓风机会高速运转，反之则低速运转。

3）Lo-AUTO（低速-自动）功能键置于此位置，鼓风机低速运行。当车内温度低于预定的温度，发动机冷却液温度高于 82℃时，空气先经蒸发器再经加热器，送出暖气。反之则空气经冷却后不经加热器或部分通过。冷气从中风口吹出，加热空气从下风门吹出。

4）AUTO（自动）功能键置于此位置时，工作情况与 Lo-AUTO 基本一样，不同点是空调器会根据车内温度自动选择高速、中速 1、中速 2、低速等运行。若车内温度与预选温度相差不多，鼓风机会自动降低转速。若车内温度高出预选温度较多，应提供最大的冷量，鼓风机高速运转。

5）Hi-AUTO（高速-自动）功能键在此位置时，基本工作情况与功能键位于 Lo-AUTO 和 AUTO 位置时相同，鼓风机高速运行。当达到预选温度时，鼓风机会自动慢速运转，而功能键在 Hi-AUTO 位置时热水阀不工作，加热器不工作，部分空气通过加热器，从下风口吹出来的是冷气。

6）BI-LEVEL（双向）功能键在此位置时，鼓风机可以任意转速工作，空调器能按照预选温度分别从中风口吹出空调风，从上、下风口吹出暖气，用于除霜和暖脚。

7）DEF（除霜）功能键在此位置时，鼓风机高速运行，大部分暖风从上风口吹出，少部分暖风从下风口吹出。

根据面板控制功能可知，电控气动空调与手动空调控制的主要区别是当驾驶人设定了温度键和功能键位置后，汽车空调能够在预定的温度内自动控制温度和风量。目前，根据温度调配和送风量配送控制系统精确的不同，又可分为半自动和全自动电控系统两种类型，下面将分别介绍。

5.1.2 半自动电控气动汽车空调控制系统

图 5-2 所示为半自动空调的工作原理图。半自动空调内部控制系统主要由真空控制系统和放大器控制系统两部分组成。当手动选定空调的功能键并设定温度后，放大器控制系统将预选温度的电阻、环境电阻、车内温度电阻全部输入放大器，放大器即产生一个电流信号，输入真空换能器，真空控制系统将电流信号通过真空换能器转变成表示相应的真空度大小的信号，输送到真空伺服驱动器。真空伺服驱动器根据真空度信号大小使控制杆伸长或缩短一个量，与其相连接的温度门、鼓风机转速开关和反馈电位计有一个相对应的位置，从而输送温度和风量一定的空气。

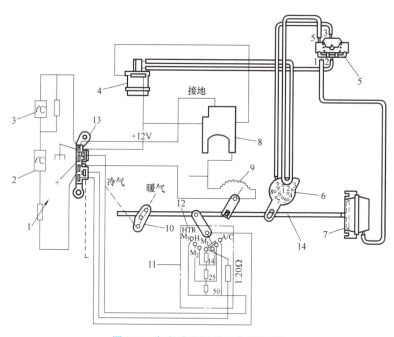

图 5-2 半自动空调的工作原理图

1—温度选择电阻 2—车内温度传感器 3—车外环境温度传感器 4—真空换能器 5—真空保持器 6—真空选择器 7—主控制真空伺服驱动器 8—电子放大器 9—反馈电位计 10—温度门控制曲柄 11—鼓风机调速电路板 12—加热器 13—功能键 14—控制杆

1. 真空控制系统

图 5-3 所示为通用汽车半自动空调控制系统的真空控制系统，其主要由真空罐、真空控

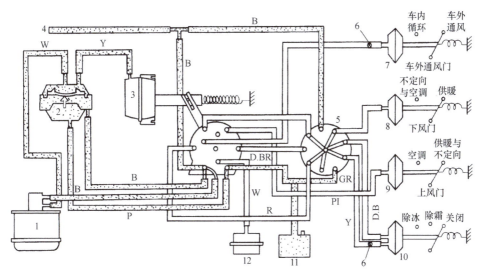

a) 空调在关闭时的真空回路状态

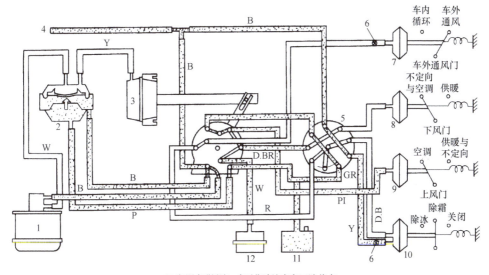

b) 空调在"低速-自动"时的真空回路状态

图 5-3 通用汽车半自动空调控制系统的真空控制系统
1—真空传递器 2—真空保持阀 3—主控制真空驱动器 4—发动机进气歧管真空接口 5—重分配阀
6—节流阀 7—外来空气口真空驱动器 8—下风门真空驱动器 9—上风门真空驱动器 10—除
霜门真空驱动器 11—真空罐 12—热水开关真空驱动器

制器、真空驱动器、真空换能器、真空保持器和真空伺服驱动器等组成。半自动空调与手动空调不同的是增加了真空换能器、真空保持器和真空伺服驱动器。真空换能器是一种将电能转换为真空控制信号的装置,其结构如图 5-4 所示。

在真空换能器的支架上有一个双通针阀,其一端控制真空源的通路,另一端控制铁心上的大气阀门,铁心的下端通大气,外部有一个电磁线圈。电流大小由恒温放大器控制。由于橡胶膜片的密封作用,外面的大气只能通过柱塞阀门来和真空系统相通。其工作原理是,流过电磁线圈的电流越大,其产生的磁场的强度越大,克服弹簧力使铁心向下的位移量越大,针阀和铁心上的双通针阀口开度越大,外部空气泄入量越多,真空伺服驱动器的真空度越小,收缩量也越小。反之,放大器输出信号电流越小,磁感应强度越小,克服弹簧推动铁心向上,双通针阀口开度减小,直至关闭大气与真空系统的通路。此时,系统的真空度增大,真空伺服驱动器的收缩量相应增大。由此可知,换能器将放大器的电信号变化转变成真空伺服驱动器控制杆的收缩量变化。

真空保持器的结构如图 5-5 所示。其工作原理是当发动机进气歧管处真空度下降时,真空保持器能切断发动机的真空源,同时,膜片亦将真空换能器和伺服真空驱动器之间的真空气路切断,保持系统原来的工作状态。

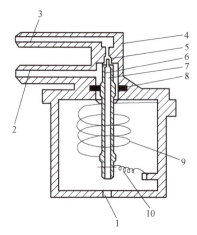

图 5-4 真空换能器

1—大气孔　2—接真空伺服电动机　3—接真空罐
4—真空换能器外壳　5—双通针阀　6—铁心
7—大气通道　8—橡胶膜片　9—电磁
线圈　10—弹簧

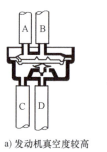

a) 发动机真空度较高　　b) 发动机真空度较低

图 5-5 真空保持器结构

A—到真空驱动器　B—来自真空换能器的真空
C—发动机真空　D—止回阀真空

真空伺服驱动器已在前面介绍,它可根据真空换能器输出的真空度的大小,使控制杆位于在全伸长和全收缩之间的任何位置。

图 5-3 所示的真空控制系统主要由两个真空系统组成。第一个系统是真空换能器、真空保持器到真空伺服驱动器,根据放大器输出电信号的强弱,控制真空换能器输出相应大小的真空信号,真空伺服驱动器根据真空信号的变化改变控制杆伸长或缩短的位置,相应自动地控制温度门的位置和鼓风机的转速,自动地调配输出空气的温度。第二个系统是根据人工选择功能键的位置,控制上、中、下风门的开闭和热水真空阀的通断。以上两个系统相互独立。

2. 放大器控制系统

半自动电控气动汽车空调具有保持温度在预选的范围内恒定的功能。放大器控制系统可根据车内温度传感器、大气温度传感器、空调器温度传感器、人工设定的调温电阻的电阻变化,相应地控制真空换能器电磁线圈信号电流的大小,使其输出不同的真空度,使真空伺服驱动器按选定的真空度工作,达到调配送气量和控制温度目的。

如图 5-6 所示,大气温度传感器、车内温度传感器、空调器温度传感器都采用负温度系数热敏电阻。当温度升高时,电阻值减小,VT_1 的基极电流增大,VT_1 的发射极与集电极电流增大，VT_2 的基极电流增大，导致复合管 VT_2、VT_3 的集电极电流增大，使换能器电磁线圈电流增大。通过真空伺服换能器控制温度门和鼓风机转速迅速降温。反之当温度下降，达到预定温度时电阻值增大，换能器电磁场线圈电流减小，使真空伺服驱动器产生相应动作，控制送气量，保持温度恒定。

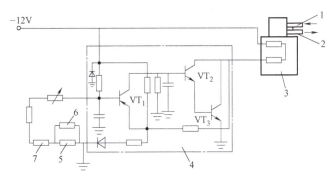

图 5-6 电流信号放大器电路

1—真空换能器 2—放大器 3—阳光辐射传感器 4—大气温度传感器
5—车内温度传感器 6—空调器温度传感器 7—调温器电阻

5.1.3 全自动电控气动汽车空调控制系统

图 5-7 所示为全自动电控气动汽车空调系统工作原理。该系统用电桥-比较器和电磁阀取代了放大器和换能器。电桥由车外温度传感器、车内温度传感器、阳光辐射传感器和调温键电阻组成，它和比较器 OP_1、OP_2 组成一个控制系统。分别控制升温和降温真空电磁阀，将电信号转变成真空信号，调节真空伺服驱动器，带动控制杆对调温门开度、鼓风机转速和热水阀开闭进行综合控制，达到控制温度恒定的目的。

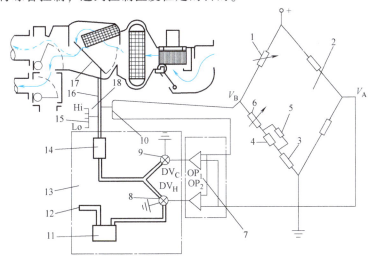

图 5-7 全自动电控气动汽车空调系统工作原理

1—调温键电阻 2—电桥 3—大气温度传感器 4—阳光辐射传感器 5—风道温度传感器 6—车内温度传感器
7—比较器 8—升温真空电磁阀 9—降温真空电磁阀 10—反馈电位器 11—真空罐 12—接发动机进气歧管
13—真空控制器 14—真空伺服驱动器 15—风扇转速开关 16—控制杆 17—调温门 18—热水阀开关

全自动电控气动汽车空调的工作过程如下：

例如，驾驶人设定的温度为25℃，车外温度为30℃时。空调系统初始运行，在电桥电路中，由于设定调温键电阻与传感器桥臂的总电阻低，电桥不平衡，此电桥输出电位 $V_B > V_A$，比较器 OP_1 有电流输出，降温真空电磁阀 DV_C 通电工作，使管路与大气相通。比较器 OP_2 无电流输出，升温真空电磁阀 DV_H 截止，切断管路与真空罐的通路，从而使真空伺服驱动器的真空度减小，膜片在大气压的作用下，使控制杆向朝上的方向移动，控制调温门使经过加热器的气体通道减小，同时使鼓风机转速上升，空调混合气温度下降。设定温度与环境温度相差很大时，调温门在控制杆的作用下使通往加热器的空气通道关闭至最小，鼓风机转速达到最大，加快车内降温速度。

随着车内温度逐渐降低，调温键电阻与车内温度传感器电阻阻值之差不断减小，直至为零时，$V_B = V_A$，比较器 OP_1、OP_2 均无电流输出，DV_C 关闭大气通路，真空伺服驱动器维持在最大制冷量时的工作状态，调温门仍然关闭，鼓风机高速运转。

当车内温度继续下降，车内温度传感器电阻阻值高于调温键电阻时，电桥电路电位 $V_A > V_B$，比较器 OP_2 输出电流信号，升温真空电磁阀 DV_H 打开真空气路，OP_1 无电流输出，DV_C 关闭大气通路，真空伺服驱动器的真空度增大，膜片克服弹力下移，带动控制杆下移。调温门逐渐打开加热器空气通道，冷空气重新加热，车内温度回升，随着控制杆的下移，反馈电位器电阻不断减小，电桥总电阻差值不断减小，当车内温度达到设定温度时，电桥 $V_A = V_B$，即 OP_1、OP_2 均无信号输出，真空伺服驱动器保持在原工作位置。

由于环境的温度、太阳辐射和其他因素变化使车内温度变化时，两个比较器不断工作，输出电流控制真空电磁阀，使真空伺服驱动器不断调节控制调温门的位置，使输出空气的温度相应变化，保证车内温度在设定温度范围内。

当空调输出最大制冷量时，真空伺服驱动器控制杆上有装置可切断热水阀开关，加热器不工作，同时控制杆使调温门关闭加热器空气通道。另外，功能键在自然风位置时，也不需加热器工作。鼓风机在需要制冷量较大时高速工作，在不需要制冷或制冷量较小时，低速运行。

为了更好地理解全自动空调的温度自动控制，现对温度自动控制电路原理进行分析。图5-8所示为全自动汽车空调温度自动控制电路，检测信号电桥由车内温度传感器C、大气温度传感器D、阳光辐射传感器E、反馈电位器B及温度选择器的可变电阻A组成。比较器电路由 OP_1、OP_2 和晶体管组成。输出信号控制两个真空电磁阀。

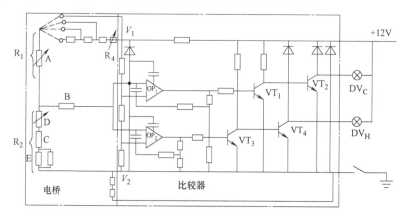

图5-8 全自动汽车空调温度自动控制电路

项目 5 汽车空调自动控制系统检修

温度自动控制系统工作过程如下：

当预定温度高于车内温度时，传感器的总电阻值 R_2 大于调温键的阻值 R_1，即 $R_2>R_1$，电路中 $V_1>V_2$，OP_1 有电流输出，经过 VT_1 和 VT_2 两级晶体管的直接耦合放大，电磁阀 DV_C 工作，真空伺服驱动器的控制杆将缩短，调温门增大加热器的空气通路，车内温度上升。此时 OP_2 无电流信号输出，真空电磁阀 DV_H 不工作。

当预定温度低于车内温度时，传感器的总阻值小于调温键阻值 R_1，即 $R_2<R_1$，电路中 $V_1>V_2$，OP_2 输出电流信号，经 VT_3 和 VT_4 两级晶体管放大后，输到真空电磁阀 DV_C，真空伺服驱动器的气路导通，控制杆将伸长，调温门关小加热器通路，车内温度下降。

当预定温度与车内温度相同时，电桥处于平衡状态，比较器 OP_1、OP_2 无信号输出，调温门开度不变，鼓风机保持中低速运行，使车内温度恒定。当车外温度发生变化时，会引起车外进来的空气量或温度发生变化，比较器根据传感器电阻的变化开始工作。若外界温度下降，则需要加热量大一些，此时 OP_1 输出信号；若输入的空气温度上升，或太阳辐射增加，需要减小空气的加热量，则 OP_2 工作。如此反复，两个比较器不断交替工作，保持车内温度恒定而不受外界环境的影响。

5.2 微机控制汽车空调控制系统

5.2.1 传统微机控制的空调控制系统

微机控制的自动空调系统，不仅能按照乘员的需要送出温度和湿度最适宜的空气，而且可以根据需要自动调节风速、风量，并极大地简化了乘员的操作工作，该系统主要用在高级轿车上。

1. 微机控制的汽车空调系统基本功能。

（1）空调控制 包括温度自动控制、风量控制、运转方式自动控制、换气量控制等，满足车内乘员对空调舒适性的要求。

（2）节能控制 即压缩机运转工况的控制、换气量的最佳控制及随温度变化的换气切换、增大转入经济运行、根据车内外温度自动切断压缩机电源等的控制。

（3）故障诊断储存 空调系统发生故障，ECU 将故障部位用故障码的形式存储起来，在需要修理时能指示故障的部位。

（4）故障、安全警告 包括制冷剂不足警告、制冷压力高压或低压警告、离合器打滑警告、各种控制器件的故障判断警告，并对故障判断等警告，直到修复为止。

（5）显示 包括显示给定的温度、控制温度、控制方式、运转方式的状况及运转的时间等。

2. 微机控制的自动空调系统原理

微机控制的自动空调系统如图 5-9 所示，其由电子控制系统、配气系统和面板控制三部分组成。其中配气系统已在前面做过介绍，电子控制系统主要由传感器、ECU 和执行器三部分组成，ECU 可以接收和计算各种传感器输入的信号，根据环境的变化迅速发出信号，控制各执行器的动作。传感器信号主要有三种：一是驾驶人面板设定的温度信号和功能选择信号；二是车内温度传感器、车外温度传感器、阳光辐射传感器等各种传感器输入的信号；

三是空气混合风门的位置反馈信号。执行器信号有三种：一是向驱动各种风门的伺服电动机或真空驱动器输送的信号；二是控制鼓风机电动机转速的电压调节信号；三是控制压缩机开停信号。

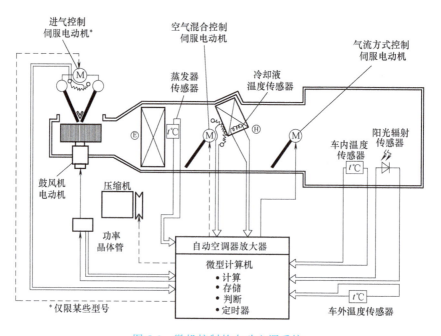

图 5-9　微机控制的自动空调系统

自动空调控制面板如图 5-10 所示，其由温度控制杆和各功能键组成，当按下自动（AUTO）设置开关时，微机控制空调系统根据乘员选定的温度和功能自动选择运行方式，达到所需要的温度。当然，根据汽车使用中的复杂情况，可用手动控制键取代自动调定。

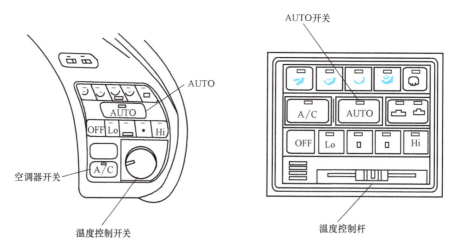

图 5-10　自动空调控制面板

微机自动空调的控制原理如下：

微机的控制是根据温度平衡方程式进行的。驾驶人输入设定的调温键电阻为 K，车内温

度传感器的电阻为 A，车外温度传感器的电阻为 B，吹出口温度传感器的电阻为 C，阳光照射、环境、节能修正量的温度传感器电阻为 D，则其温度平衡方程式为

$$K = A + B + C + D \tag{5-1}$$

微机根据上式进行计算、比较、判断，然后发出各类指令，使执行机构动作。

（1）送风量的控制　微机根据车内温度与设定的温度之间的偏差，对送风量进行连续、无级的调节。例如，冬季车外温度低，当加热器不能充分供暖时，自动控制机构中断送风；当加热器加热空气，车内温度上升至正常后，又开始送风。

（2）车外新鲜空气与车内循环空气的自动切换控制　例如，在炎热的夏季，车外温度较高，为迅速降低车内温度，可暂时关闭车外新鲜空气通道。当车内温度下降到一定值时，自动控制机构使车外新鲜空气与车内循环空气按一定比例混合输入。当需要除霜时，一般引入车外新鲜空气加热，由除霜风口送出。

（3）压缩机和加热器工作的控制　例如，车外温度低到10℃以下时，微机自动切断压缩机工作，引进外界空气到车内进行温度调节。当夏季车外温度高于30℃时，计算机会关闭热水阀，使鼓风机高速运行，增加送风量。当车外温度高于35℃时，便会切断车外空气，定期切换一次外气。

（4）空气混合风门的控制　对于使用容积可调式压缩机的制冷系统，当压缩机节能输出会引起蒸发器温度上升时，计算机会自动调节空气混合风门的位置，保持输出空气的温度不变。

5.2.2 新型微机控制的汽车空调控制系统

1. 控制面板

A/C 开关、调温（设定温度）开关、模式开关是空调系统必不可少的部分。微机控制空调的控制面板如图 5-11 所示，相应开关的功能见表 5-1。

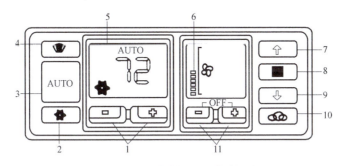

图 5-11　微机控制空调的控制面板

1—温度控制按钮　2—A/C 开关　3—自动模式按钮　4—除霜按钮　5—温度显示屏　6—鼓风机转速显示屏　7—将气流导向车窗的按钮　8—将气流导向驾驶室前排气口和中央控制台后部的按钮　9—将气流导向脚部的按钮　10—内外循环按钮　11—鼓风机调速按钮

表 5-1　微机控制空调主要开关的功能

序号	开关名称	开关功能
1	温度控制按钮	按动按键可在18~29℃范围内选定目标车内温度，并由温度显示屏显示
2	A/C 开关	按下 A/C 开关，将接通电磁离合器电路；反之断开电磁离合器电路，压缩机不工作

(续)

序号	开关名称	开 关 功 能
3	自动模式开关	一旦按下,压缩机、进气门、调温门、模式门、风机转速均由 ECU 自动控制。由系统将车内温度控制在操作者所选择设定的温度。一旦达到所选的车内温度,风机将以最低转速运转,万一温度变化,系统会自动改变风机转速及调温门的开启位置
4	除霜按钮	按下除霜开关,将模式门定于除雾位置,内外空气比例门会自动处于新鲜空气位置,外部空气在2℃以上时,压缩机才会起动
5	温度显示屏	显示驾驶人设定的温度,可进行摄氏与华氏温度转换
6	鼓风机转速显示屏	显示风机转速,单位:r/min
7~9	气流分配按钮	按下相应按钮,气流会按选定出口吹出:吹脸、吹脚、吹车窗除霜、双风口出风等。↑为气流导向车窗或吹脸;↓为气流导向脚部;■为双风口出风,即气流导向驾驶室前排气口和中央控制台后部
10	内外循环按钮	按下内外循环按钮,实现内外循环通风模式转换
11	鼓风机调速按钮	通过两个按钮调节风机转速,并由风机转速显示屏显示

2. 控制系统的基本组成

微机控制的空调系统主要由输入信号源、控制器、执行器三部分组成,如图5-12所示。

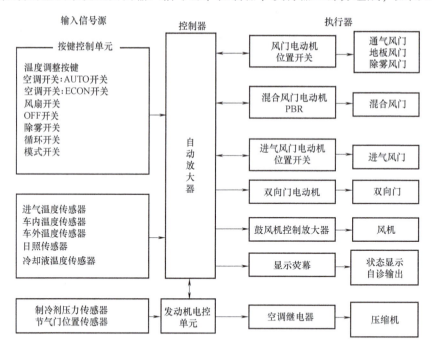

图 5-12 微机控制的空调系统组成

注:1. PBR 为电位平衡电阻器的简称,其功能是用来回授混合风门位置信号给自动放大器。
2. 位置开关的功能是回授风门(模式风门、进气风门)位置信号给自动放大器。

(1) 输入信号源 空调的输入信号主要来源于传感器,传感器主要包括车内温度传感器(装在仪表板下)、车外温度传感器(装在前保险杠下、散热器前或发动机舱车内空气进口处)、日照传感器(装在前风窗玻璃下、仪表板上)、蒸发器温度传感器、空气质量传感器等。

项目 5　汽车空调自动控制系统检修

主要输入信号的功用见表 5-2。

表 5-2　主要输入信号的功用

序号	输入信号	输入信号功用
1	车内温度传感器信号	①确定混合风门位置；②确定风机转速；③确定进气门位置；④确定各模式下各风门位置
2	车外温度传感器信号	①确定混合风门位置；②确定风机转速；③确定进气门位置；④确定各模式下各风门位置；⑤控制压缩机
3	日照传感器信号	①修正混合风门位置；②修正风机转速
4	蒸发器温度传感器信号	防止蒸发器结霜
5	出风口温度传感器信号	若出风口温度大于理论温度，则 ECU 修正混合风门位置，使出风更冷
6	车速信号	用来控制风机转速。车速越高，风机转速越低（噪声与恒温控制）；若接收不到车速信号，则风机肯定会转，但不随车速变化——无调节车内温度的功能（出风口温度、风机风量）
7	刮水器信号	雨天自动除霜雾。即 ECU 收到刮水器信号时，先吹脸 30min，再吹玻璃 30s；若 ECU 收不到刮水器开关信号，则不能自动除霜雾（驾驶人可在玻璃上有霜雾时手动除霜雾）
8	发动机转速传感器信号	①无发动机转速信号则发动机不能发动，压缩机不能工作；②发动机转速信号、压缩机转速信号共同检测压缩机传动带是否打滑，若打滑则应切断压缩机，防止传动带断裂
9	空气质量传感器信号	灰尘过大时，切断外循环空气。若空气质量传感器损坏，而车外尘土飞扬时，将无法切断外循环——即阻止不了外部带灰尘的空气进入

（2）空调 ECU　空调 ECU 是空调系统的核心，包括硬件系统和软件系统，空调 ECU 系统如图 5-13 所示。

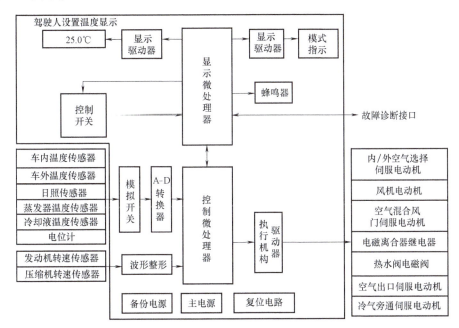

图 5-13　空调 ECU 系统

空调 ECU 接收人工设定数据及各种传感器传来的数据，进行存储、计算、分析、判断后，向各执行器发出相应指令，各执行器完成各自相应的工作，从而控制温度、湿度、风

147

速、风向等各种参数,实现空调的制冷、制热、通风、净化、去湿、除霜等功能。

(3) 执行器 空调的执行器包括风机电动机、压缩机电磁离合器、调温门电动机、进气门电动机、出风模式对应的风门电动机。各种警告灯(如制冷剂压力异常警告灯、冷却液温度异常警告灯)、故障诊断插口也属于执行器。主要执行器的功能见表5-3。

表5-3 空调主要执行器的功能

序号	执行器	功能
1	压缩机电磁离合器	实现发动机和压缩机的连接和切断。通则制冷,断则不制冷
2	调温门电动机	改变调温门的位置,从而改变出风口气流温度
3	进气门电动机	控制内外空气比例门的位置,从而控制进入车内新鲜空气的比例
4	风门电动机	控制出风门的开启组合,实现不同的出风方式
5	风机电动机	改变风机转速,从而实现热量交换所需的速度

3. 微机控制空调系统的控制原理

微机控制的自动空调系统主要包括温度控制、鼓风机转速控制、气流方式控制(出气控制)、进气模式控制、压缩机控制、自诊断功能等项目。

(1) 温度控制 微机控制的自动空调器的温度控制系统主要由车内温度传感器、车外温度传感器、阳光辐射传感器、蒸发器温度传感器、冷却液温度传感器、温度设定电阻器、自动空调控制ECU和空气混合控制伺服电动机。图5-14所示为温度控制原理,其中阳光辐射传感器采用光电二极管,其余四种温度传感器采用负温度系数热敏电阻。

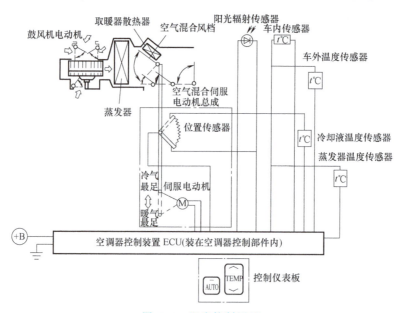

图5-14 温度控制原理

温度控制过程:用调温开关设定目标温度,并将功能开关置于"自动空调"位置;空调ECU根据车内温度传感器、环境温度传感器、冷却液温度传感器、蒸发器温度传感器、日照传感器、设定温度等输入的信号,决定调温门的位置和风机转速等参数,并向它们发出相应指令;调温门电动机根据ECU的信号指令,控制其阀门开度,从而改变空气流的温度。

各传感器不断将新的数据传输给ECU,ECU又发出新的指令,实现新的控制功能,直到车内温度达到设定温度时，ECU 停止该电动机的工作。

若温度设定在"最低"或"最高"，空调 ECU 将不参考传感器数值，而控制到最冷或最热；当温度设定在"最低"时，压缩机自动工作，出风模式处于正面出风位置，内外循环处于内循环状态，风机电动机转速最高，冷暖空气混合控制阀门处于关闭位置；当温度设定在"最高"时，压缩机不工作，出风模式处于下面出风位置，内外循环处于外循环状态，冷暖空气混合控制阀门处于打开位置。

（2）鼓风机转速控制　空调系统的鼓风机转速控制具有自动控制与手动控制两种模式。

1）手动控制转速。将风机转速开关置于手动模式时，风机完全按照驾驶人的意愿进行工作。

鼓风机开关置于"低速"：空调 ECU 令 1 号与 2 号端子相通，1 号继电器吸合。风机电流方向：电源正极→1 号继电器→电动机→电阻 R_1→搭铁。此时，由于风机电路串入专门电阻 R_1，因此只能低速运转（图 5-15）。

鼓风机开关置于"中速"：空调 ECU 令 1 号与 2 号端子相通，2 号继电器吸合；ECU 端子 4 间歇性地向功率管的 4 号端子输入控制电流，使 VT_1、VT_2 间歇性导通。风机电流方向：电源正极→1 号继电器→电动机，然后分为两路，一路经 R_1 搭铁，另一路间歇性地经功率管的 2 和 3 端子搭铁。此时鼓风机中速运转。

鼓风机开关置于"高速"：空调 ECU 令 1 号与 2 号端子相通，1 号继电器吸合；ECU 令端子 5 和 2 相通，2 号

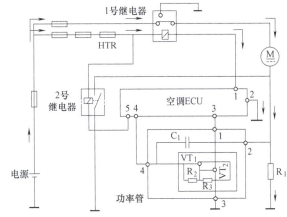

图 5-15　鼓风机转速基本控制电路

继电器吸合。风机电流方向：电源正极→1 号继电器→电动机→2 号继电器→搭铁。风机高速运转。

2）自动控制转速。鼓风机转速自动控制。自动空调系统处于"AUTO"模式时，空调 ECU 根据车内温度、车外温度、设定温度等，自动控制风机转速（无级变速）。一般来说，室内温度与设定温度之差越大，风机转速就越高。

鼓风机（转速）极速控制。在有些车型中，当设定温度为最低（18℃）或最高（32℃）时，鼓风机会固定于最高转速运行。

鼓风机起动控制。风机在起动时，工作电流会比稳定工作时大得多，为了防止烧坏鼓风机控制模组，不论鼓风机目标转速是多少，在鼓风机起动时都为低速运转，然后才逐步升高，直到达到理想的转速，整个过程大约需要 5s。

预冷时滞控制。夏天，车辆长时间停放在炎热的太阳下，若马上打开鼓风机，则此时吹出的是热风而不是冷风。因此，鼓风机不能立刻工作，而是应滞后一段时间工作。即空调系统处于"AUTO"模式时，若室外环境温度高于 30℃，则空调 ECU 控制鼓风机电动机低速运转，且出风模式选择在除霜（DEF）模式，工作 5s 后，切换至正常控制模式。

预热时滞控制。冬天，车辆长时间在室外停放后，若立刻打开鼓风机，则此时吹出的是

冷风而不是暖风。因此鼓风机要在冷却液温度升高时，才能逐步转向正常工作。即空调系统处于"AUTO"模式时，若室外环境温度低于15℃，则空调ECU控制鼓风机电动机低速运转，且出风模式选择在除霜（DEF）模式，直至发动机冷却液温度高于20℃，鼓风机电动机才正常工作。

鼓风机电动机最高转速延迟。当鼓风机电动机转速调节到最大时，全自动空调ECU将使风机电动机转速升至最大的时间延迟，约为8s。

阳光补偿。在空调系统处于"AUTO"模式时，全自动空调ECU会根据日照传感器信号，自动调整风机转速和调温门电动机，修正温度控制。

车速补偿。在车速高时，风机的转速可适当降低，以补偿散热的影响（使空调效果与低速时相同）。

除霜补偿。空调系统处于"AUTO"模式时，若手动选择除霜（DEF）模式，则全自动空调ECU将在3s内使风机电动机工作电压增大，以提高风机转速，但风机电动机工作电压最大不超过10V。

（3）进气模式控制（内外循环气流控制）　此控制有手动与自动两种操作模式。

1）手动模式时，进气门只有两种位置：内循环与外循环气流。

2）自动模式时，进气门有三种位置：内循环、外循环、20%新鲜空气。空调ECU根据室内温度、环境温度、设定温度，自动调节进气门的位置。若室内温度为35℃，则进气门处于内循环位置；若室内温度为30℃，则进气门处于20%新鲜空气；若室内温度处于25℃，则进气门处于外循环位置。

当AUTO开关接通，通过调温开关设定好目标温度时，空调ECU根据输入信号（车内温度传感器、环境温度传感器、冷却液温度传感器、蒸发器温度传感器、日照传感器、目标温度等输入的信号），决定内外气比例，并控制内外气比例门电动机工作，控制内外气比例。若模式开关设定在DEF模式，则ECU迫使空调引入新鲜空气。

当从外循环切换至内循环时，风机电动机工作电压将降低1~2V，并保持为4.9~10V；当从内循环切换至外循环时，风机电动机工作电压将升高1~2V，并保持为4.9~10V。

在系统处于"AUTO"模式时，空调系统首先进入内循环。为了防止废气进入车内，内外循环模式将根据车速自动切换。内外循环模式自动切换的条件为内外循环模式处于"AUTO"控制模式，且空调系统处于正常工作状态。

车速持续10s低于10km/h或车辆停止时，系统自动切换至内循环模式，同时自动内外循环切换功能将被中止10min。

（4）出风模式控制　出风模式有手动控制与自动控制两种模式。

当AUTO开关断开时，ECU根据手动开关的位置，调整出风模式。出风模式有五种：吹脸、双层、吹脚、吹脚/除霜、除霜。何处出风，完全取决于手动操作的档位。

当AUTO开关接通时，控制过程：通过调温开关设定好目标温度；空调ECU根据输入信号（车内温度传感器、环境温度传感器、冷却液温度传感器、蒸发器温度传感器、日照传感器、目标温度等输入的信号）决定风机转速和出风方式。在自动模式中，出风模式一般只有三种：吹脸、吹脚、双层。空调ECU根据室内温度、环境温度、设定温度，自动调节出风模式。车内温度为30℃时，出风模式为"吹脸"；车内温度为20℃时，出风模式为"双层"；车内温度为15℃时，出风模式为"吹脚"。

项目 5 汽车空调自动控制系统检修

（5）压缩机控制　自动空调压缩机的控制信号见表 5-4。

表 5-4　自动压缩机的控制信号

序号	信号名称	说明
1	发动机冷却液温度开关或传感器信号	别克、捷达前卫等汽车,拔下冷却液温度传感器后,空调不工作
2	风机开关信号	按下"风机开关",空调系统才能工作
3	A/C 开关信号	按下"A/C"开关,空调制冷系统才能工作
4	蒸发器温度传感器或温控开关信号	用于膨胀阀型制冷系统
5	压力循环开关信号	安装在低压管上,用于节流管式制冷系统
6	压力开关信号	安装在高压管上,为常闭式开关,可防止制冷系统高压过高使机件胀裂
7	发动机转速传感器信号	高速或低速大负荷时,切断空调
8	压缩机转速传感器信号	防止传动带断裂
9	节气门全开信号	发动机急加速时切断空调

压缩机的基本控制：空调 ECU 根据室内温度、环境温度、设定温度，自动决定压缩机是否工作。

环境低温保护：在环境温度低于某一数值（如 3℃、5℃、8℃、10℃、15℃）时，压缩机不工作。

高速控制：在发动机转速超过某一转速时，压缩机不工作，以保护压缩机。

5.3　典型汽车空调控制系统

5.3.1　雷克萨斯 LS400 空调控制系统

雷克萨斯 LS400 型空调装置是智能化程度比较高的轿车全自动空调控制系统。它的控制功能完备，性能优良，操作使用方便，空气调节效果好。整个系统自成体系，并且具有自诊断功能。其电路如图 5-16 所示。

该空调的电子控制系统由传感器、控制器（ECU）和执行器三部分组成，系统结构与工作原理如下：

传感器包括车内温度传感器、车外温度传感器、蒸发器温度传感器、阳光辐射传感器、冷却液温度传感器、压缩机锁止传感器。

空调控制器（ECU）对输入的各种信号进行计算、分析、比较，然后发出指令，接通所需的电路并指示伺服电动机转动，按照功能键的输入指令，打开所需的出风口风门、调节出风温度；按照输入的预设温度，控制调温门的位置；按照输入气源门的空气来源，指示气源门电动伺服电动机工作等。

执行器主要包括控制伺服电动机、鼓风机及压缩机磁吸线圈等。主要功能如下：

1. 温度控制

雷克萨斯 LS400 轿车空调 ECU 控制的自动空调器的温度控制系统的基本组成包括车内温度传感器、车外温度传感器、阳光辐射传感器、蒸发器温度传感器、冷却液温度传感器、温度设定电阻器、自动空调控制 ECU 和空气混合控制伺服电动机。温度控制的系统组成如图 5-17 所示。

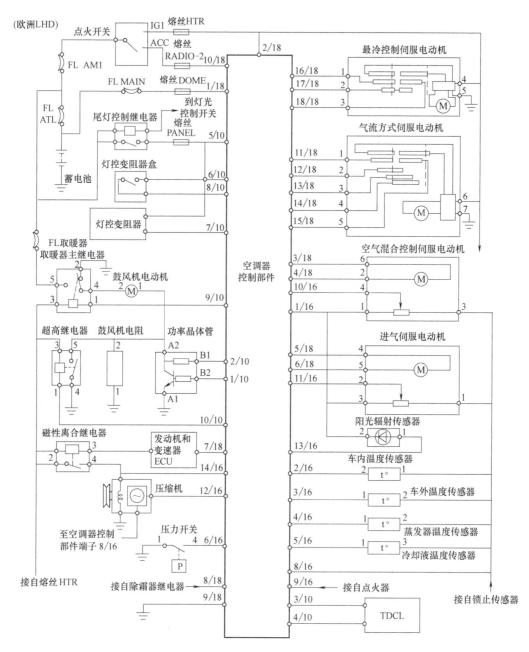

图 5-16 雷克萨斯 LS400 轿车空调系统电路

空气混合控制伺服电动机连杆转动位置及电动机内部电路如图 5-18 所示。

当进行温度控制时，空调 ECU 首先根据驾驶人设置的温度及各传感器输送的信号，计算出所需要的出风温度，并控制空气混合控制伺服电动机连杆顺时针或逆时针转动，改变空气混合挡风板的开启角度，从而改变冷、暖空气的混合比例，调节出风温度与计算值相符。电动机内电位器的作用是向空调 ECU 输送空气混合挡风板的位置信号。

最冷控制伺服电动机的挡风板位置及内部电路如图 5-19 所示。

项目 5　汽车空调自动控制系统检修

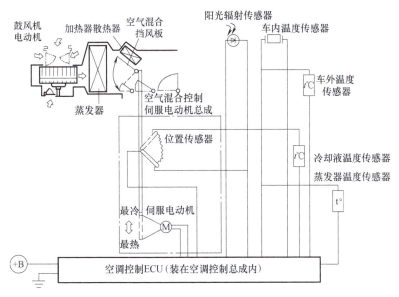

图 5-17　温度控制系统

由图 5-19a 可知，该电动机的挡风板具有全开、半开和全闭三个位置。当空调 ECU 使某个位置的端子接地时，电动机驱动电路使电动机旋转，带动最冷控制伺服电动机的挡风板位于相应位置上。

2. 鼓风机转速控制

雷克萨斯 LS400 轿车空调 ECU 进行鼓风机转速控制的系统组成如图 5-20 所示。

图 5-21a 所示为鼓风机转速控制电路工作原理。当按下"低速"键时，空调 ECU 的 1 端与 2 端导通，加热器主继电器吸合，电流流经电动机及一个电阻器后接地，鼓风机电动机以低速旋转。当按下"中速"键时，空调 ECU 的 1 端与 2 端导通，加热器主继电器吸合，同时空调 ECU 端子 4 间歇性地向空调功率晶体管端子 6（基极）输入控制电流，使它间歇性导通，这样，鼓风机控制电流流经电动机后，可以间歇性地经空调功率晶体管端子 7 和端子 9 接地。鼓风机转速取决于空调功率晶体管的导通时间。当按下"高速"键时，空调 ECU 的 5

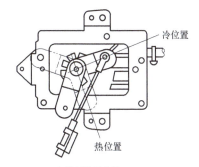

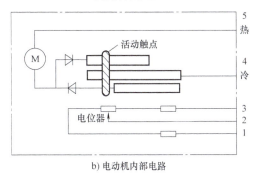

图 5-18　空气混合控制伺服电动机连杆转动位置及电动机内部电路

端与 2 端导通，极高速继电器吸合，鼓风机控制电流经电动机和极高速继电器触点后接地，电动机以高速旋转。

当按下"自动控制"键时，空调 ECU 根据 T_{AO} 值自动调整鼓风机转速。若水温传感器

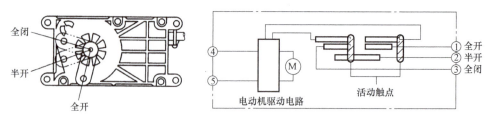

a) 挡风板位置   b) 内部电路

图 5-19　最冷控制伺服电动机的挡风板位置及内部电路

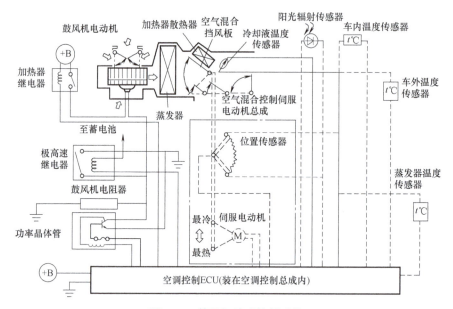

图 5-20　鼓风机转速控制系统

检测到水温低于 40℃，ECU 控制鼓风机停止。

图 5-21b 为鼓风机转速控制电路图。

3. 气流方式控制

雷克萨斯 LS400 轿车空调 ECU 控制的气流方式控制主要包括进风方式控制和送风方式控制。系统组成如图 5-22 所示。

（1）进风方式控制　当按下某个进风方式键时，空调 ECU 控制进风伺服电动机转动，将进风挡风板固定在"外循环"或"内循环"位置上。当按下"自动控制"键时，空调 ECU 根据 T_{AO} 值，在上述两种方式之间交替自动改变送风方式。

进风控制伺服电动机控制送风方式，电动机的转子经连杆与进风挡风板相连，如图 5-23 所示。当驾驶人使用送风方式控制键选择"外循环"或"内循环"模式时，空调 ECU 即控制进风伺服电动机带动连杆顺时针或逆时针旋转，从而带动进风挡风板闭合或开启，达到改变送风方式的目的。该伺服电动机内装有一个电位器，随电动机转动，并向空调 ECU 反馈电动机活动触点的位置情况。

进风控制伺服电动机与空调 ECU 的连接电路如图 5-24 所示。

项目5 汽车空调自动控制系统检修

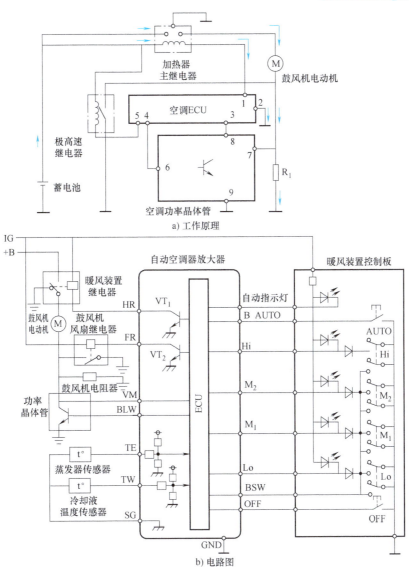

a) 工作原理

b) 电路图

图 5-21 鼓风机转速控制电路

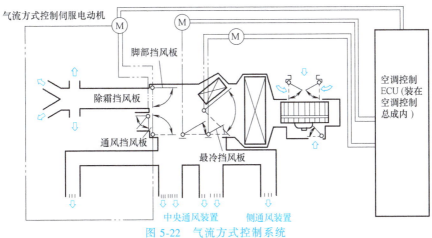

图 5-22 气流方式控制系统

当按下"外循环"键时,电流流向为:空调ECU端子5→伺服电动机端子4→触点B→活动触点→触点A→电动机→伺服电动机端子5→空调ECU端子6→空调ECU端子9搭铁。此时伺服电动机转动,带动活动触点、电位器触点及进风挡风板移动或旋转,新鲜空气通道开启。当活动触点与触点4脱开时,电动机停止转动,送风方式被设定在"外循环"状态,车外空气被吸入车内。

图5-23 进风控制伺服电动机

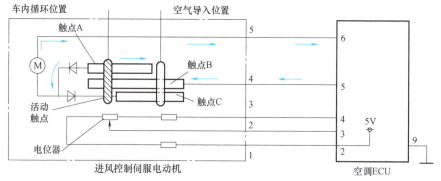

图5-24 进风控制伺服电动机与空调ECU的连接电路

当按下"内循环"键时,电流流向为:空调ECU端子6→伺服电动机端子5→电动机→触点C→活动触点→触点B→伺服电动机端子4→空气ECU端子5→空气ECU端子9搭铁。于是电动机带动活动触点、电位器触点及进风挡风板向反方向移动或旋转,关闭新鲜空气入口,同时打开内循环通道,使空气内循环流动。

当按下"自动控制"键时,空调ECU首先计算出所需要的出风温度,并根据计算结果自动改变进风控制伺服电动机的转动方向,从而实现进风方式的自动调节。

(2)送风方式控制 送风方式主要有吹脸(FACE)、吹脸脚(BI-LEVEL)和吹脚(FOOT)等模式。送风方式控制系统主要由面板功能控制开关ECU、气流方式控制伺服电动机及各类温度传感器等组成。ECU根据T_{AO}值自动控制出气方式。送风模式门控制系统包括自动控制单元、模式门电动机、空气混合门位置(PBR)、车内温度传感器、车外温度传感器、阳光辐射传感器、进气温度传感器,如图5-25所示。

当按下某个送风方式控制键时,空调ECU控制送风方式伺服电动机动作,将送风方式固定在相应状态上。当进行自动控制时,空调ECU根据求得的T_{AO}值,按图5-26所示关系曲线规律自动调节送风方式。当T_{AO}值非常小时,最冷控制挡风板完全开启,增加送风量。

送风方式控制伺服电动机连杆(挡风板)的位置及电动机内部电路如图5-27所示。

当按下操纵面板上某个送风方式键时,空调ECU即使电动机上的相应端子接地,而电动机内的驱动电路随之使电动机连杆转动,将送风控制挡风板转到相应的位置上,打开某个送风通道。

当按下"自动控制"键时,空调ECU根据计算送风温度,在吹脸,吹脸、吹脚,吹脚三者之间自动改变送风方式。

项目5 汽车空调自动控制系统检修

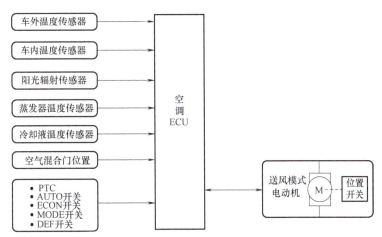

图 5-25 送风模式门控制系统组成

4. 压缩机工作控制

同时按下"空调（A/C）"键和"鼓风机"键，或按下"自动控制"键，电磁离合器吸合，压缩机开始工作。

压缩机控制电路如图 5-28 所示，其工作过程为：首先空调 ECU 的 MGC 端向发动机 ECU 发出压缩机工作信号，发动机 ECU 的 A/C MG 端随即通过内部晶体管接地，使空调电磁离合器继电器吸合，电流流入压缩机电磁离合器，压缩机运转。与此同时，电流也加到空调 ECU 的 A/C IN 端，向空调 ECU 反馈压缩机工作信号。

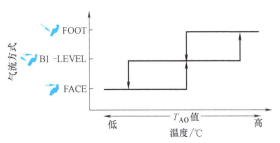

图 5-26 送风模式和送风温度关系曲线

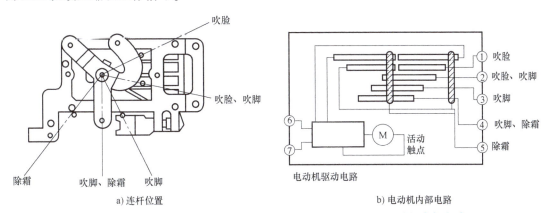

a) 连杆位置   b) 电动机内部电路

图 5-27 送风方式控制伺服电动机连杆（挡风板）位置及电动机内部电路

进行自动控制时，当环境温度或蒸发器温度降至一定值以下，空调 ECU 将控制压缩机间歇工作，即电磁离合器交替导通与断开，以节约能源。

空调装置工作时，空调 ECU 同时从发动机点火器及压缩机锁止传感器采集发动机与压缩机转速信号，并进行比较。若两种转速信号的偏差率连续 3s 超过 80%，ECU 则判断压缩

汽车空调故障诊断与维修

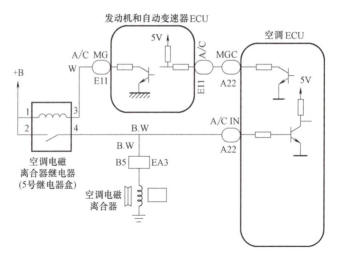

图 5-28　压缩机控制电路

机锁死，从而立即与电磁离合器脱开，防止空调装置进一步损坏，并使操纵面板上的 A/C 指示灯闪烁，以提示驾驶员人。

5.3.2　日产风度 A32 空调控制系统

1. 空调系统的电路

日产风度 A32 轿车空调系统的电路如图 5-29 所示，该空调系统采用了局域网技术，连接线路少了很多，但总体功能却没有减少，使用维护更加方便。

2. 自动空调系统控制原理

日产风度 A32 车系所配置的空调系统全面采用 LAN 控制技术。LAN 的英文全称是 Local Area Network，其字面含义为局域网络，在汽车空调系统中，域指该空调系统采用汽车局部网络通信技术传递数据信号，再由各个局部控制单元（LCU）接收、识别指令和发出反馈信号来控制整个系统的工作。这种全新的控制理念和工作模式，使空调的控制效果更具现代意义，也是汽车控制系统更新的趋势。

日产风度 A32 空调 LAN 系统工作原理如图 5-30 所示。

在 LAN 系统中，空调放大器与空气混合门电动机、模式门电动机之间建有一个小型的网络，它们之间通过数据传输线路和电动机供电线路连接在一起。工作过程为：空调放大器接收来自各个传感器的信号和工作指令，并利用 LAN 网络安装在执行器中的 PBR（位置传感器）反馈信号，将调节空气参数的指令，即空气混合门和模式门开启角度数据发送到空气混合门电动机 LCU 和模式门电动机 LCU，完成指定工作。

其中置于空气混合门电动机和模式门电动机中的 LCU 具有下列功能：地址；电动机开启角度信号；数据传输；电动机停止和转动指令；开启角度传感器（PBR 功能）；比较；指令（自动放大器的指令值与电动机开启角度比较）。

它与普通控制系统的根本区别在于，执行器接收指令动作后，将完成指令的工况反馈到系统控制器中与发送信号进行比较，如果存在执行误差，控制器将根据 PBR 的参数及时修正，直至达到设定值，因此提高了空调控制的精确度和效率。

项目 5 汽车空调自动控制系统检修

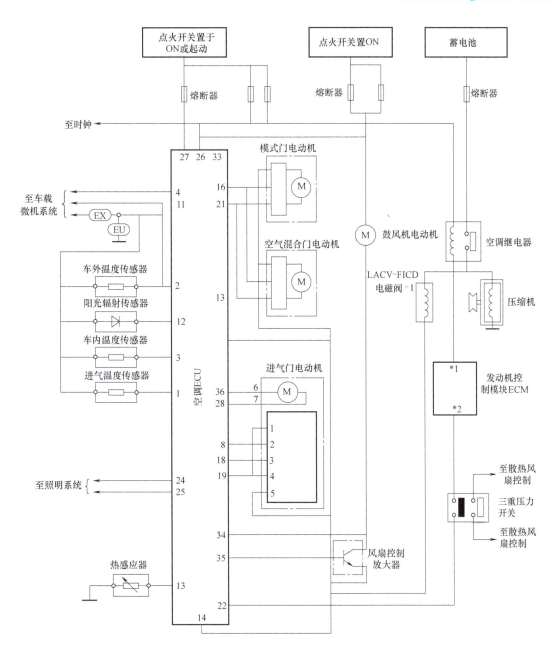

图 5-29 日产风度 A32 轿车空调系统的电路

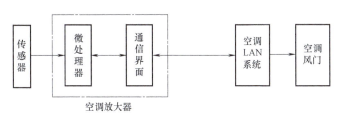

图 5-30 日产风度 A32 空调 LAN 系统工作原理

3. 日产风度 A32 空调控制系统的组成

日产风度 A32 空调控制系统由输入传感器及设定开关、空调放大器（微处理器）和执行器组成。这些部件之间的关系如图 5-31 所示。

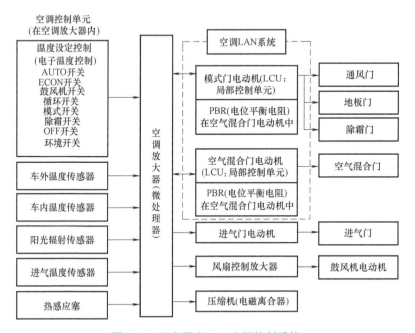

图 5-31 日产风度 A32 空调控制系统

4. 空调系统的工作原理分析

（1）温度和气流模式控制

1）系统组成。空气混合门、模式门控制系统包括空调放大器、空气混合门电动机、模式门电动机（LCU：局部控制单元）、车内温度传感器、车外温度传感器、阳光辐射传感器、进气温度传感器等，如图 5-32 所示。

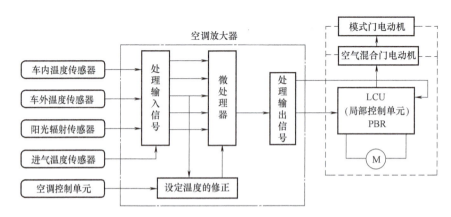

图 5-32 空气混合门、模式门控制系统组成

2）系统工作过程。空调放大器接收来自各个传感器的数据。放大器把空气混合门和模式门开启角度数据发送到空气混合门和模式门电动机 LCU。空气混合门和模式门电动机根

项目5 汽车空调自动控制系统检修

据地址分别接收各自的信号。来自空调放大器及各电动机位置传感器的开启角度指令信号，与当前的指令和开启角度在 LCU 中进行比较，然后选择热风/冷风或除霜/通风动作。新选择的数据返回到空调放大器内。

3) 进气模式控制。

① 组成。进气门控制系统包括空调放大器、进气门电动机、PBR、车内温度传感器、车外温度传感器、阳光辐射传感器、进气温度传感器等，如图5-33所示。

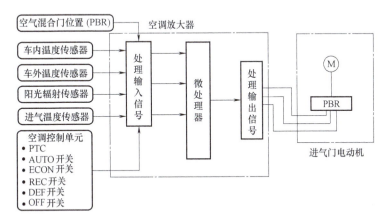

图 5-33　进气门控制系统组成

② 系统工作过程。根据车外温度、车内温度和进气温度，进气门控制系统决定进气门的位置。当按下"ECON""DEF"或"OFF"键时，空调放大器将进气门设定在"FRESH"（新鲜空气）的位置。

(2) 鼓风机转速控制

1) 系统组成。鼓风机转速控制系统包括 PBR、车内温度传感器、车外温度传感器、阳光辐射传感器、进气温度传感器、热感应塞、空调放大器、风扇控制放大器等，如图5-34所示。

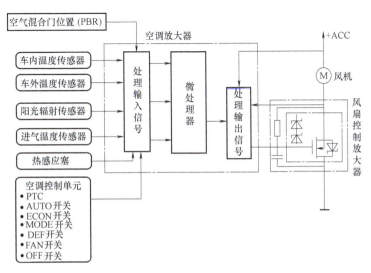

图 5-34　鼓风机转速控制系统组成

2）系统工作过程。根据车外温度传感器和控制模式的要求，经过空调放大器分析比较，输出信号使风扇控制放大器调节转速，以适应系统工作的需要。

3）自动模式。在自动模式中，根据 PBR、车内温度传感器、阳光辐射传感器和车外温度传感器的输入信号，空调放大器计算出鼓风机的转速。鼓风机电动机的工作电压范围在 4.5V（最低转速）与 12V（最高转速）之间。为控制鼓风机的转速，空调放大器向风扇控制放大器输出一个信号（在 2.5~9V 的范围内）。根据这个信号，风扇控制放大器控制鼓风机电动机的电流。

4）鼓风机风扇起动速度控制。

① 从冷机状态起动（自动模式）。在发动机冷却液温度低于 50℃，冷起动发动机时，鼓风机将在短时间（最长 150s）内不工作。具体的起动延迟时间根据环境和发动机冷却液温度确定。在极端情况下（环境温度极低），鼓风机延迟起动 150s。延迟结束后，鼓风机低速运转直到发动机冷却液温度升至 50℃ 以上，然后鼓风机转速逐渐升高到目标转速。

② 从正常状态或暖机状态起动（自动模式）。按下"AUTO"键，鼓风机即开始工作。鼓风机转速逐渐升高，5s 或更短时间后（具体时间取决于鼓风机的目标转速）达到目标转速。

5）鼓风机转速补偿。当车内温度和设定温度很接近时，鼓风机低速运转，转速随阳光辐射的强弱而变化。阳光很强时，鼓风机以"一般"的低速运转；阳光弱时，鼓风机转速降到"更低"的低速。

6）风扇控制放大器。风扇控制放大器位于冷气单元内，风扇控制放大器接收空调放大器输出的门电压，并在 5~12V 范围内无级调节鼓风机电动机电压。

（3）压缩机控制　根据节气门位置传感器和空调放大器的输入信号，发动机控制模块 ECM 控制压缩机的动作。压缩机电磁离合器控制工作过程如图 5-35 所示。

1）低温保护控制。根据车外温度传感器的信号，空调放大器决定压缩机的起动或关闭，当环境温度低于 -1℃ 时，压缩机关闭。

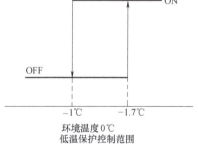

图 5-35　压缩机电磁离合器控制工作过程

2）切断控制。根据节气门位置传感器的信号，ECM 决定压缩机的起动或关闭。

5.4　电动汽车空调控制系统

5.4.1　电动汽车空调的结构

1. 电动空调压缩机

电动空调压缩机是通过小型变频器驱动的交流电动机带动运转的。压缩机的变频器可以整合到压缩机组件中，或者并入车辆的主变频器组件等部件中。电动空调压缩机将电动机整合到空调压缩机室中后，压缩机并非由离合器控制，而是通过改变电动机转速来改变压缩机的输出功率。影响压缩机输出功率的因素包括蒸发器温度、车内温度、车外温度及目标蒸发器温度等。

电动空调压缩机通过系统制冷剂在电动机周围或附近循环运动而对电动机进行冷却。由于空调系统的冷冻机油悬浮在制冷剂中，因此，冷冻机油不可以导电。常规的冷冻机油会污染系统，可能导致汽车车载诊断系统出现高压电接地的故障。此时，空调系统难以彻底清除污染油，可能需要更换整个部件。

图5-36所示为比亚迪e5制冷系统采用的电动压缩机，其额定功率2kW，安装在机舱左侧，固定在变速器上。系统工作时，高压压力为2~3MPa，低压压力为0.5~1MPa。

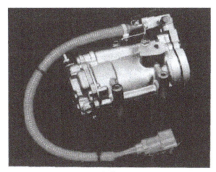
a) 实物

b) 安装位置

图5-36　电动汽车压缩机

电动汽车压缩机一般采用涡旋式压缩机，其外部连接如图5-37a所示，内部涡旋结构如图5-37b所示，工作过程如图5-37c所示。由于电动机同轴驱动压缩机，可通过调节电动机转速改变压缩机转速，实现空调压缩机排量及制冷量的灵活控制。

涡旋式压缩机包括一个定涡盘和一个动涡盘，这两个相互啮合的涡盘，其线型是相同的，它们相互错开180°安装在一起，即相位角相差180°。定涡盘固定在机架上，动涡盘由电动机直接驱动。动涡盘是不能自转的，只能围绕定涡盘做回转半径很小的公转运动。当驱动电动机旋转带动动涡盘公转时，制冷气体通过滤芯吸入定涡盘的外围部分，随着驱动轴的旋转，动涡盘在定涡盘内按轨迹运转，使动涡盘与定涡盘之间形成由外向内体积逐渐缩小的腔体，制冷气体在动涡盘与定涡盘所组成的月牙形压缩腔内被逐步压缩，最后通过阀片从定涡盘中心孔将被压缩后的制冷气体连续排出。

涡旋式压缩机在主轴旋转一周的时间内，其吸气、压缩、排气三个工作过程是同时进行，外侧空间与吸气口相通，始终处于吸气过程，内侧空间与排气口相通，始终处于排气过程。

2. 三相永磁同步电动机

驱动电动汽车空调压缩机运转的是三相永磁同步电动机，而应向空调三相永磁同步电动机供三相高压交流电。电动汽车的电池只能提供直流电，为此必须使用变频器将电池直流电转换为交流电，由变频器产生供向空调压缩机和三相永磁同步电动机的交流电源。

1) 三相永磁同步电动机的工作原理。三相永磁同步电动机主要由定子与转子组成，利用通电的定子绕组产生旋转磁场，作用于永磁转子上形成磁拉力而同步旋转。电动机定子通入三相对称交流电，从而在定子与转子的气隙间产生旋转磁场，不论定子旋转磁场与永磁转子起始时相对位置如何，定子的旋转磁极与转子的磁极间，总是会产生磁力拖动转子同步旋

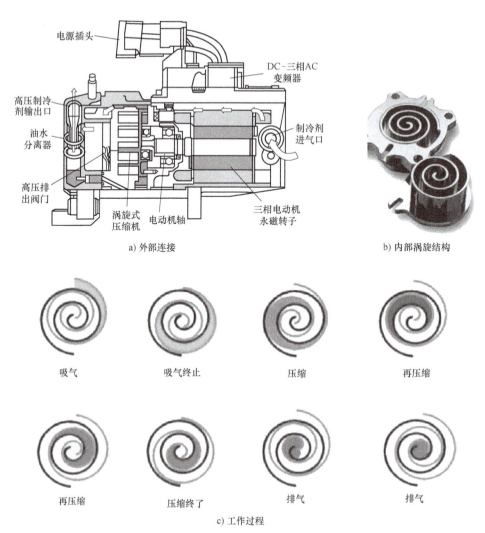

图 5-37 涡旋式电动压缩机

转。由于转子有磁极,在极低的供电频率下也能旋转运行,所以比异步电动机的调速范围更大。

永磁同步电动机转子同步转速计算公式为

$$n = 60f_s/p_n$$

式中,n 为电动机转子的同步转速;f_s 为定子线圈的供电频率;p_n 为电动机转子的磁极对数。

三相永磁同步电动机的工作原理如图 5-38 所示,中部圆圈表示永磁转子,永磁体按 N、S 磁极沿圆周径向交替排列,外部三个小线圈表示定子上输入的对称三相正弦波交流电,产生的旋转磁场与永磁转子相互作用拖动转子同步旋转,并力图使定子与转子的轴线对齐。图 5-38 中 n_0 为电动机的同步转速、T 为转矩、θ 为功率角。

空调三相永磁同步电动机转子虽能与定子的旋转磁场同步运行,但当转子有负荷阻力时,电动机转子与定子的磁场轴线间将形成角差。功率角 θ 表示转子与定子磁场轴线间的夹角，负荷越大，功率角 θ 也越大。功率角虽不影响转子的同步运转，但当负荷阻力超大时，功率角将造成转子失速停转。由于汽车空调具有中小负荷起动与运行特性，不易使电动机转子停转，这种永磁同步电动机适合驱动空调。

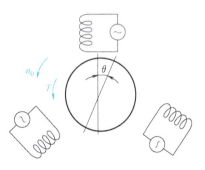

图 5-38 三相永磁同步电动机的工作原理

2）变频器的工作原理。电动汽车空调的三相永磁同步电动机的定子需要通入三相交流电，但电动汽车上只有高压直流电池，所以需要变频器将直流电转化为交流电。电动空调的变频器使用了 6 个绝缘栅双极型晶体管（IGBT），IGBT 属于电压控制类器件，其特点是栅极的驱动功率小而饱和压降低。IGBT 的导通或截止受控于栅极电压。

当 6 个 IGBT 的栅极按一定规律轮流加上占空比脉冲调制控制电压时，就会让电池的直流高压电流经过变频器，在输出端形成三相正弦交流电，利于三相永磁同步电动机平稳运转产生的转矩以驱动空调压缩机。图 5-39 中与 IGBT 并联的二极管是电动机三相绕组的续流二极管，起保护 IGBT 的作用。

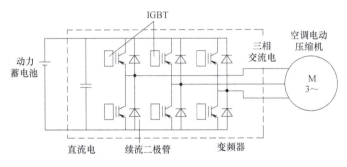

图 5-39 变频器的工作原理

3）调节制冷剂的排量。通过控制三相永磁同步电动机定子各相绕组的通电频率及电流大小，可以高精度调节电动机转子的转速与转矩，并能直接控制压缩机的转速，调节制冷剂的排量，以适合汽车运行对空调系统的要求。图 5-40 所示为输入电动机的三相交流电的波形，三相交流电的频率高时，驱动电动机的转速大，电压大，电动机的驱动转矩也大。

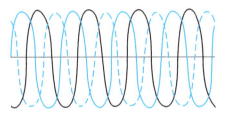

a）频率高、转速大、电压大、转矩大　　b）频率低、转速小、电压小、转矩小

图 5-40 输入电动机的三相交流电的波形

3. PTC 水加热器

图 5-41 所示为比亚迪 e5 暖风系统采用的 PTC（正温度系数）水加热器,其额定功率 6kW,PTC 水加热器加热冷却液后供给暖风芯体。

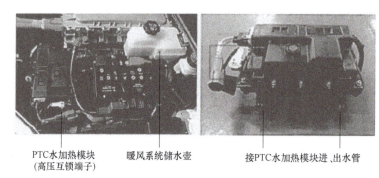

图 5-41　PTC 水加热器

该 PTC 水加热器自带水温传感器、高压互锁装置、IGBT 温度传感器、电压采集装置、电流采集装置及对应的自动保护程序。

4. 空调控制器

如图 5-42 所示,空调控制器是新能源汽车空调系统(包括制冷、采暖)的控制中心,比亚迪 e5 空调控制器安装在蒸发箱底部。空调控制器在整车 CAN 网络中属于舒适网,但它与电动压缩机模块、PTC 模块组成了空调子网。

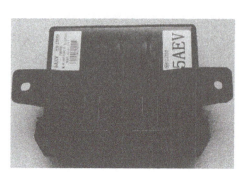
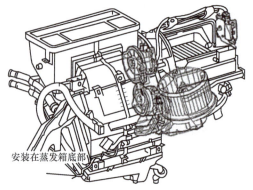

a) 比亚迪e5空调控制器　　　　b) 空调控制器安装位置

图 5-42　空调控制器及安装位置

5.4.2　电动汽车空调的控制原理

北汽 EV160 纯电动汽车空调系统的控制原理如图 5-43 所示,整车控制器 VCU 采集空调 A/C 开关信号、空调压力开关信号、蒸发器温度信号、风速信号及车外温度信号等,经过运算处理形成控制信号,通过 CAN 总线传输给空调控制器,由空调控制器控制空调压缩机高压电路的通断。

空调继电器控制压缩机 12V 低压电源,低压电源电压是空调压缩机控制器的通信信号传输及控制功能得以正常运行的可靠保证。空调电动压缩机电路原理如图 5-44 所示。整车

项目5 汽车空调自动控制系统检修

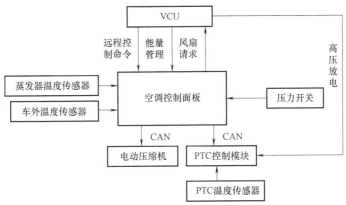

图 5-43 电动汽车空调系统的控制原理

控制器 VCU 通过数据总线"CAN-H、CAN-L"与空调压缩机控制器相连接,再由压缩机控制器控制空调压缩机的高压电源线"DC+"与"DC-"的通断。高压互锁信号线在高压上电前确保整个高压系统的完整性,使高压电处于一个封闭的环境下工作,提高安全性。空调压缩机的高压线束与低压线束相互独立,线束插接器如图 5-45 所示,其中高压端子 B 与 DC+对应,为高压电源正极,A 与 DC-对应,为高压电源负极。线束各个端子的定义见表 5-5。

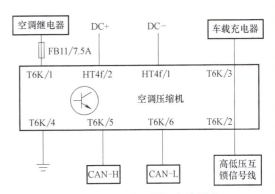

图 5-44 空调电动压缩机电路原理

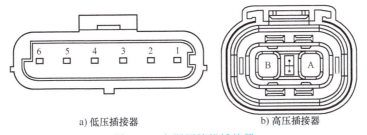

a) 低压插接器　　　　b) 高压插接器

图 5-45 空调压缩机插接器

表 5-5 端子定义

接插器	端子	定义	备注
高压两针脚(动力接口)	A	高压正	控制器与动力蓄电池连接
	B	高压负	
低压六针脚(控制信号接口)	1	12V 正极	
	2	空调开关信号输入	高电平或悬空为关闭(OFF),低电平或接地为开启(ON) 高电平输入范围:5～15V,15mA 低电平输入范围:0～0.8V,15mA
	3	空调调速信号输入	信号形式为 400Hz PWM 占空比信号。电压为 0～15V;高电平 5～15V,15mA;低电平 0～0.8V
	4	12V 负极	
	5	CAN-H 接口	
	6	CAN-L 接口	

另外,电动压缩机是否允许开启由电池管理系统(BMS)根据整车动力蓄电池的电量情况及空调控制器判断。当整车动力蓄电池电量足够时,开启空调制冷,电动压缩机工作。

能力提升训练

5-1 汽车空调电控单元检修作业

(1)查找端子 根据电路图找到电磁离合器控制线圈与ECU的连接端,以及ECU的搭铁端,找到端子后用彩色笔做好标记。

(2)查找晶体管 用数字万用表的测量通断档,从确定的空调控制端子一点点沿着ECU的印制电路向内查找,直至找到某个晶体管或晶体管排。

(3)确定管脚 以NPN型为例,查到印制电路所对应的管脚即晶体管的集电极,其旁边较细的印制线便是晶体管的基极,但是需要进一步确认是左边的一根还是右边的一根。确认方法如下:将空调操作面板设置在空调制冷运转状态,将万用表连接到要确认的一根基极线上,打开A/C开关,显示电压应为5V;关闭A/C开关,显示电压应为0V。用此方法测试这两根线,反复测试后符合条件的即为基极。

确认发射极时,如果是晶体管排,一般情况下,其发射极大多在排的两端。用数字万用表的测量通断档,一端连接ECU的搭铁端,另一端接到排的搭铁端,能够导通的管脚即为晶体管的发射极。若只有一个晶体管,通过印制电路的粗细即可判断其发射极。

(4)选择替换的晶体管 需要替换的晶体管可能是直接镶嵌在电路板上的一个晶体管(夏利车型),也可能是一个独立的晶体管(日产车系),还可能是晶体管排中的一个晶体管(本田车系)。这类晶体管一般可在旧的汽车电器元件中找到,鉴定晶体管时大致可以从以下几方面入手:

1)看外观。此类晶体管应有3个脚,其形状与原晶体管形状应基本相同,一般是扁平的,其体积大小和是否有孔及散热片并不重要。

2)看型号。日本产的晶体管型号一般为2SA(NPN型)、2SC(NPN型)及2SD(PNP型)。国内电子市场上可以买到的替换元件型号有BT179和BT178。晶体管排的型号一般为2003和1413。

3)看电阻。晶体管的基极一般都串有电阻,基极的电阻值要与原晶体管相近,可根据颜色来确定电阻值,棕、红、橙、黄、绿、蓝、紫、灰、白、黑分别对应数字1、2、3、4、5、6、7、8、9、0。由于晶体管的基极是靠电流的大小控制的,而ECU电压值是固定的,那就要利用电阻来控制电流。如果电流过大,则会烧毁晶体管,如果电流过小,则不能将其触发。

4)测量确认。首先,将大致确定的晶体管从电路板上取下,用万用表的二极管测量档测量。根据晶体管的属性,应该只有1个管脚相对于另外2个管脚单向导通,具备这一属性的则可确定其是晶体管(有一对管脚单向导通的是场效应管),相对另外两个管脚导通的那个管脚就是晶体管的基极。然后,将晶体管的基极插入B,另外两个脚分别插入C和E,

用万用表的晶体管测量档测量,如果显示值在 200~300 之间,证明管脚插对了,C 代表集电极,E 代表发射极,进而可确定这个晶体管是 PNP 型还是 NPN 型(N 为负极,P 为正极)。

(5)焊接晶体管　对于直接镶嵌在电路板上的晶体管和独立的晶体管,将旧件取下即可;对于晶体管排,则须用螺钉旋具划断晶体管的基极印制线。将数字万用表调至测量通断档,将其正、负表笔分别抵在晶体管的集电极和发射极上,将其极与电路板的基极控制线相连接,打开空调开关,看万用表是否显示导通,若导通,则证明此晶体管可以使用。

之后,将替换的晶体管焊接到电路板上即可。对于晶体管排,是从电路板的背面连接的。焊接时要注意:焊锡要尽可能少,避免过热,判断管脚的属性要对应,焊接完成后要用万用表测量各管脚,相互之间应不连通。最后,用胶带将附加的晶体管包好,避免与 ECU 护板连通和摩擦。

(6)测试　在不装护板的情况下,将 ECU 连接到车体线束中。起动空调,检查压缩机电磁离合器是否吸合和断开,同时用手触摸晶体管,有些发热是正常的,若烫手则说明有问题。还要检查故障灯是否点亮,如果空调压缩机吸合后故障灯点亮,说明晶体管的发射极选错了。如果压缩机不能停机,则表明换上的晶体管被击穿,或晶体管排的基极未被彻底划断。

测试时,最好使空调系统运转 30min 以上,检查 ECU 是否正常工作,并且进行 10km 以上的路试,观察是否有故障灯点亮的情况。若故障灯不亮,则确认汽车空调无问题。

5-2　自动空调故障自诊断作业

以雷克萨斯 LS400 为例。

1. 故障码诊断模式

自动空调诊断检查模式操作规范如图 5-46 所示。

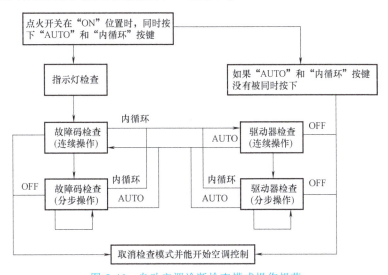

图 5-46　自动空调诊断检查模式操作规范

2. 指示灯检查

将点火开关置于"ON",同时按下空调器控制按钮 `AUTO` 和再循环开关(右转弯箭头开关)`↰`。这时,所有指示灯应在1s间隔内连续亮灭4次;当指示灯亮时,蜂鸣器响。检查结束后,故障码检查便自动开始。此时若退出检查状态,只需按下 `OFF` 开关。

3. 故障码检查

当指示器检查结束后,该系统便自动进入故障码检查状态,即在温度显示处连续输出故障码。若需进一步显示,则可按 `∧`,每按一次,改变一步显示。

如果一个故障码显示时伴随蜂鸣器响,则意味着该故障码指示的故障继续发生;如果故障码显示时蜂鸣器无响声,则表明该故障早已发生。故障码由小到大显示。

如果环境温度是-30℃或更低,即使空调器正常,仍可能显示故障码。

如果在暗处检查,可能显示的故障码为"21"。即阳光辐射传感器不正常。可用检查灯照射该传感器,重新显示故障码"21"则表明该传感器可能有故障,需要认真检查。

压缩机同步传感器故障验证步骤:

1)发动机工作时,进入故障码检查状态。
2)按下 `↰`,进入执行器检查状态。
3)按 `AUTO`,回到故障码检查状态。
4)约3s后,仪表板显示故障码。故障码见表5-6。

表5-6 故障码

故障码	诊 断 结 果	故 障 部 位
00	正常	
11	车内温度传感器电路断路或短路	车内温度传感器电路
12	车外温度传感器电路断路或短路	车外温度传感器电路
13	蒸发器温度传感器电路断路或短路	蒸发器温度传感器电路
14	冷却液温度传感器电路断路或短路	冷却液温度传感器电路
21	阳光辐射传感器电路断路或短路	阳光辐射传感器电路
22	压缩机锁止传感器电路断路或短路	压缩机锁止传感器电路
31	空气混合风门位置传感器电路断路或短路	空气混合风门位置传感器电路
32	进气风门位置传感器电路断路或短路	进气风门位置传感器电路
33	1)空气混合风门位置传感器电路断路 2)空气混合控制伺服电动机线路断路或短路 3)空气混合控制伺服电动机被锁止	1)室内混合风门位置传感器电路 2)空气混合控制伺服电动机电路
34	1)进气风门位置传感器电路断路 2)进气伺服电动机线路断路或短路 3)进气伺服电动机被锁止	1)进气风门位置传感器电路 2)进气伺服电动机电路

4. 清除故障码

为了确认显示器显示的故障码代表的故障是目前存在的故障,必须进行故障确认。即先清除ECU内所有故障码,然后重新进入ECU诊断检查状态。具体步骤如下:

1)如图5-47所示,拔出2号接线盒(2号J/B)中DOME熔丝10s以上,清除故障码存储。

2)重新插入熔丝后,检查正常故障码输出。

项目 5 汽车空调自动控制系统检修

5. 执行器的检查

进入传感器检查状态后,按再循环开关 ⟲,诊断系统便进入执行器检查状况。进入执行器检查状况后,空调控制系统每隔 1s 按表 5-6 所列顺序自动运转每个风门电动机和继电器,维修人员可检查温度和空气流量。若需慢慢显示,可按 UP 开关 ∧,将其改变成步进运转。

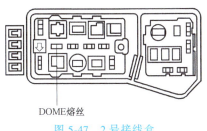

图 5-47　2号接线盒

每按一次 ∧,改变一步显示。故障码自"20"起,自动加 1 对应每个执行器检查状态,详见表 5-7。

表 5-7　执行器检查状态表

故障码	条件									
	取暖器继电器	超高继电器	鼓风机电动机	空气通风口	冷气最足风挡	进气风挡	电磁离合器	空气混合风挡	后超大流量	后空调器
20	OFF	OFF	OFF	FACE	100%	FRESH	OFF	冷侧 0%开	ON	OFF
21	ON	↑	Lo	↑	↑	↑	↑	↑	↑	AUTO-OFF
22	↑	↑	MED	↑	50%开	F/R	ON	↑	OFF	Hi(A/C)
23	↑	↑	↑	↑	0%开	RECIRC	↑	↑	↑	Hi(A/C)
25	↑	↑	↑	↑	↑	↑	↑	↑	↑	Lo(A/C)
26	↑	↑	↑	FOOT	↑	↑	↑	↑	↑	OFF
27	↑	↑	↑	↑	↑	↑	↑	热侧 100%开	↑	↑
28	↑	↑	↑	FOOT/DEF	↑	↑	↑	↑	↑	↑
29	↑	ON	Hi	DEF	↑	↑	↑	↑	↑	↑

注:1. 当故障码改变(检查状况改变)时,蜂鸣器发出响声。
　　2. 故障码由小到大依次显示。
　　3. 取消检查状态按 OFF 开关。
　　4. "↑"表示状态连续。
　　5. F/R 表示 FRESH/RECIRC。

5-3　自动空调故障检修作业

以雷克萨斯为例。

1. 总成分解作业

根据雷克萨斯 LS400 轿车维修手册的要求,自动空调总成的分解见表 5-8。

2. 控制系统检修作业

(1) 电源电路检修

1) 备用电源电路检修。备用电源电路是供空调控制总成使用的备用电源电路,即使在点火开关关闭时也能供电,用于故障码存储等。备用电源电路如图 5-48 所示,其检修步骤如下:

表 5-8 雷克萨斯 LS400 空调总成分解

任务	步骤	图示
鼓风机组件分解	1）拆下螺钉和罩盖，脱开线束插接器，拆下 3 个伺服电动机总成 2）拆下螺钉和功率晶体管，拔出功率晶体管插接器 3）拆下螺钉和极高速继电器，拔出继电器插接器 4）拔出鼓风机电阻器插接器，拆下 2 个螺钉和鼓风机电阻器 5）拆下组件上的配线，拆下 8 个螺钉，将蒸发器上壳和下壳分开 6）将蒸发器温度传感器从蒸发器中抽出，用六角扳手将 2 个螺栓拆下，并将蒸发器和膨胀阀分开 7）将轴和控制杆脱开，拆下 2 个螺钉和鼓风机下壳，拆下 3 个螺钉和鼓风机电动机 冷却和鼓风机组件组装按分解的相反顺序进行	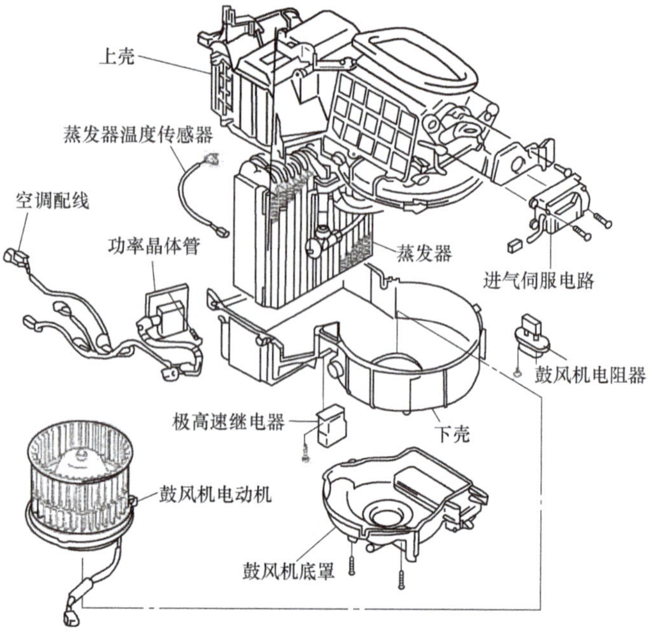
后冷却组件拆装和分解	1）后冷却组件拆卸 ①从蓄电池上脱开负极电缆，将制冷剂从制冷系统中排出 ②拆下扬声器护栅、小行李盘饰和密封垫 ③拆下夹扣和罩盖后，拆下后吸入和液体软管，即可拆下后冷却组件 2）后冷却组件安装。按与拆卸相反的顺序进行安装 3）后冷却组件分解 ①拆下 2 个螺钉，拔出排气风档伺服电动机插接器，拆下伺服电动机 ②拆下 1 个螺钉和后继电器，拔出后继电器插接器	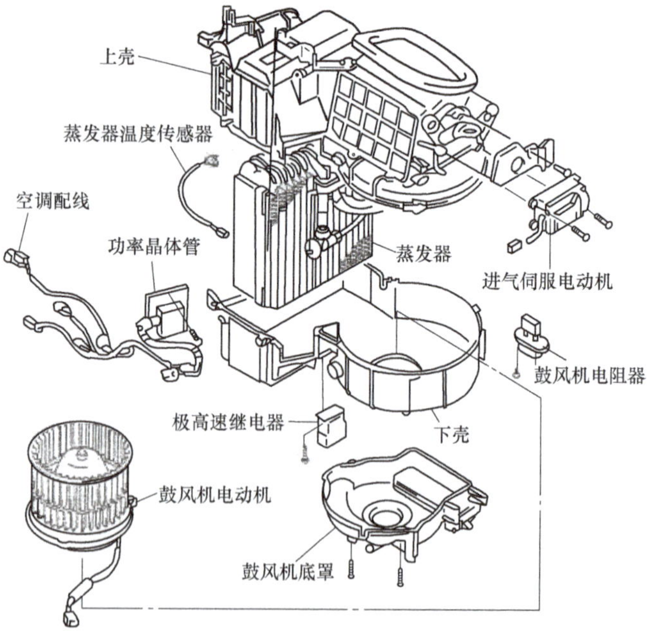

① 拆下空调控制总成，但插接器仍连接，检测插接器端子 B 与车身搭铁间的电压，应为蓄电池电压。如果电压正常，进行下一电路检查，否则进行②检查。

② 从 2 号接线盒上拔出 DOME 熔丝，检查 DOME 熔丝是否熔断，如果熔断，检查连接

项目 5　汽车空调自动控制系统检修

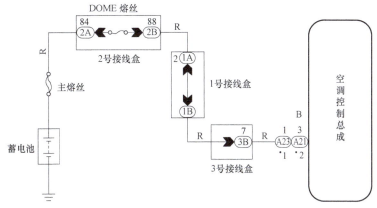

图 5-48　备用电源电路

到 DOME 熔丝的所有配线和元件是否短路。如果正常，检修空调控制总成与蓄电池间的配线和插接器。

2）IG 电源（点火电源）电路检修。IG 电源是空调控制总成（包含 ECU）和伺服电动机等的电源。IG 电源电路如图 5-49 所示，其检测步骤如下：

① 将点火开关转到"ON"位置，检测空调控制总成插接器端子 IG 与 GND 间电压，应为蓄电池电压。如果电压正常，进行下一电路检查。如果电压不正常，进行②检查。

② 关闭点火开关，检测空调控制总成插接器端子 GND 与车身搭铁间电阻，应为 0Ω。如果阻值不正常，应修理或更换配线束或插接器，否则应进行③检查。

③ 从 1 号接线盒拔出 HTR 熔丝，检查 HTR 熔丝是否熔断。如果熔丝不正常，检查连接到 HTR 熔丝的所有配线和元件是否短路，否则检修空调控制总成和蓄电池间的配线及插接器。

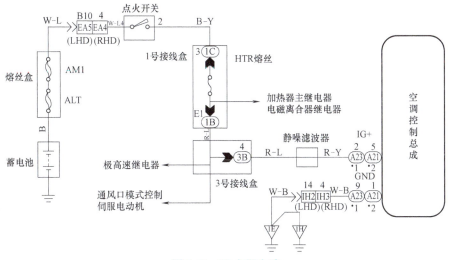

图 5-49　IG 电源电路

（2）温度控制电路检修

1）蒸发器温度传感器电路（故障码 13）检修。

蒸发器温度传感器检测到蒸发器组件内部温度，并发送适当信号至空调控制总成，其电路如图 5-50 所示，检修步骤如下：

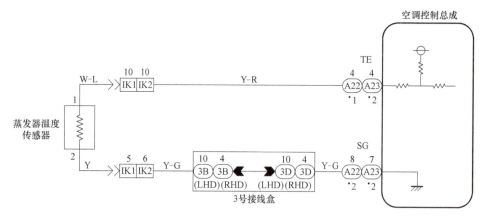

图 5-50　蒸发器温度传感器电路

① 点火开关转到"ON"位置，检测空调控制总成插接器端子 TE 和 SG 间电压，0℃时为 2.0~2.4V，15℃时为 1.4~1.8V，且随着温度升高电压逐渐减小。如果电压正常，进行下一电路检查，但当故障码 13 被显示时，检修或更换空调控制总成，否则进行②检查。

② 拆下蒸发器温度传感器，检测蒸发器温度传感器插接器端子 1 和 2 间电阻，0℃时为 4.5~5.2kΩ，15℃时为 2.0~2.7kΩ。如果阻值不正常，更换蒸发器温度传感器，否则进行第 3 步检查。

③ 检查空调控制总成和蒸发器温度传感器间的配线和插接器，如果不正常，修理或更换配线或插接器，否则检修或更换空调控制总成。

2) 空气混合风门位置传感器电路（故障码 31、33）检修。空气混合风门位置传感器将检测到的空气混合风门位置转换成适当信号并送至空调控制总成。空气混合风门位置传感器装在空气混合伺服电动机总成中，其电路如图 5-51 所示，检修步骤如下：

① 拆下空调控制总成，但插接器不拔出，将点火开关转到"ON"位置，改变设定温

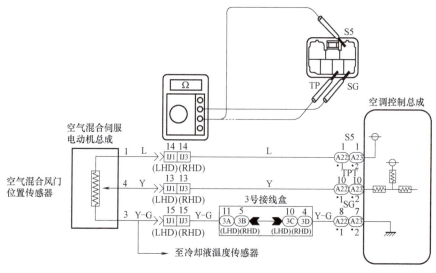

图 5-51　空气混合风门位置传感器电路

项目5 汽车空调自动控制系统检修

度,驱动空气混合风门,每次设定温度变化时,检测空调控制总成插接器端子 TP 和 SG 间电压。设定温度在"最冷"位置时电压约为 4V,在"最热"位置时电压约为 1V,且随设定温度升高,电压逐渐减小。如果电压正常,进行下一电路检查。但当故障码 31 或 33 显示时,检查和更换空调控制总成。如果电压不正常,进行②检查。

② 拆下加热器组件,拆下空气混合伺服电动机总成插接器,检测空气混合伺服电动机总成插接器端子 S5 和 SG 间的电阻,应为 4.7~7.2Ω。进入驱动器检查模式,按 ⌃ 进行分步操作。按 ⌃ 温度按键,检测空气混合伺服电动机总成插接器端子 TP 和 SG 间电阻,在"最冷"位置时为 3.76~5.76kΩ,在"最热"位置时为 0.94~1.44kΩ。当空气混合伺服电动机从"冷侧"移动至"暖侧"时,阻值逐渐减小。如果阻值不正常,检修或更换空气混合伺服电动机总成,否则进行③检查。

③ 检查空调控制总成和空气混合伺服电动机总成间的配线和插接器,如果正常,检修或更换空调控制总成,否则修理或更换配线或插接器。

3)空气混合伺服电动机电路检修。空气混合伺服电动机 ECU 控制并移动空气混合风门至要求的位置,其电路如图 5-52 所示,检修步骤如下:

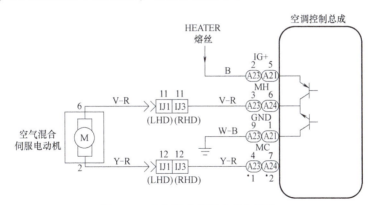

图 5-52 空气混合伺服电动机电路

① 预热发动机,进入驱动器检查模式,按 ⌃ 进行分步操作。按 ⌃ 温度按键,检查空气混合风门的工作和鼓风机的状况,当显示故障码 20~23 时空气混合风门完全关闭且冷气流出,显示故障码 24~26 时空气混合风门打开一半,显示故障码 27~29 时空气混合风门完全打开且暖气流出。如果正常,进行下一电路检查,否则进行②检查。

② 拆下加热器组件,如图 5-53 所示,将蓄电池正极接端子 2,负极接端子 6,控制杆平稳地转至"冷侧"。将蓄电池正极接端子 6,负极接端子 2,控制杆平稳地转至"暖侧"。如果不正常,修理或更换配线或插接器,否则进行③检查。

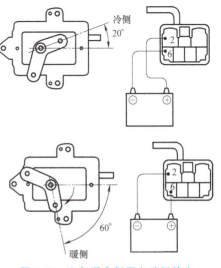

图 5-53 空气混合伺服电动机检查

③检查空调控制总成和空气混合伺服电动机总成间的配线和插接器，如果不正常，修理或更换配线或插接器，否则检修或更换空调控制总成。

（3）鼓风机转速控制电路检修

1）鼓风机电动机电路检修。鼓风机电动机电路是鼓风机电动机电源电路，如图5-54所示，其检修步骤如下：

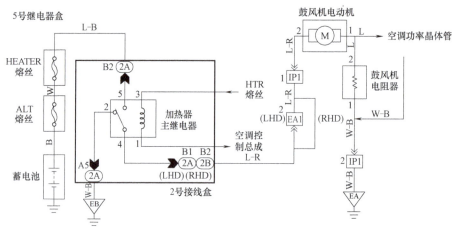

图5-54 鼓风机电动机电路

①脱开鼓风机电动机插接器，将蓄电池正极接鼓风机电动机插接器端子2，负极接端子1，检查鼓风机电动机运转是否平稳。如果不正常，更换鼓风机电动机，否则进行②检查。

②脱开鼓风机电阻器插接器，检查鼓风机电阻器插接器端子1和2间电阻，约为1.8Ω。如果阻值不正常，更换鼓风机电阻器，否则进行③检查。

③检查蓄电池与鼓风机电动机间及鼓风机电动机与车身接地间的配线和插接器，如果不正常，修理或更换配线或插接器，否则进行下一电路检查。

2）功率晶体管电路检修。空调控制总成通过改变接到功率晶体管基极端子BLW的电压来控制鼓风机转速，同时也监控端子VM上的功率晶体管集电极电压，以精确控制鼓风机空气量。功率晶体管电路如图5-55所示，其检修步骤如下：

①拆下冷却器总成，拔出功率晶体管插接器，将蓄电池正极接功率晶体管插接器端子（A26）2和（A27）2，负极通过-12V、3.4W试灯接至端子（A26）1，如果试灯不亮，应更换功率晶体管，否则应进行②检查。

②检查空调控制总成和功率晶体管间配线及插接器，如果不正常，修理或更换配线或插接器，否则进行下一电路检查。

（4）气流方式控制电路检修

1）模式伺服电动机电路检修。模式伺服电动机是通过ECU信号驱动的伺服电动机，并改变每个模式风门位置。当"自动"开关接通时，ECU按照温度设定自动地在"面部""面部/脚部"和"脚部"模式间变化。模式伺服电动机电路如图5-56所示，其检修步骤如下：

①进入驱动器检查模式，按 ⌃ 进行分步操作，检查气流方式变化情况，显示故障

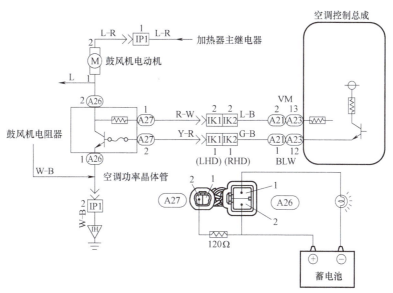

图 5-55 功率晶体管电路及检测

码 20~22 时气流方式为"面部、最大",显示故障码 23 时为"面部",显示故障码 24、25 时为"面部/脚部",显示故障码 26、27 时为"脚部",显示故障码 28 时为"脚部/除霜",显示故障码 29 时为"除霜"。如果正常,进行下一电路检查,否则进行②检查。

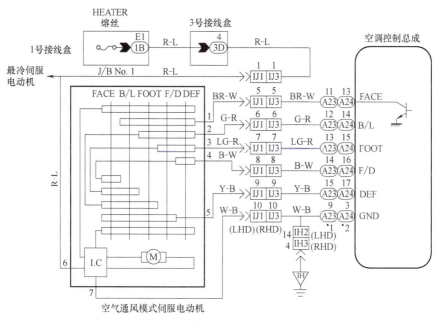

图 5-56 模式伺服电动机电路

② 拆下加热器组件,如图 5-57 所示,将蓄电池正极接端子 6,负极接端子 7,然后将负极分别接端子 1 至 5 时,控制杆平稳地移动到下述每个模式的位置:接端子 1→"面部",端子 2→"面部/脚部",端子 3→"脚部",端子 4→"脚部/除霜",端子 5→"除霜"。如果不正常,更换模式伺服电动机,否则进行③检查。

③ 检查空调控制总成与模式伺服电动机间、模式伺服电动机与蓄电池间及模式伺服电动机与车身接地间的配线和插接器，如果不正常，修理或更换配线或插接器，否则检修或更换空调控制总成。

2) 中央通风口伺服电动机电路检修。在"面部"模式工作期间，如果后最大气流开关接通，中央通风口伺服电动机将中央通风口风门移到中间位置，限制中央通风口的气流量，增加后通风口的气流量。如图5-58所示，在"面部"模式（后最大气流断开）时，端子CVO、CVM、CVS的电压分别为0V、0V、10V；在"面部"模式（后最大气流闭合）时，端子CVO、CVM、CVS的电压分别为0V、10V、0V；在"脚部"模式时，端子CVO、CVM、CVS的电压分别为10V、0V、0V。中央通风口伺服电动机电路检修步骤如下：

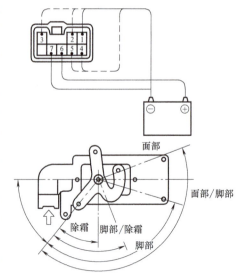

图5-57 模式伺服电动机检查

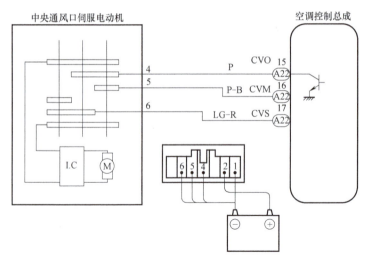

图5-58 中央通风口伺服电动机电路

① 进入驱动器检查模式，按下 ⌃，改变为分步操作，检查鼓风机的工作状况，显示故障码20、21时中央通风口气流弱，显示故障码22~29时气流强。如果气流变化正常，进行下一电路检查，否则进行②检查。

② 拆下加热器组件，拆下中央通风口伺服电动机，将蓄电池正极接端子2，负极接端子1，然后将蓄电池负极分别接端子4、5、6，控制杆应分别平稳地移至"通风""后最大气流""除霜"位置。如果伺服电动机工作不正常，则更换中央通风口伺服电动机，否则进行③检查。

③ 检查空调控制总成和中央通风口伺服电动机间的配线和插接器，如果不正常，修理或更换配线或插接器，否则检修或更换空调控制总成。

3) 最冷伺服电动机电路检修。最冷伺服电动机根据ECU传来的信号控制最冷风门在3

个位置之间变化。当"自动"开关接通时，通风口处在"面部"位置，空调控制总成控制该风门在全开、半开和全闭位置。在"脚部"或"面部/脚部"位置时，该风门一直关闭。最冷伺服电动机电路如图5-59所示，检修步骤如下：

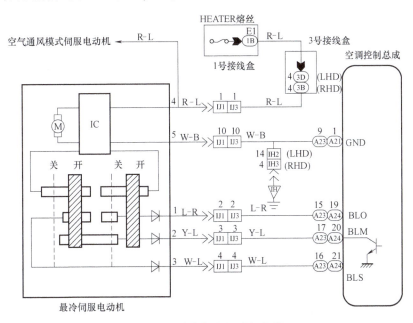

图5-59　最冷伺服电动机电路

① 进入驱动器检查模式，按 ⌃ 进行分步操作。按下"温度"按键，根据通风口鼓风机风量和风门运转噪声变化，检查最冷风门情况，显示故障码20、21时最冷风门全关，显示故障码22时半开，显示故障码23~29时全关。如果正常，进行下一电路检查，否则进行②检查。

② 拆下加热器组件，拆下最冷伺服电动机。如图5-60所示，将蓄电池正极接端子4，负极接端子5，然后将负极分别接到端子1~3上时，控制杆平稳地移动到下述每个位置：接端子1时风门全开，接端子2时风门半开，接端子3时风门全闭。如果不正常，检修或更换最冷伺服电动机，否则进行③检查。

③ 检查空调控制总成和最冷伺服电动机间、最冷伺服电动机和蓄电池间的配线和插接器，如果不正常，修理或更换配线或插接器，否则检修或更换空调控制总成。

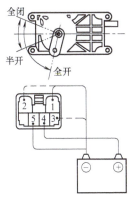

图5-60　最冷伺服电动机检查

（5）进气模式控制电路检修

1）进气风门位置传感器电路（故障码32、34）检修。进气风门位置传感器将检测到的进气风门位置转换成适当信号送至空调控制总成。进气风门位置传感器装在进气伺服电动机总成内，其电路如图5-61所示，检修步骤如下：

① 拆下空调控制总成，但插接器不拔出，将点火开关转到"ON"位置，按下"REC/FRS"按键，进气在"新鲜空气"和"再循环空气"间变化。当进气伺服电动机工作时，检测空调控制总成端子TPI和SG间的电压，按键在"内循环"位置时电压约为4V，在

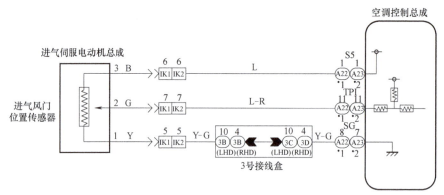

图 5-61 进气风门位置传感器电路

"新鲜"位置时电压约为 1V。当进气伺服电动机从"内循环"侧移至"新鲜"侧时，电压逐渐减小。如果电压正常，进行下一电路检查，但当故障码 32 或 34 显示时，检查或更换空调控制总成。如果电压不正常，进行②检查。

② 拆下加热器组件，拔出进气伺服电动机总成插接器，检测进气伺服电动机总成插接器端子 S5 和 SG 间电阻，应为 4.7~7.24Ω。进入驱动器检查模式，按 ⌒ 进行分步操作。按 ⌒ 温度按键，检查进气伺服电动机总成插接器端子 TPI 和 SG 间电阻，风门在"内循环"位置时为 3.76~5.76kΩ，在"新鲜"位置时为 0.94~1.44kΩ。当进气伺服电动机从"内循环"侧移至"新鲜"侧时，阻值逐渐减小。如果阻值不正常，检修或更换进气伺服电动机总成，否则进行③检查。

③ 检查空调控制总成和进气伺服电动机总成间的配线和插接器，如果不正常，修理或更换配线或插接器，否则检修或更换空调控制总成。

2) 进气伺服电动机电路检修。进气伺服电动机由空调控制总成控制并移动进气风门至要求的位置，其电路如图 5-62 所示，检修步骤如下：

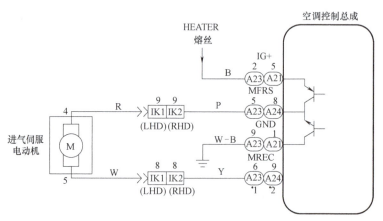

图 5-62 进气伺服电动机电路

① 拆下杂物箱，进入驱动器检查模式。按 ⌒ 进行分步操作，检查进气风门的工作情况，显示故障码 20、21 时进气风门在"新鲜"位置，显示故障码 22 时在"新鲜/内循环"位置，显示故障码 23 时在"内循环"位置，显示故障码 24~29 时在"新鲜"位置。

项目5 汽车空调自动控制系统检修

如果正常，进行下一电路检查，否则进行②检查。

② 拆下冷却组件，如图 5-63 所示，将蓄电池正极接端子 5，负极接端子 4，控制杆平稳地移至"内循环"位置。将蓄电池负极接端子 5，正极接端子 4，控制杆平稳地移至"新鲜"位置。如果不正常，检修或更换进气伺服电动机总成，否则进行③检查。

③ 检查空调控制总成和进气伺服电动机间的配线和插接器，如果不正常，修理或更换配线或插接器，否则检修或更换空调控制总成。

（6）压缩机控制电路检修

1）压缩机锁止传感器电路（故障码 22）检修。压缩机锁止传感器安装位置如图 5-64 所示，该传感器在发动机每一转内发送 4 个脉冲至空调控制总成，如果发动机转速与压缩机转速的比值小于预定值，空调控制总成使压缩机停机，同时，指示灯每隔大约 1s 闪亮一次。压缩机锁止传感器电路如图 5-65 所示，检修步骤如下：

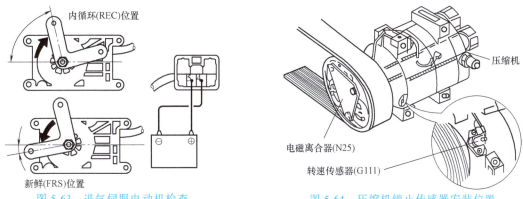

图 5-63 进气伺服电动机检查　　　　图 5-64 压缩机锁止传感器安装位置

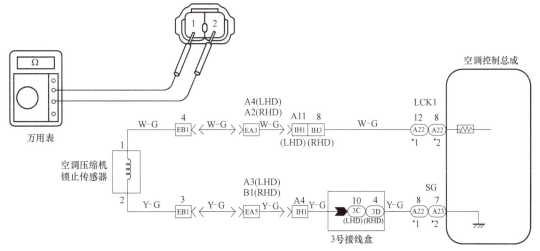

图 5-65 压缩机锁止传感器电路

① 检查压缩机传动带张紧度。在发动机起动，鼓风机开关和空调开关接通的情况下，如果压缩机工作不正常，调整传动带张紧度或修理压缩机，否则进行②检查。

② 升起车辆，拆下压缩机锁止传感器插接器，检测压缩机锁止传感器插接器端子 1 和 2 间电阻，在 25℃时为 0.53~0.65Ω，在 100℃时为 0.67~0.89Ω。如果阻值不正常，更换压

缩机锁止传感器，否则进行③检查。

③ 检查空调控制总成及压缩机锁止传感器间的配线和插接器，如果不正常，修理或更换配线或插接器，否则进行下一电路检查。但当故障码 22 被显示时，检修或更换空调控制总成。

2）压缩机电路。压缩机电路如图 5-66 所示，空调控制总成从端子 MGC 输出电磁离合器啮合信号到发动机 ECT ECU，当发动机 ECT ECU 收到该信号后，从端子 A/C MG 送出一信号，接通空调电磁离合器继电器，然后接通空调电磁离合器。空调控制总成也在端子 A/C IN 监测电源是否送至电磁离合器。压缩机电路如图 5-66 所示。

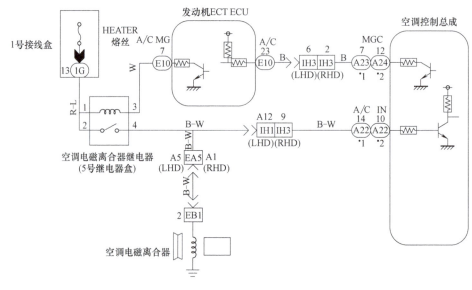

图 5-66　压缩机电路

① 点火开关转到"ON"位置，按下鼓风机转速开关（低、中或高），检测空调器控制器总成插接器端子 A/C IN 与车身接地间电压，空调器开关接通时为蓄电池电压，空调器开关断开时电压为零。如果电压不正常，进行④检查，否则进行②检查。

② 脱开电磁离合器插接器，将蓄电池正极接电磁离合器插接器端子，电磁离合器应啮合。如果不正常，修理压缩机电磁离合器，否则进行③检查。

③ 检查压缩机和压缩机继电器间的配线和插接器，如果不正常，修理或更换配线和插接器，否则进行下一电路检查。

④ 点火开关转到"ON"位置，按下鼓风机转速开关，检测空调控制总成插接器端子 MGC 和车身接地间电压，空调开关接通时电压为零，空调开关断开时电压约为 5V。如果电压正常，进行⑦检查，否则进行⑤检查。

⑤ 脱开空调控制总成插接器，将点火开关转到"ON"位置，检测空调控制总成配线侧插接器端子 MGC 和车身接地间电压，其值约为 5V。如果电压正常，检修或更换空调控制总成，否则进行⑥检查。

⑥ 检查空调控制总成和发动机 ECT ECU 间的配线和插接器，如果正常，检修或更换发动机 ECT ECU，否则修理或更换配线或插接器。

项目5 汽车空调自动控制系统检修

⑦ 拆下电磁离合器继电器，检测电磁离合器继电器端子间的导通性，端子1、3间导通，端子2、4间不导通。在端子1和3间加上蓄电池电压，端子2、4间导通。如果继电器不正常，更换继电器，否则进行⑧检查。

⑧ 拆下发动机ECT ECU，但插接器仍连接，将点火开关转到"ON"位置，按下鼓风机转速开关，检测发动机ECT ECU插接器端子A/C MG和车身接地间的电压，空调开关接通时电压约为1.3V，空调开关断开时电压为1.3V~蓄电池电压。如果电压正常，进行⑩检查，否则进行⑨检查。

⑨ 检查发动机的ECT ECU和蓄电池间的配线和连接器，如果不正常，修理或更换配线或连接器，否则检查和更换发动机的ECT ECU。

⑩ 检查空调控制总成和压缩机继电器间、压缩机继电器和蓄电池间的配线和插接器，如果不正常，修理或更换配线或插接器，否则检查或更换空调控制总成。

5-4 电动汽车空调检修作业

以北汽EV160为例。

1. 检修操作注意事项

1）压缩机绝缘电阻值为20MΩ。
2）高压部件安全操作。
3）拆解后及时密封各管路开口，防止水或湿空气进入系统。
4）冷冻机油（压缩机润滑油）为POE（多元醇脂）型，与传统车PAG（冷冻油）不同，勿混用。
5）连接安装各管路接口时注意管口清洁，O形圈涂抹冷冻机油。
6）制冷剂加注量应符合要求。
7）制冷剂喷出时注意个人防护，避免接触冻伤、吸入及误入眼睛。

2. 电动汽车空调系统的故障诊断

下面以EV160电动汽车为例，说明空调系统故障诊断的方法。

1）压缩机无起动声音，电源电流无变化。
原因分析：
① 12V DC（或24V DC）控制电源未接入驱动控制器。
② 控制电源电压不足或超压。
③ 接插件端子接触不良或松脱。
检修步骤：
① 检查压缩机一体机电源插头端子是否松脱。
② 检查控制电源到驱动控制器之间的导线是否有短路。

2）压缩机发出异常声音。
原因分析：
① 电动机缺相。
② 冷凝器鼓风机未正常工作，系统压差过大，电机负载过大。
检修步骤：

① 检查驱动控制器与电动机连接的电源及相关导线，保证其接触良好及导通。

② 保证冷凝器鼓风机正常工作，待系统压力平衡后再次起动。

3）压缩机无起动声音，电源电流无变化，各端口电压正常。

原因分析：空调控制器未接收到空调系统的 A/C 信号。

检修步骤：

① 检查 A/C 开关是否有故障。

② 检查与 A/C 开关相连的导线是否短路。

③ 检查 A/C 开关连接方式是否正常（接地低电平 0~0.8V）。开启压缩机，接高电平或悬空关闭压缩机。

4）高压压力正常，低压压力偏低。

原因分析：蒸发器表面结满灰尘，蒸发器表面翅片碰伤，温度驱动控制器失灵，鼓风机风量减小（风量开关、变速电阻器损坏）。

检修方法：清洗及整理蒸发器表面，检修温控器、鼓风机、风量开关、变速电阻器，当更换蒸发器时必须向系统内加注 30~50mL 冷冻机油。

5）起动空调前后声音变化。

原因分析：当起动空调后，电动机与压缩机的旋转均会产生声音，电动机转动引起整体振动的频率有微小差异，最后传出的声音有差异，故在车辆静止时人感觉电动压缩机的声音有差别，部分人员会认为是异响。

排除方法：首先检查安装部位是否达标，其次判断制冷剂加注量及过程是否符合标准，最后对空调系统中运动件声音检查，判定压缩机工作声音是否正常，可将听诊器直接放在压缩机上听取，若是电动机内部零件运转及摩擦声音，则属工作声音，为正常声音。

3. 电动压缩机常见故障原因及排除

（1）电动压缩机常见故障及排除方法　空调电动压缩机不能工作的故障有机械故障和电子控制系统的故障，其常见故障原因及排除方法见表 5-9。

表 5-9　电动压缩机常见故障原因及排除方法

故障	现象	原因及判断	检测及排除方法
驱动控制器不工作，压缩机不工作	压缩机无起动声音，电源电流无变化	1）12V 控制电源未通入驱动控制器 2）控制电源电压不足或超压 3）接插件端子接触不良或松脱	1）检查驱动控制器控制电源插头端子是否松脱 2）检查控制电源到驱动控制器之间的导线是否有断路 3）测量控制电源电压是否达到要求（对 12V DC 控制电源驱动控制器，控制电源至少大于 9V DC，不得同于 15V DC）
驱动控制器工作正常，压缩机未正常工作	压缩机发出异常声音	1）电动机缺相 2）冷凝器鼓风机未正常工作，系统压差过大，电动机负载过大	1）检查驱动控制器与电机连接的三相插头及相关导线，保证其接触良好及导通 2）保证冷凝器风机正常工作，待系统压力平衡后再次启动
驱动控制器工作正常，压缩机不工作	压缩机无起动声音，电源电流无变化，各端口电压正常	驱动控制器未接收到空调系统的 A/C 开关信号	1）检查 A/C 开关是否有故障 2）检查与 A/C 开关相连的导线是否断路 3）A/C 开关连接方式是否正确（接地低电平：0~0.8V）。开启压缩机，接高电平或悬空关闭压缩机

项目5 汽车空调自动控制系统检修

(续)

故障	现象	原因及判断	检测及排除方法
驱动控制器工作正常,压缩机不工作	压缩机无起动声音,电源电流无变化,高压端口电压不足或无供电	欠压保护起动	关闭整车主电源, 1)检查驱动控制器主电源输入接口处的接插件端子是否有松脱 2)主电源到驱动控制器之间的导线是否断路 3)控制主电源输入的继电器是否正常动作
驱动控制器自检正常,压缩机不工作	压缩机起动时有轻微抖动,电源电流有变化随后降为0	1)冷凝器鼓风机未正常工作,系统压差过大,电动机负载过大导致的过流保护起动 2)电动机缺相导致的过流保护起动	1)保证冷凝器鼓风机正常工作,待系统压力平衡后再次起动 2)检查驱动控制器与电动机连接的三相插头及相关导线,保证其接触良好及导通

(2)电动压缩机及控制电路的检测 压缩机为空调制冷系统制冷剂循环提供动力。压缩机的故障有机械故障和电气系统故障,电气系统故障又分为高压电故障和低压电控制系统故障,压缩机的高压上电受到低压电控制。空调压缩机高压电不能上电,无法正常工作,一般是由低压控制系统的故障引起的,因此,空调压缩机的电气故障诊断重点从低压电路控制系统开始。

1)空调压缩机故障的判别。压缩机维修诊断关系到高压危险,操作前一定要穿橡胶绝缘鞋,戴绝缘手套,严格按照高压电的操作规范操作。以EV160电动汽车为例,举升汽车,拆下空调压缩机低压插接器,识别压缩机低压插接器及高压线束,如图5-67所示。

2)测量搭铁线、CAN总线。点火开关处于"OFF"状态,断开空调压缩机低压插接器,分别测量搭铁线、CAN总线。

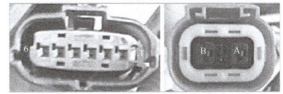

图5-67 空调压缩机低压插接器与高压插接器

① 搭铁线的测量。用万用表测量低压插接器4号脚与车身之间的电阻,如图5-68所示,其正常电阻值应不超过1Ω,如果电阻无穷大,则故障为搭铁线断路。若搭铁线有故障,则压缩机控制器无法控制压缩机工作。

② 空调压缩机CAN总线电阻的测量。用万用表测量低压插接器5号脚与6号脚之间的电阻,如图5-69所示,其电阻值约为60Ω,若电阻无穷大,故障为断路,若电阻接近于0,则可能为CAN-H与CAN-L短路或与其连接的相关部件有短路现象。

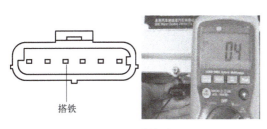

图5-68 搭铁测量

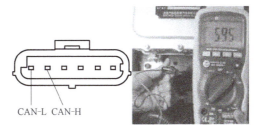

图5-69 CAN总线电阻测量

③ 空调压缩机 CAN 总线的搭铁短路测量。用万用表分别测量低压插接器 5 号脚与车身、6 号脚与车身之间的电阻，如图 5-70 所示，电阻值应为无穷大，若电阻值接近于 0，故障为导线有搭铁现象。导线搭铁短路往往是由导线绝缘胶老化、磨损导致的导线的金属直接与车身相通。

3）空调压缩机高压互锁信号线的测量。用万用表测量空调压缩机低压接口内部 2 号脚与 3 号脚之间的电阻，如图 5-71 所示，电阻值应小于 1Ω，如果电阻值无穷大，故障为线路断路。

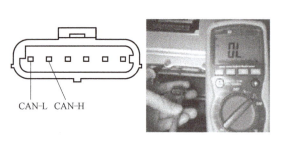

图 5-70　CAN 总线搭铁短路测量

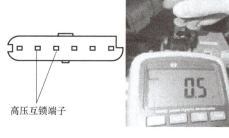

图 5-71　高压互锁测量

4）12V 低压电源线测量。点火开关旋至"ON"档，用万用表测量低压插接器 1 号脚的直流电压，如图 5-72 所示，电压值应为 9~14V，如果测得电压为 0，则检查 FBII/7.5A 熔丝、空调继电器，若熔丝及继电器良好，检查低压插接器 1 号脚与 FBII/7.5A 熔丝之间是否有断路。

5）空调压缩机高压线 A 线、B 线电流的测量连接空调压缩机低压插接器，把点火开关旋至"ON"档，打开空调"A/C"开关，把风量开至最大，用数字钳形表分别测量 A 线和 B 线的电流，如图 5-73 所示，电流值应为 1~1.5A；若电流值为 0，检查动力蓄电池高压线插接器及高压控制盒高压线束插接器，如果插接器正常，则为空调压缩机内部控制器故障。

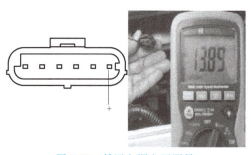

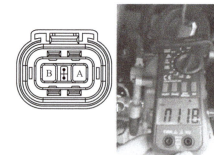

图 5-72　低压电源电压测量

图 5-73　高压线电流测量

（3）修复及检验　对检查出的故障点进行修复或更换元件，连接空调压缩机高压插接器与低压插接器，装复蓄电池负极，确保各元件连接正常。把点火开关旋至"ON"档，打开空调"A/C"开关，风量开至最大，空调系统应工作正常；用压力表组测量空调系统高低管路压力，低压为 0.25~0.35MPa，高压为 1.3~1.5MPa；不开空调时，系统低压侧与高压侧压力平衡，压力约 0.6MPa。

项目5 汽车空调自动控制系统检修

任务总结

1) 通用汽车自动空调的控制面板主要由温度选择键和功能键组成。

2) 半自动空调内部控制系统主要由真空自动控制系统和放大器控制系统两部分组成。

3) 全自动汽车空调系统用电桥-比较计算器和电磁阀取代了放大器和换能器。电桥由车外温度传感器、车内温度传感器、阳光辐射传感器和调温键电阻组成,它和比较计算器 OP_1、OP_2 组成一个控制系统。分别控制升温和降温真空电磁阀,将电信号转变成真空信号,调节真空伺服驱动器,带动控制杆对调温门开度、鼓风机转速和热水阀开闭进行综合控制。达到控制温度恒定的目的。

4) 微机控制的自动空调器是由电子控制系统、配气系统和面板控制三部分组成的。

5) 微型计算机控制的汽车空调系统一般具有空调控制、节能控制、故障诊断储存、故障、安全报警等功能。

6) 雷克萨斯 LS400 自动空调故障自诊断包括故障码诊断模式、指示灯检查、故障码检查、清除故障码、执行器的检查。

7) 北汽 EV160 电动汽车空调的检修。

8) 自动空调控制系统故障检修一般包括电源电路检修、温度控制电路检修、鼓风机转速控制电路检修、气流方式控制电路检修、进气方式控制电路检修、压缩机控制电路检修。

学习工作页

完成"学习工作页"任务工单5各项作业。

项目6 汽车空调综合故障诊断与排除

学习目标

知识目标：
能够运用所学知识对汽车空调综合故障进行分析。

技能目标：
1) 能够综合运用故障诊断表、歧管压力表、诊断流程图进行汽车空调的故障诊断。
2) 能用相关汽车空调知识分析汽车空调故障案例。
3) 能诊断和排除汽车空调常见综合故障。

思政目标：
1) 培养良好的职业道德与安全、环保意识。
2) 培养良好的标准化、规范化和科学化等职业培养，包括严格遵守 6S 管理、相关工艺规程和检验标准。

任务接受

一辆马自达尊贵版轿车，配置直列 4 缸/16 气门 1.5L 全铝式 BZ 发动机、4 档自动变速器（4AT）和高效率全自动空调系统，行驶里程近 40000km。该车出现空调不制冷故障，要求维修技术人员能够解决故障问题。

相关知识学习

汽车空调在运行过程中出现故障，使空调系统不能正常的运行。作为汽车空调维修技术人员，掌握常见故障的分析及判断方法是很重要的，虽然不同的空调系统在维修作业时具体的修理技术等参数及修理方法有所不同，但故障的判断及分析方法则大同小异。根据这些判断及分析方法，可以较快地找到故障原因，制订具体的修理方案。

6.1 汽车空调系统的常规检查

车辆每行驶 7500km 或使用 6 个月后进行首次维护及车辆每行驶 15000km 或使用 12 个月后进行常规维护时，均应对其空调系统进行常规检查。作为专业汽车空调维护人员，应做到一问、二听、三看、四摸和五检查，其具体内容如下：

（1）一问　在维护汽车空调时，应首先询问车主在使用时是否发现异常情况，如果有，则应问清异常情况发生的时间、地点、现象和出现的频率；其次询问上次维护的时间和维修的部位及原因，并一一记录下来。虽然车主往往不具备汽车空调的专业知识，只能讲出故障

项目6 汽车空调综合故障诊断与排除

的表面现象，但这些资料对后面维修时判断故障的原因和部位具有非常重要的参考价值。

（2）二听 起动发动机并使转速稳定在1500r/min左右，打开空调A/C开关，听压缩机工作声响，判断其运行情况。如果听到"嘶嘶"的尖叫声，则是传动带过松导致的滑动异响，应及时检查，调整传动带松紧度；若发现传动带过松而无法调整或磨损严重，应更换。如果听到抖动声，一般是压缩机固定螺栓和托架安装螺栓松动，应及时给予紧固。用试棒探听压缩机内部，正常运转时只听到压缩机清脆而均匀的阀片跳动声，如果有敲击声，一般是制冷剂的"液击"或"奔油"（冷冻机油过多）敲缸声等。如果机体内有严重的摩擦声，以及离合器时而发出的摩擦声，则是压缩机负荷过大，润滑油不足，以及离合器打滑。另外，还要听空调系统中的鼓风机有无异响。

如果在停机时机体内运动部件有清晰的连续撞击声，则是内部的运动部件严重磨损，引起轴与轴之间、活塞与缸体之间、连杆与轴之间间隙过大或松动。

（3）三看 观察冷凝器表面是否清洁。如果冷凝器表面有碎片、杂物、油渍泥污，要注意清理，以免影响制冷效果。发现翅片弯曲时要用尖嘴钳小心拨正。

观察空调器蒸发器的进风处。在进风处，一般汽车都装有空气过滤网。经常观察过滤网，发现其较脏时，应进一步检查蒸发器，并清理其杂物。清理蒸发器表面泥土时，不能用水清洗，应用压缩空气吹净。

观察空调制冷系统管路的连接处是否有油渍，若有油渍，则说明有制冷剂渗漏，另外，还要注意压缩机上的压缩机轴封、前后盖板的密封轴等处有无渗漏的油渍。

（4）四摸 用手感觉正在工作的空调系统管路及各部件的温度。正常情况下，低压管路呈低温状态，高压管路呈高温状态。低温区从膨胀阀出口经蒸发器到压缩机进口处。这些部件表面应该由凉到冷再到凉，连接部分有水露，但不应有霜冻。如果有霜冻，则说明空调制冷系统有问题，有可能是膨胀阀感温包内液体漏失，需要更换膨胀阀；也可能制冷剂过多，需要释放一部分制冷剂；还可能是蒸发器表面温度传感器或恒温器出现了故障。

高温区从压缩机出口经冷凝器、储液干燥器至膨胀阀入口处。这些部件表面温度为40~65℃。用手小心触摸高温区，特别是金属部件，如压缩机的出口、冷凝器、储液干燥器等，都是热的，手感到热而不烫则为正常；若感到烫手，则要检查冷凝器的冷却是否良好，观察冷凝器表面是否清洁，冷凝器风扇的风力是否过小。此时可向冷凝器上浇少量的水，若仍感到烫手，则可能是制冷剂过多；若高温区手感不够热，则为制冷剂过少；若没温度过低，则说明制冷剂已漏尽。

储液干燥器正常情况下是热的，如果其表面出现水露，则说明干燥剂破碎堵住制冷剂流通的管路。若其进口处是热的，出口处是冷的，也说明其内部堵塞，必须立即更换储液干燥器。

高温区与低温区的分界线是压缩机和膨胀阀。正常情况下，压缩机的进口处是低温区，手感冰凉，出口处是高温区，手感较热；膨胀阀则刚好相反。用手触摸压缩机的进出口处，它们之间应有明显的温差。若温差不大，说明制冷剂不足；若没有温差，说明制冷剂漏失了。用手触摸膨胀阀的进出口处，进口处是热的，出口处是冰凉的，有水露，若发现膨胀阀出口处有霜冻现象，则说明膨胀阀的阀口已堵塞，其原因可能是杂物堵塞，也可能是冰堵。

"四摸"时一定要注意安全，防止烫伤或传动带等运动件碰伤人体。

（5）五检查 通过上述四个步骤后，还要做进一步的检查，准确判断空调系统的故障，认真完成空调系统的保养工作。检查的具体内容如下：

1）检查调整传动带的张紧力。检查传动带张紧力（松紧度）是否适宜，表面是否完好，配对的传动带盘是否在同一平面上。传动带新装上时张紧力适当，运转一段时间后会伸长，因而需要再次张紧。结构不同，传动带长度不同，有不同的张紧力要求。传动带张紧力应按各种车型说明书上的规定进行调整。传动带过紧会使其过早磨损，并导致有关总成的轴承损坏；过松则使转速降低，制冷量过小，风速（风量）过低及发电机的发电量不足。

压缩机带轮的调整方法根据不同的安装结构而不同，长形半圆槽孔在调整时只需松开。目前一般将压缩机直接安装在缸体的凸台上固定不动，惰轮安装在一个可调整的支架上。如图6-1所示，调整时，只要调整惰轮与曲轴带轮和压缩机带轮

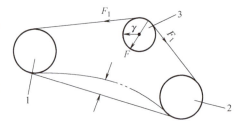

图6-1 用惰轮调整传动带张紧力
1—曲轴带轮 2—压缩机带轮 3—惰轮

的位置即可，调整值因车型不同而不同。以丰田轿车为例，在10kg的压力下，曲轴带轮与压缩机传动带间的压下距离为

BB系列　新带：9~11mm　旧带：11~16mm
RB系列　新带：8~10mm　旧带：10~14mm

2）检查电磁离合器。接通空调A/C开关，压缩机应立即工作；断开空调A/C开关，压缩机应立即停止工作。在短时间内断开、接通几次A/C开关，可检查电磁离合器工作是否正常。如果不正常，应先检查空调电路是否有故障，然后再检查电磁离合器是否正常。

温度低时，若压缩机不启动，可能是由于环境温度开关或低压开关起作用。可将蓄电池正极与电磁离合器直接连接，若压缩机仍不转动，则说明电磁离合器有故障；在环境温度开关规定的温度（2℃）以下正常启动压缩机，若能启动，则说明环境温度开关损坏，应更换。

可以直接用万用表测量电磁线圈的电阻，其电阻值应在正常范围内。例如，丰田系列轿车和小型客车电磁离合器线圈的电阻值为

BB系列：11.4~12.2Ω
RB系列：3.0~3.4Ω

3）检查高、低压保护开关。高、低压保护开关的作用是在制冷系统发生故障时保护压缩机和制冷系统不受破坏。它们与压缩机电磁离合器、冷凝器风扇联系在一起。当系统工作压力过高，或者环境温度过低，制冷剂漏尽时，高、低压保护开关切断压缩机电磁离合器的电路。正常时，低压保护开关是闭合的，检查时用万用表欧姆档测量其电阻值应为0Ω；若测量其电阻值为无穷大，则表明低压保护开关断开。这时用导线跨接低压保护开关，打开空调A/C开关，制冷系统能正常工作，则说明低压保护开关损坏，应更换低压保护开关。高压保护开关正常时是断开的，随着制冷系统的压力上升，当压力达到一定值时闭合，这时接通冷凝器风扇的高速档，如果压力继续上升，上升到2MPa时，高压保护开关断开，切断压缩机电磁离合器的电源。检查时，用万用表测量其两端，其电阻应为无穷大。打开空调A/C开关，制冷系统正常工作，然后用导线跨接其两端，冷凝器风扇应为高速转动，否则说明高压保护开关损坏，应更换。

4）检查压缩机润滑油面。压缩机有视液镜的，观察油面是否在红线以上。在侧面有放油塞的，可略松开放油塞，此时如果有油流出，则表面油量适当；若没有油流出，则需要添加润滑油。有油尺时，根据说明书规定用油尺检查。

5）检查膨胀阀。检查膨胀阀感温包与蒸发器出口管路是否贴紧，以及隔热保护层是否包扎牢固。

6）检查取暖系统。首先应该保证有足够的冷却液，检查散热器中是否有足够的冷却液，然后起动发动机，怠速5min后，打开鼓风机，拨动调温键，测量出风口的温度是否有变化，以及操纵机构是否移动自如。如果温度不变，操纵阻力大，则应该修理。最后观察取暖系统是否漏液等。

7）检查鼓风机及调速器。按下鼓风机开关后，检查鼓风机工作时是否有异常声响，是否有异物塞住叶片或碰到其他部件，然后从低档到高档分别拨动调速开关，每档鼓风机停留5min，检查其吹出的风量是否有变化。若没有变化，则可能是调速器损坏或调速电阻损坏，应更换。

8）检查观察孔。汽车空调大多数装配有观察孔来观察制冷系统内部工质流动的情况。轿车的观察孔大多数安装在储液干燥器上，通过观察孔来检查制冷系统工质的方法为起动发动机，将发动机转速稳定在1500r/min左右，制冷系统运行5min，把空调功能键调到最大位置，鼓风机调到最高转速，看观察孔中制冷剂流动情况。

① 清晰。如图6-2a所示，观察孔内无气泡，此时可能有三种情况。

a. 孔内无气泡，也看不见液体流动，这种情况表示系统内制冷剂漏尽。用手触摸压缩机进、排气口，温差不明显，出风口无冷风。这时应立即停止压缩机，检查制冷剂泄漏的原因并修理，否则压缩机会因缺润滑油而咬住。

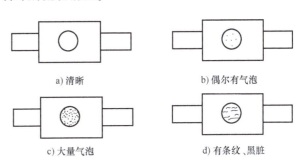

图6-2 通过空调观察孔观察制冷剂液流状态

b. 观察孔内无气泡，看见液体快速流动，这种情况表示制冷剂过多。用手触摸压缩机进、排气口，两边有明显的温差，而且高压侧烫手，低压侧有冰霜。用歧管压力表检测，高、低压都过高。这时应排出过多的制冷剂。

c. 观察孔内无气泡，看见有液体稳定的紊流，这种情况表明制冷剂适量。用手触摸压缩机进、排气口，两边有明显的温差，而且高压侧热，低压侧凉。用歧管压力表检测，高、低压都正常。

② 偶尔有气泡。如图6-2b所示，偶尔看到有气泡流过，这种情况说明制冷剂稍微不足或储液干燥器的干燥剂已饱和，制冷系统中有水分。

a. 当膨胀阀出现冰堵现象时，表明制冷系统中有水分，应更换储液干燥器。

b. 当膨胀阀没有出现冰堵和结霜现象时，用歧管压力表检测，高、低压均稍低，则说明制冷系统中制冷剂不足，此时应检查有无泄漏的部位和补充适量的制冷剂。

③ 大量气泡或泡沫状。如图6-2c所示，这种情况说明制冷剂严重不足并有大量的水分。此时必须检漏修理，修好后应抽真空，加制冷剂。

④ 观察孔的玻璃上有条纹状的油渍或黑油状泡沫。如图 6-2d 所示，此时可能有三种情况。

a. 若压缩机进、排气口有明显的温差，停止压缩机，孔内油渍干净，则说明制冷系统内的冷冻机油过多，应释放一些冷冻机油。

b. 若压缩机进、排气口有明显的温差，停止压缩机，孔内仍有油渍或其他杂物，则说明制冷系统内冷冻机油变质、脏污，应清洗制冷系统，重新注入冷冻机油和制冷剂。

c. 若压缩机进、排气口无温差，空调器出风口无冷风，则说明制冷系统无制冷剂，玻璃上是冷冻机油。

6.2 汽车空调综合故障分析及诊断

汽车空调系统的常见故障可分为制冷故障、取暖故障、电气故障、机械故障等。要迅速排除这些故障，可根据不同的故障特点，采取不同的排除方法。这些方法主要有用故障表诊断、用歧管压力表诊断、按维修诊断系统流程图诊断、根据维修手册指示修理等。

6.2.1 用故障表诊断

1. 暖风系统的故障和排除

根据故障类型，可依照表 6-1 快速找出故障的原因及排除方法。

表 6-1 汽车空调暖风系统的故障和排除

故障	原因	检查排除方法
1）不供暖或暖气不足	1）空调器鼓风机损坏 2）鼓风机继电器、调温电阻器损坏 3）发热器漏风 4）温度门真空泵损坏 5）热风管道堵塞 6）冷却液管受阻 7）加热器芯管子内部有空气 8）加热器的翅片变形而通风不畅 9）加热器芯管子积垢堵塞 10）热水开关或真空泵失效 11）冷却液不足 12）发动机的石蜡节温器失效	1）和 2）用万用表检查电阻，电阻值为零则更换 3）更换发热器壳 4）更换真空泵 5）清除管路 6）冷却液管弯曲，更换冷却液管 7）排出管内空气 8）修理和更换加热器 9）用化学方法除垢 10）拆修或更换，保证有足够的热水量 11）补充冷却液，并检查散热器盖是否漏气 12）更换石蜡节温器
2）鼓风机不转	1）熔丝熔断或开关接触不良 2）鼓风机电动机烧损 3）鼓风机调速电阻断路	1）检查熔丝和开关，用小号砂纸轻擦开关触点 2）更换鼓风机电动机 3）更换电阻
3）漏水	软管老化、接头不牢，热水开关关闭不严	更换水管、接牢接头、修复热水开关
4）过热	1）调温门调节不当 2）发动机节温器损坏 3）风扇调速电阻损坏	1）调整调温门的位置 2）更换节温器 3）更换电阻
5）除霜热风不足	1）除霜风门调整不当 2）出风口阻塞 3）供暖不足	1）重调 2）清理 3）见本表第1）类故障检查排除方法

项目6 汽车空调综合故障诊断与排除

(续)

故障	原因	检查排除方法
6)操纵吃力或不灵活	1)操纵机构卡住,风门粘紧 2)所有真空泵失灵	1)调整或修理 2)更换
7)加热器芯有异味	加热器漏水	检查进出水接头并卡住;加热器管漏水,则更换

2. 制冷系统的故障和排除

制冷系统的故障和排除见表6-2。

表6-2 制冷系统的故障和排除

故障	原 因	检查排除方法
1)系统噪声过大	1)离合器结合时打滑 2)离合器轴承磨损、间隙过大或缺油 3)离合器电磁线圈故障或者接头松动 4)传动带松驰、磨损引起打滑 5)传动带轴承磨损 6)传动带过紧引起的压缩机振动 7)带轮中心线不平行引起压缩机振动 8)压缩机安装螺钉松动,支承板松动或破碎 9)进、排气阀片损坏 10)活塞环磨损 11)敲缸 12)风扇叶片变形引起噪声和电动机轴承磨损引起叶片和机罩摩擦 13)冷冻机油过多或过少 14)制冷剂过量引起的高压管振动,压缩机的敲击声 15)制冷剂不足引起蒸发器进口有"嘶嘶"声 16)制冷系统水分过多	1)无油渍时应清洗和修理,弹簧或卡盘损坏时应更换离合器 2)更换离合器轴承,或者加入适量润滑脂 3)拧紧接头,更换电磁线圈 4)调整合适张紧力,或更换传动带 5)更换轴承 6)调整传动带张力 7)重新安装压缩机,使其中心线平行 8)拧紧安装螺钉,更换压缩机支承板 9)更换 10)修理或更换压缩机 11)打开高压维修阀 12)维修或更换风扇 13)排去和加注冷冻机油,保持正确油平面 14)排放制冷剂,直到高压表值正常 15)检查有无泄漏并修好,加足制冷剂 16)更换干燥器,将系统再次抽真空,然后充注制冷剂
2)完全没有冷气	1)A/C熔丝烧断 2)电路断路器有故障 3)A/C开关有故障 4)主继电器接触不良,或有其他故障 5)电线和接头拆断或脱落 6)离合器电磁线圈短路烧毁 7)恒温开关或放大器失灵 8)热敏电阻有故障 9)蒸发器风扇电动机或继电器有故障 10)传动带松驰或折断 11)高压或低压开关有故障或断开 12)制冷剂漏尽:①压缩机轴封漏油;②储液干燥器上的易熔塞熔化;③软管破损;④系统其他部位故障 13)储液干燥器或膨胀阀堵塞 14)压缩机的进、排气阀门折断或阀板磨损 15)缸盖密封垫损坏	1)查明原因,更换熔丝 2)查明原因,予以纠正,更换断路器 3)检查A/C开关 4)检查主继电器 5)检查电路,接通电路 6)检查线圈,若短路则更换 7)更换 8)检查,不符合温度变化曲线时应更换 9)电动机有故障时更换,继电器有故障时修理 10)调整或更换 11)检查开关,并查明断路的原因;有故障时更换 12)查明漏点,修理并重新抽真空、注液 13)检修并查明堵塞原因 14)更换阀门和阀板 15)更换

(续)

故障	原 因	检查排除方法
3）输出的冷气量不足	1）蒸发器风扇转速过低 2）热敏电阻有故障 3）放大器有故障，恒温开关有故障 4）离合器因电压过低而打滑 5）离合器因磨损过量而打滑 6）离合器循环过于频繁 7）压缩机进、排气阀腔窜气 8）储液干燥器滤网堵塞 9）膨胀阀滤网堵塞 10）膨胀阀感温包保温层脱落而松动，或者感温包感温液体漏尽 11）孔管滤网堵塞 12）冷凝器的气流不畅通 13）蒸发器的气流不畅通 14）蒸发器压力控制阀有故障 15）系统中制冷剂过多或不足 16）冷冻机油过多 17）系统内进入空气 18）车外温度高，车外循环风门关闭不严 19）蒸发器结霜堵塞 20）蒸发风箱壳漏气	1）检查接头是否松动，调速电阻是否失效；若接头未松动，调速电阻未失效，则更换风扇 2）检查或更换 3）检查放大器，更换；检查恒温开关，更换 4）找出原因，输入规定电压 5）更换磨损严重的离合器零件 6）调整或者更换恒温开关或温度放大器 7）更换缸垫 8）更换滤网，清洗或更换储液干燥器 9）卸下滤网，清洗或更换滤网 10）重新包捆感温包，感温包泄漏时则更换膨胀阀 11）清理滤网，并更换液气分离器 12）清理冷凝器表面杂物 13）清理蒸发器表面，修理温度混合风门 14）更换 15）排出多余的制冷剂或充入适量制冷剂 16）排出多余的冷冻机油 17）排空、抽真空、注液 18）修理外循环风门，或更换此真空泵 19）调整恒温开关或蒸发器压力控制器 20）修理补漏
4）输出冷气时有时无	1）离合器线圈电路接触不牢，搭铁松动 2）离合器打滑或磨损严重 3）主继电器、风扇继电器有故障 4）连接插头插座有松脱 5）风扇变阻器有故障 6）电动机接触不良 7）离合器因电压过低而时有打滑 8）恒温器或放大器有故障 9）系统内湿气过多 10）膨胀阀失灵，感温包松动 11）恒温器调整的断开温度过低 12）蒸发器压力控制器有故障	1）焊接牢固，拧紧修理搭铁 2）清洗油渍，更换磨损零件 3）更换继电器 4）接牢，更换松脱的插座 5）更换调速器 6）更换风扇电动机 7）找出原因，并予以改正 8）更换恒温器或放大器，检查热敏电阻 9）更换干燥剂，重新抽真空、注液 10）更换膨胀阀，检查感温包 11）重新调整 12）更换

6.2.2 用歧管压力表诊断

1. 测试条件

发动机预热后，在以下特定条件下，从歧管压力表上读取压力值。

1）将功能键设定在"内循环"（REC）状态。
2）将发动机转速控制在1500r/min。
3）鼓风机档位置于"Hi"（高速）位置。
4）调速键置于"COOL"（最冷）位置。
5）环境温度为30～35℃（当环境温度过高时，用大风扇吹冷凝器或用冷水冲冷凝器以调节系统温度）。

2. 故障诊断

（1）空调系统正常　如图6-3所示，R134a空调系统歧管压力表读数：低压侧为0.15～0.25MPa，高压侧为1.37～1.57MPa。

项目6 汽车空调综合故障诊断与排除

（2）系统中有水分　歧管压力表读数如图6-4所示，具体检修见表6-3。

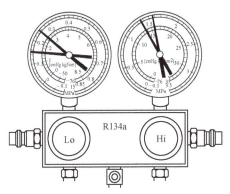

图6-3　歧管压力表

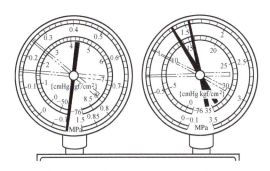

图6-4　系统有水分故障压力表指示

表6-3　系统中有水分检修

故障现象	可能原因	诊断	故障排除
1）工作期间低压侧有时变成真空 2）间歇性制冷，最后不制冷	进入系统内的水分在膨胀阀管口结冰，循环暂时停止，但是当冰融化后，系统又恢复到正常	1）干燥剂处于饱和状态 2）系统水气在膨胀阀管口结冰，阻碍制冷剂的循环	1）更换储液干燥器 2）通过反复抽出空气来除去系统中的水气，并注入适量的新的制冷剂

（3）制冷不充分　歧管压力表读数如图6-5所示，具体检修见表6-4。

表6-4　制冷不充分检修

故障现象	可能原因	诊断	故障排除
1）高、低压侧压力都偏低 2）在观察孔出现连续的气泡 3）制冷效果变差	制冷系统中某处发生气体渗漏	1）系统制冷剂不足 2）制冷剂渗漏	1）用渗漏检测器检查是否有气体渗漏，若有必要进行维修 2）充注适量制冷剂 3）接一压力表，若压力为0MPa，检修渗漏处，并将系统抽真空

（4）制冷剂循环不良　歧管压力表读数如图6-6所示，具体检修见表6-5。

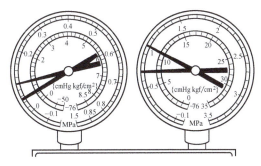

图6-5　制冷不充分压力表指示

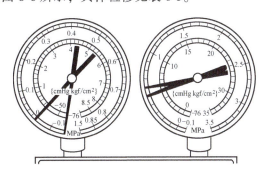

图6-6　制冷剂循环不良压力表指示

（5）制冷剂不循环　歧管压力表读数如图6-7所示，具体检修见表6-6。

表 6-5 制冷剂循环不良检修

故障现象	可能原因	诊断	故障排除
1)高、低压侧压力都偏低,低压表低于标准值 0.05~0.1MPa 稳定指示;高压表低于标准值 0.7~1MPa 稳定指示 2)从储液干燥器到主机组的管路都有结霜,膨胀阀没有结霜,观察孔可见气泡 3)制冷效果差	储液干燥器中的污物阻碍制冷剂的流动	储液干燥器不循环	更换储液干燥器

表 6-6 制冷剂不循环检修

故障现象	可能原因	诊断	故障排除
1)在低压侧指示真空,在高压侧指示压力过低 2)膨胀阀或储液干燥器前后的管子上有水露或结霜	系统有水分或污物阻塞使制冷剂不流动	制冷剂不循环	1)检查膨胀阀热传感器和蒸发器 2)用压缩空气清除膨胀阀内污物,若不能清除,则更换膨胀阀 3)抽取空气并充注适量制冷剂。若传感器渗漏,则更换膨胀阀

(6) 制冷剂过多或散热器散热不良 歧管压力表读数如图 6-8 所示,具体检修见表 6-7。

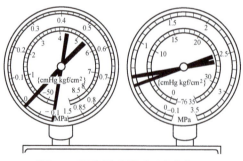

图 6-7 制冷剂不循环压力表指示

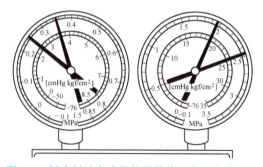

图 6-8 制冷剂过多或散热器散热不良压力表指示

表 6-7 制冷剂过多或散热器散热不良检修

故障现象	可能原因	诊断	故障排除
1)高、低压侧压力都过高 2)即使发动机转速下降,通过观察孔也看不到气泡 3)制冷效果差	1)系统中的制冷剂过量,不能充分发挥制冷剂的效能 2)冷凝器散热不良	1)过量的制冷剂在循环 2)冷凝器冷却不足,冷凝器散热器阻塞或风扇有故障	1)清洁冷凝器 2)检查风扇电动机转动情况 3)检查制冷剂量,充注适量的制冷剂

(7) 系统中有空气 歧管压力表读数如图 6-9 所示,具体检修见表 6-8。

(8) 膨胀阀安装不正确或热传感管故障(开度过大) 歧管压力表读数如图 6-10 所示,具体检修见表 6-9。

(9) 压缩机压缩不良故障 歧管压力表读数如图 6-11 所示,具体检修见表 6-10。

项目6 汽车空调综合故障诊断与排除

表 6-8 系统中有空气检修

故障现象	可能原因	诊断	故障排除
1)高、低压侧压力过高 2)触摸时感觉到低压管是热的 3)在观察孔中出现气泡,制冷效果差	制冷系统中有空气	1)制冷系统中有空气 2)抽真空不彻底	1)检查压缩机润滑油是否变脏或不足 2)抽去空气并充注适量的制冷剂

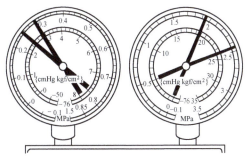

图 6-9 系统中有空气压力表指示

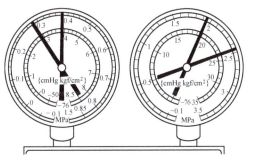

图 6-10 膨胀阀安装不正确或热传感管故障压力表指示

表 6-9 膨胀阀安装不正确或热传感管故障检修

故障现象	可能原因	诊断	故障排除
1)高、低压侧压力过高 2)低压侧管路结霜或有大量的露水 3)制冷不足	膨胀阀故障或感温包毛细管安装不正确	1)低压管路制冷剂过量 2)膨胀阀开度过大	1)检查感温包毛细管安装情况 2)检查膨胀阀,若有故障更换膨胀阀

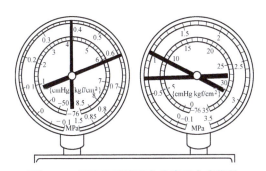

图 6-11 压缩机压缩不良故障压力表指示

表 6-10 压缩机压缩不良故障检修

故障现象	可能原因	诊断	故障排除
1)低压侧压力过高,高压侧压力过低 2)无冷气	压缩机内部密封不良	压缩机故障,阀门渗漏或损坏,零件滑落	修理或更换压缩机

6.2.3 按维修诊断系统流程图诊断

对一些具体的车型,其空调系统故障可按维修手册的诊断流程图进行检修。下面以三菱帕杰罗吉普车为例介绍这种流程图（图6-12、图6-13）。

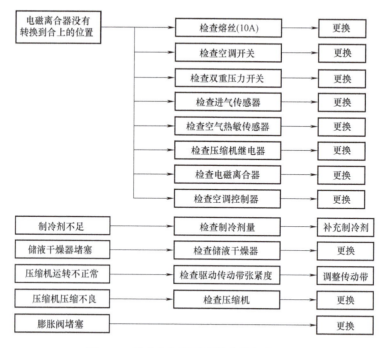

图6-12　送出空气但不冷故障诊断流程图

图6-13　其他故障诊断流程图

6.2.4　常规诊断方法

通过看、听、摸、测量等手段分析故障现象及其产生的原因，可较快地排除空调系统的

项目6 汽车空调综合故障诊断与排除

故障,下面以两个例子分析这种诊断方法。

1. 电磁离合器故障

(1) 离合器打滑

1) 故障现象。

① 在开启空调时,离合器压盘带轮不同步,特别是在汽车加速时,不同步现象更加明显。

② 离合器发出刺耳的声音。

③ 有时可能看见压盘与带轮接合面产生火星或冒烟。

④ 空调制冷效果差或完全不制冷。

2) 诊断方法。

① 离合器的间隙过大。停止空调后,用塞尺测量离合器间隙,间隙明显比标准值大。这主要是由离合器本身磨损或维修离合器时调整不当引起的。

② 离合器表面有油污。离合器因静摩擦力不足而出现打滑,其原因是发动机前油封漏油或维修保养时不注意将油洒在离合器表面。

③ 离合器磨损过甚。空调长时间运行,容易造成离合器磨损及翘曲变形,一旦出现这种情况,产生打滑现象。

④ 离合器电磁线圈故障。当离合器线圈出现短路老化而使阻值过大时,线圈将会因吸力不足而致离合器打滑。检查时可采用两种方法:一种是脱开离合器线圈连接端子,用万用表电阻档测量线圈电阻值,并与标准值对比,若阻值偏大或偏小,均要更换电磁离合器;另一种方法是拆去离合器线圈导线接头,然后串联一个电流表,开启空调并读取电流值,一般电流值在2.5~4.0A范围内,如果读数不在此范围内,说明离合器线圈有故障或接地不良。

⑤ 车上电源电压过低或线路接触不良。在确保电磁线圈良好的情况下,开启空调,在电磁线圈电源输入端接一个电流表。若测得的电压与电源电压不符,则说明线路有电压降,一般需要检查线路是否接触良好及控制元件是否有故障。

⑥ 制冷系统压力过高。当由于散热不良等原因而致使系统压力过高时,离合器会过载,长期运行易使离合器打滑。

⑦ 压缩机卡住。当压缩机因缺油等原因而卡住时,将使离合器负荷过大而打滑,同时还伴随传动带断裂故障。

(2) 离合器完全不接合,但有电流通过离合器线圈 如果开启空调时,离合器不能接合,首先应检查离合器线圈的供电,拆下电磁线圈输入线,接上一个测试灯并接地。起动发动机和空调系统,如果测试灯亮,说明有电流供给离合器线圈,而故障产生在离合器上,如果不亮则是外部接线故障,检查接地是否良好。也可按如下步骤操作:

1) 进行通电测试,即将电源直接加在电磁线圈上,若线圈有故障,应卸下离合器并更换线圈。

2) 如果线圈通过测试,则表明离合器总成有机械故障,如翘起的转子-带轮或线圈与转子-带轮相擦碰。

(3) 离合器根本不能接合,且无电流通过离合器线圈 这种故障一般为电路故障,在确定制冷剂正常的情况下,应依据空调的实际线路控制方式进行综合分析、检查,然后找出故障。

2. 空调制冷效果差

(1) 故障现象 开启空调后,出风口处的风不够冷。

(2) 故障分析与排除　引起制冷效果差的原因有以下几个方面：

1）车厢的密封性能或隔热性能变差。车门关闭不严密及车窗密封不严都会使外部空气大量流入车厢内。随空气进入的热量可高达全部热负荷的40%，使车厢内的空气温度上升，并带入尘土、废气、噪声。另外，在打开制冷开关的同时，应把通风手柄关上，以免通风量过大使车厢的降温效果变差。车窗上是否遮阳膜，对制冷系统的热负荷影响也大。若贴上遮阳膜，轿车可减小700W的动力消耗，约占整个热负荷的20%~30%。

2）经过蒸发器的空气量减少。由于经过蒸发器的空气量少，送出的冷量也会减少，风感弱，因此感觉到冷量不足。此时可清洗或更换空气滤网，清除风道中的阻碍物。如果是鼓风机电动机运转不顺，则应更换电动机。

3）冷凝器效能差。冷凝器上有油污、杂物，一方面会严重影响制冷系统向外排散热量，在这种情况下歧管压力表上的高压值会很高，应清除冷凝器上的泥污和杂物；另一方面，通过冷凝器的空气量不足，也会产生冷凝效果不好，高压表值升高的现象，这时要重新调整好冷凝器的位置，必要时要加装风扇，以加大流过冷凝器的空气量。

4）制冷剂充入量过多。若充注的制冷剂量超过制冷系统的最大容量，储液干燥器装满后便会占去冷凝器的一部分容积，减小散热器面积，使其冷却效率降低。这时，歧管压力表上的高压值和低压值都比正常时高，必须释放一部分制冷剂才能使制冷系统工作正常。

5）膨胀阀开度过大。这种情况下，制冷系统的高压值比正常时低，而低压值会升高。这是因为膨胀阀开度过大后，节流效应减小，低压值不能达到所要求的范围，制冷剂不能充分汽化吸热，结果以液态形式流回压缩机。其表现为压缩机的吸汽端比蒸发器温度低，并有可能产生液击现象。此时可以把膨胀阀中的调节螺母拧紧至两圈，把制冷系统的低压调整到正常范围内。

6）压缩机效率降低。当压缩机使用一段时间后，各零件之间的磨损量增大，压缩机效率降低。使得实际输气量大大小于理论排量，造成制冷剂循环量减少，所以感觉冷气不足，此时应更换压缩机。

7）制冷系统中制冷剂不足。制冷系统中的循环制冷剂不足，必然使制冷量不足。这时高、低压力值都较正常时低，通过观察孔可观察到有气泡翻腾。停车后制冷系统的平衡压力可能低于环境温度所对应的饱和压力。解决此类故障的方法是添加制冷剂，直至通过观察孔观察不到气泡为止。

8）制冷系统内有空气。如果制冷系统内有空气，一般是由于在充注制冷剂的过程中没有抽真空，或者是抽真空时不够彻底。制冷系统内有空气时排气压力、吸气压力都相应提高。观察孔处能够观察到雾状泡沫。此时应重新抽真空、充注制冷剂。

9）脏堵。当制冷系统中存在杂物、油污时，会在膨胀阀或储液干燥器处产生堵塞情况。如果完全堵死，也会使制冷剂不足。其表现是储液干燥器的前后管子有明显的温差，或在膨胀闭处结霜，吸汽压力降低甚至出现真空状态。排除方法是拆下膨胀阀清洗，或者更换储液干燥器。

10）制冷系统间断制冷。当压缩机上的电磁离合器时合时离时，就出现制冷系统间断制冷的现象。这时可以在怠速控制器、温度控制器上找原因。

还有一种引起制冷系统间断制冷的原因是膨胀阀的"冰堵"。制冷剂中混入水分后，经过膨胀阀的节流孔时，由于温度低于0℃时，水分就在节流孔结冰而堵塞系统，使制冷系统失去制冷作用。当节流孔周围的冰溶化后，制冷系统又恢复工作，过一会在节流孔周围又结冰而堵塞系统。这样周而复始，使制冷系统间断制冷。排除的方法是更换一个储液干燥器，以吸收制冷系统中的水分。

6.2.5 空调系统压力异常故障处理工艺流程

当空调压力系统故障仅仅是由制冷剂原因引起的时，需要对空调压力系统进行制冷剂回收、净化、充注作业，工艺流程如图6-14所示，以此排除制冷剂对系统压力的影响。

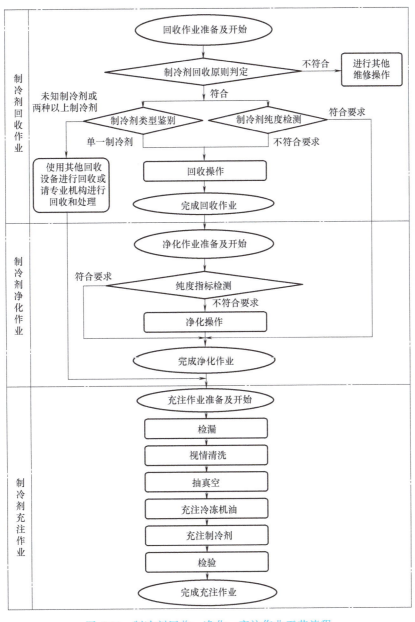

图6-14 制冷剂回收、净化、充注作业工艺流程

6-1 汽车空调鼓风机运转失控

1. 基本信息

车型为绅宝9000（SAAB 绅宝），装配GB234I型发动机，行驶里程为50000km，故障症状为空调鼓风机不受开关控制运转不停。

2. 诊断步骤

（1）故障现象　起动发动机，鼓风机随之转动，按下OFF键，指示各功能键均被切断，而鼓风机仍高速运转。

查阅该车空调资料，该车空调属于自动空调，鼓风机由风扇速度控制单元的功率晶体管进行无级调速控制。鼓风机控制电路如图6-15所示。

（2）故障分析与排除

1）自诊断测试，输出的故障码是1，查阅维修资料，1代表故障出现的累计次数，并不是故障码。

2）利用电路图对鼓风机电源、搭铁和鼓风机速度控制开关进行检查均正常。对微机控制信号14号输出端子进行检查，最大风量时输出电压为5V，最小风量时输出电压为0.1V，而且呈线性变化，说明微机能正常控制风扇速度控制单元的功率晶体管基极电流。

3）分析鼓风机控制电路，可能是风扇速度控制单元出现故障，车主反映以前曾更换过该单元。同一部件两次出现故障需查明产生故障的原因，一般控制单元内部的功率晶体管容易因电流过大被烧毁，导致电流过大的原因很可能是鼓风机电动机负荷过大。

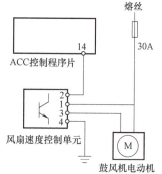

图6-15　鼓风机控制电路

4）检查风扇速度控制单元，控制鼓风机电流的大功率晶体管容量较大，型号是2SD1525，为NPN型低频管，该晶体管集电极的最大允许电流非常大，而鼓风机电动机电流一般最大为18A，正常使用时不应该出现故障。

5）拆开蒸发器外壳，重点检查鼓风机有无卡滞现象，结果发现外壳内积留了大量的水，这主要是因为外壳的排水管被泥沙堵住。从而导致鼓风机阻力过大，功率晶体管电流长时间超过30A，最终导致晶体管烧坏短路。拆下旧晶体管进行测量，B-C、B-E之间的电阻值为600Ω，C-E之间的电阻值为0Ω，说明该晶体管已短路，为节约成本，只更换晶体管，故障排除。

6）为防止同样的故障出现，要求用户定期保养，同时对该电路进行了改装，在线路中串联电阻，如图6-16所示。

对串联电阻前后的鼓风机电动机特性曲线进行测试，如图6-17所示。串联电阻后最大风量时电流只有8.5A，相当于串联电阻前的1/2，中速风量在串联电阻前后相似，而且能够进行线性控制，此故障已完全排除。

项目6 汽车空调综合故障诊断与排除

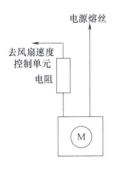

图 6-16　鼓风机搭铁电路串联电阻的示意图

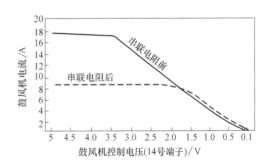

图 6-17　串联电阻前后鼓风机电动机特性曲线

6-2　汽车空调持续输送热风

1. 基本信息

车型为日产桂冠 E-C32（Laurel）；故障症状为将自动空调温度控制杆设置在 20℃，车外温度为 30℃时风口仍然向外输送热风。

2. 诊断步骤

（1）故障现象　自动空调的温度控制杆设置在任何温度时持续向外输送热风。

（2）故障分析与排除

1）自动空调的温度控制是 ECU 根据各传感器输入信号进行综合判断，控制伺服电动机，调节空气混合风门开闭来实现的。因此本故障重点从温度控制入手。图 6-18 所示为该车型自动空调温度控制系统电路图，该自动空调 ECU 端子配置如图 6-19 所示，各端子的标准电压见表 6-11。

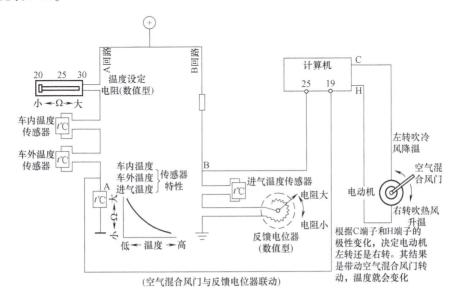

图 6-18　自动空调温度控制系统电路图

图 6-19 自动空调 ECU 端子配置

表 6-11 自动空调 ECU 各端子标准电压

端子	接线方法及基准值
3	照明灯搭铁端,20mV 以下
4	Hi 继电器线圈搭铁端(开关),风扇开关在"3"时,800mV 以上
5	进气风门电动机搭铁端(开关),(内气循环)时为 20mV 以下,此外为 13V
6	进气风门电动机搭铁端(开关),(外气循环)时 20mV 以下,此外为 13V
8	风扇电动机控制,空调开关闭合时为 800mV 以下,断开时为 13V
9	照明灯电源,滑动开关闭合时为 13V
10	风扇控制单元放大器的基极信号,风扇开关处于"1"和"2"时为 1100~1200mV,此外为 600mV
11	进气风门电动机接地端(开关),1/3(半内气)时为 200mV,此外为 13V
12	空气混合风门电动机电源,向冷的一侧移动中或者全冷时为 11~13V
13	空气混合风门电动机电源,向热的一侧移动时为 11~13V
15	冷却液温度传感器搭铁端,20mV 以下
17	反馈电位器搭铁端,从全冷到全热 1200~1500mV
18	阳光辐射传感器电源,2V
19	基准水平,车外温度传感器在 2.2~2.8V 之间变化
20	自动空调放大器搭铁端,20mV 以下
21	风量监视器,风量小时为 9V,风量大时为 200mV
23	冷却液温度传感器,0~80℃时为 10~1V,4V 以上可以检出
25	基准水平,车内温度传感器正端子侧为 2.2~2.8V
26	阳光辐射传感器搭铁端,200mV 以下
27	车内温度传感器,车内高温→低温,在 3~5V 之间
28	自动空调放大器电源,13V

2）自动空调的温度控制原理。当车内温度高,驾驶人设置温度较低时,如图 6-20 所示,此时设置电阻,车内、外温度传感器电阻的总阻值较小,A 点电位升高。ECU 检测 A、B 两点电位,$U_A > U_B$ 时,ECU 发出降温指令,空气混合器电动机旋转,车内温度下降,反馈电位器的阻值升高,B 点电位随之升高。当 $U_A = U_B$ 时,空气混合器电动机停止旋转,风门不动,车内维持在所设置的温度范围内。

当车内温度低,驾驶人设置温度较高时,如图 6-21 所示,此时设置电阻,车内、外温度传感器电阻总阻值较大,A 点电位下降,若 $U_A < U_B$。ECU 发出升温指令,空气混合器电动机旋转,使车内温度升高,反馈电位器的电阻值不断下降。当 $U_A = U_B$ 时,空气混合器电动机停止旋转,风门位置固定,车内温度维持在所设置的温度不变。

空气混合器电动机的旋转方向见表 6-12。

项目6 汽车空调综合故障诊断与排除

表 6-12 空气混合器电动机的旋转方向

计算机输入		计算机输出	
输入的 19 号和 25 号端子的电压比较	实际值与设置值的比较	命令	空气混合器电动机的旋转方向
19 号端子电压小于 25 号端子电压($U_{19}<U_{25}$)	温度低	加热	向右旋转
19 号端子电压大于 25 号端子电压($U_{19}<U_{25}$)	温度高	降温	向左旋转

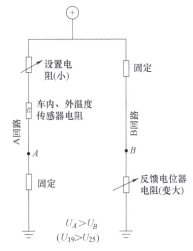

图 6-20 设置温度较低时的电路图

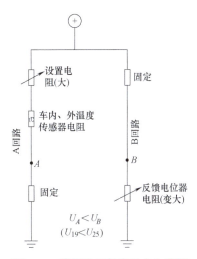

图 6-21 设置温度较高时的电路图

通过以上分析，对应于 A、B 两点的电压分别是 ECU 19 号和 25 号端子电压。测量 19 号和 25 号端子电压显示 19 号端子电压高于 25 号端子电压，导致 ECU 发出错误指令，无论车内温度多高，总使空气不断升温。分别对 19 号和 25 号端子外围电路进行检查，发现 19 号端子中 A 回路断路，即车内温度传感器接触不良，导致 19 号端子电压较低。

更换车内温度传感器后，故障现象排除。此例说明掌握汽车空调工作原理对维修时故障诊断具有重要的指导意义。

学习工作页

完成"学习工作页"任务工单 6 各项作业。

参 考 文 献

[1] 欧华春,李大成,陈艳芳,等. 汽车空调实训教程 [M]. 重庆:重庆大学出版社,2008.
[2] 潘伟荣. 汽车自动空调技术 [M]. 广州:华南理工大学出版社,2008.
[3] 马华祥,朱建风. 自动空调系统 [M]. 福州:福建科学技术出版社,2001.
[4] 郑志中,王长建. 汽车车身电控检修 [M]. 北京:中国劳动社会保障出版社,2007.
[5] 夏文恒,张晓辉. 汽车空调检修 [M]. 北京:科学出版社,2011.
[6] 德维金斯. 汽车空调原理与维修 [M]. 宋进桂,等译. 北京:机械工业出版社,2006.
[7] 郝军. 汽车自动空调 [M]. 北京:高等教育出版社,2007.
[8] 徐淼,汪立亮,周玉茹. 现代汽车自动空调系统原理与检修 [M]. 北京:电子工业出版社,2000.
[9] 付百学,郭建华. 进口汽车空调维修手册 [M]. 哈尔滨:黑龙江科学技术出版社,2000.

说　　明

1. "学习工作页"配套相应领域主教材使用。

2. 教师根据教学进度，布置学习工作页中的相应任务，也可以变更补充。

3. "学习工作页"由学生独立或集体完成。

4. 教师及时检查学生完成"学习工作页"的情况，并给以评分。

5. 教师定期组织学生撰写海报，并进行交流。

6. "学习工作页"题解参考见丛书"教学资源"，可扫描二维码获取。

目 录

说明

任务工单 1　汽车空调认知 …………………………………………………………… 1

任务工单 2　汽车空调制冷系统部件结构与检修 ……………………………………… 6

任务工单 3　汽车空调暖风与配气系统检修 …………………………………………… 24

任务工单 4　汽车空调电气系统检修 …………………………………………………… 30

任务工单 5　汽车空调自动控制系统检修 ……………………………………………… 41

任务工单 6　汽车空调综合故障诊断与排除 …………………………………………… 48

任务工单1　汽车空调认知

任务接受：某客户到汽车特约经销店进行汽车空调保养，了解汽车空调使用知识、制冷剂和冷冻机油类型等，要求服务顾问能够解答客户的问题。

任务活动：

【信息收集】

1. 写出所学车型的相关信息。

年份：_____，车型：_____，空调型号：_____。

2. 根据汽车空调制冷系统的组成，补充图1-1中所缺部件的名称。

1—_____
2—_____
3—_____

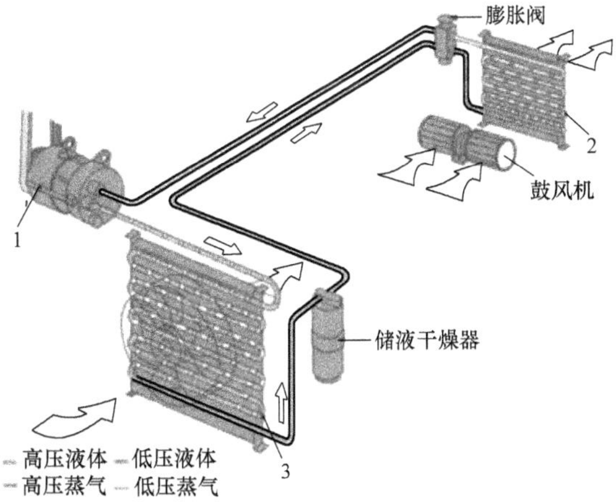

图1-1　空调制冷系统

【制订计划与实施计划】

根据车主的要求，确定所需的车型和汽车空调，并对小组成员进行合理分工，制订详细的介绍计划。

1. 在下表中选择在介绍中可能用到的工具和量具（在对应的选项中打√）。

工具和量具名称	选择	
车内四件套	□可能	□不可能
车外三件套	□可能	□不可能
手套	□可能	□不可能
扳手	□可能	□不可能
歧管压力表	□可能	□不可能
其他(填写具体名称)		

2. 小组成员分工。

序号	组长	记录员	操作员	备注

3. 制订汽车空调的派工计划。

（1）汽车空调类型、分类、型号和组成的介绍方法：_____
_____
_____

（2）汽车空调工作原理讲解步骤：_____

(3) 汽车空调使用知识、制冷剂和冷冻机油类型的介绍方法：_____

4. 认识汽车空调歧管压力表。

(1) 歧管压力表组成如图1-2所示，低压表及软管是_____，接头与系统低压检修阀连接；高压表及软管是_____，接头与系统高压检修阀连接；中间软管是_____，与真空泵或制冷剂罐相接通。

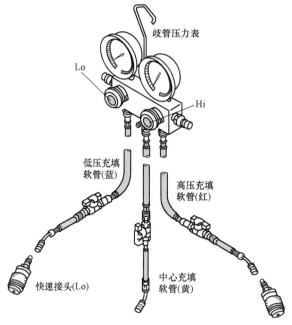

图1-2 歧管压力表组成

(2) 图1-3所示为汽车空调歧管压力表组结构图，请将图中序号零部件名称填入表中。并说明检查空调制冷系统故障的方法步骤。

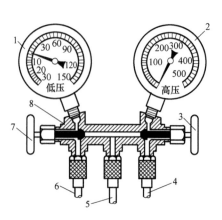

图1-3 汽车空调歧管压力表组结构图

序号	名称	序号	名称
1		5	
2		6	
3		7	
4		8	

（3）歧管压力表的常用功能主要有加注制冷剂、抽真空、检测空调压力、排出空气或者制冷剂。将四种功能填入图 1-4 的括号中。

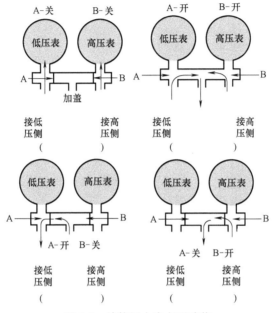

图 1-4 歧管压力表主要功能

【检查与评价反馈】

1. 自我检查。

序号	学习目标	达成情况(在相应的选项后打√)		
		能	不能	不能的原因
1	叙述汽车空调的组成、作用和工作原理			
2	识别汽车空调的系统和机构			
3	制订认知汽车空调的结构讲解计划			
4	规范讲解汽车空调使用知识、制冷剂和冷冻机油类型			
5	对汽车空调认知进行自检和互检			

2. 自我评价。

我做得好的地方	我还存在的问题
□动作准确	□动作不准确
□汽车空调使用规范	□汽车空调使用不规范
□演示步骤熟悉	□演示步骤不熟悉
□性能介绍清晰	□性能介绍不清晰
□讲解用时合理	□讲解用时过长
□工作态度端正	□工作态度不够端正

3. 小组评价。

我们组做到了：□全员参与　□分工明确　□工作高效　□完成了工作任务

4. 教师评价。

评价内容	评价指标	等次（星级评定）
活动态度方面	1）态度是否积极，是否主动组织或参与活动 2）与小组同学合作是否良好 3）活动是否认真、善始善终 4）是否勇于克服困难	
知识技能方面	1）查阅资料技能 2）实地观察记录能力 3）调查研究能力 4）整理材料能力	

【巩固与提高】

1. 汽车空调制冷系统的作用是_____。
2. 汽车空调制冷系统中_____的作用是维持制冷剂在系统中进行循环。
3. 汽车空调制冷系统中_____是通过气态制冷剂凝结将制冷系统的热量进行释放的。
4. 目前制冷剂中替代R12得到广泛应用的是_____。
5. 汽车空调系统按驱动方式可分_____式汽车空调系统和_____式汽车空调系统。
6. 汽车空调系统主要由_____、_____、_____、_____、_____、和_____等组成。
7. 冷冻机油的作用是_____、_____、_____和_____。
8. 在蒸发器中制冷剂低压汽化时的温度称为_____。
9. 表示压力常用的方式有_____压力、_____压力和真空度。
10. 冷凝是指_____物质经过冷却使其转变为_____，在制冷技术中，指制冷剂在冷凝器中由_____凝结为_____的过程。
11. 热的传递有_____、_____和_____三种形式。
12. 将来自太阳的_____热和室内人体散发出的_____排到大气中去，这两种热量的总和称为_____负荷。
13. 在制冷系统中用于转换热量并循环流动的物质称为_____。目前汽车空调系统使用的制冷剂通常有_____。
14. 添加冷冻机油可用_____、_____两种方法。
15. 冷冻机油易_____，用后应立即将盖拧紧。
16. 汽车空调制冷系统采用（　　）作为制冷剂。
   A. R12　　　　B. R134a　　　　C. R139　　　　D. R148
17. 简述制冷剂的定义及种类。

18. 简述制冷剂使用的注意事项。

19. 简述冷冻机油使用的注意事项。

20. 夏天空调制冷时排出的水是如何产生的?

21. 制冷系统中如果有水分,会对系统有哪些影响?

22. 用方框图画出空调制冷系统制冷剂的工作循环过程。

23. 压缩机冷冻机油量的检查一般有哪两种方法?分别叙述其检查方法。

任务工单 2　汽车空调制冷系统部件结构与检修

任务接受：维修客户反映：一辆 2009 年产速腾 1.6L 轿车（装备自动变速器），行驶了 1.5 万 km。有时出现空调不制冷现象，要求汽车维修技术人员能够解决客户汽车空调的问题。

任务活动：

【信息收集】

1. 写出所学车型的相关信息。
年　份：＿＿＿＿＿＿＿＿＿＿＿＿，车　型：
＿＿＿＿＿＿，空调型号：＿＿＿＿＿＿。

2. 根据汽车空调制冷系统的工作原理，补充图 2-1 中序号的名称。

1—＿＿＿＿＿＿＿＿＿＿＿＿＿＿＿＿
2—＿＿＿＿＿＿＿＿＿＿＿＿＿＿＿＿
3—＿＿＿＿＿＿＿＿＿＿＿＿＿＿＿＿
4—＿＿＿＿＿＿＿＿＿＿＿＿＿＿＿＿

3. 根据图 2-2 所示的可变排量压缩机，叙述可变排量原理。

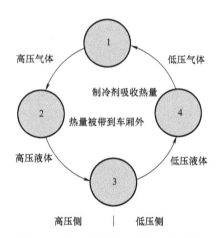

图 2-1　汽车空调制冷系统工作原理

＿＿

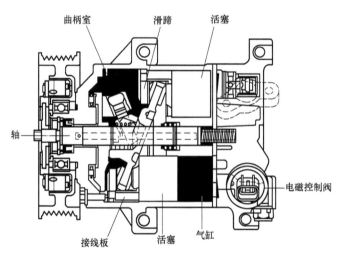

图 2-2　可变排量压缩机

【制订计划与实施计划】

根据客户描述的现象和任务要求，确定所需的维护仪器、工具，并对小组成员进行合理分工，制订详细的检查和维护计划。

1. 在下表中选择在检修中可能用到的工具和量具（在对应的选项中打√）。

工具和量具名称	选择	
车内四件套	□可能	□不可能
车外三件套	□可能	□不可能
护目镜	□可能	□不可能
扳手	□可能	□不可能
歧管压力表	□可能	□不可能
真空泵	□可能	□不可能
制冷剂回收装置	□可能	□不可能
其他(填写具体名称)		

2. 小组成员分工。

序号	组长	记录员	操作员	备注

3. 制订汽车空调不制冷检修派工计划。

（1）汽车空调不制冷检查方法：_____

_____

（2）汽车空调不制冷故障诊断与排除操作步骤：_____

_____

（3）汽车空调不制冷故障检修选用工具：_____

4. 汽车空调实物元件识别。在下表中填写元件名称、作用。

元件名称	作用	图示

(续)

元件名称	作用	图示

5. 如图 2-3 所示，在卡罗拉轿车上指认汽车空调元件的位置。补齐元件名称。

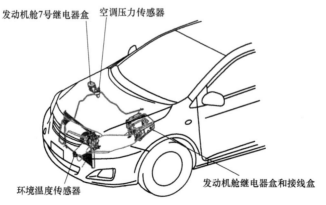

图 2-3　汽车空调元件

6. 图2-4所示为汽车空调制冷系统抽真空设备连接图，说明各序号所指设备名称，并说明抽真空的方法步骤。

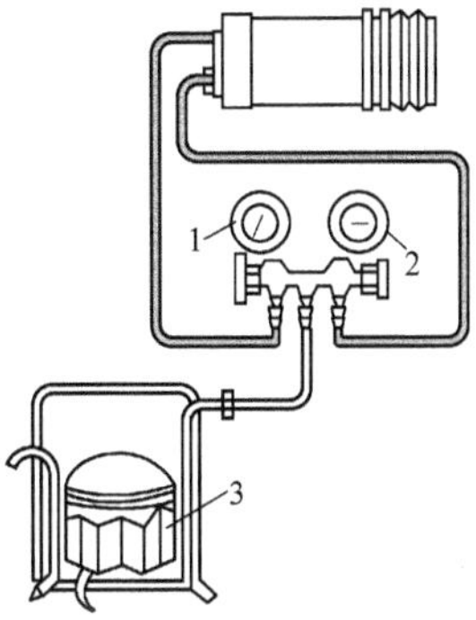

_____
_____
_____
_____
_____
_____
_____
_____
_____

图 2-4　汽车空调制冷系统抽真空设备连接图

7. 图2-5所示为汽车空调制冷剂充注设备连接图，说明各序号所指设备名称，并说明制冷剂充注的方法步骤。

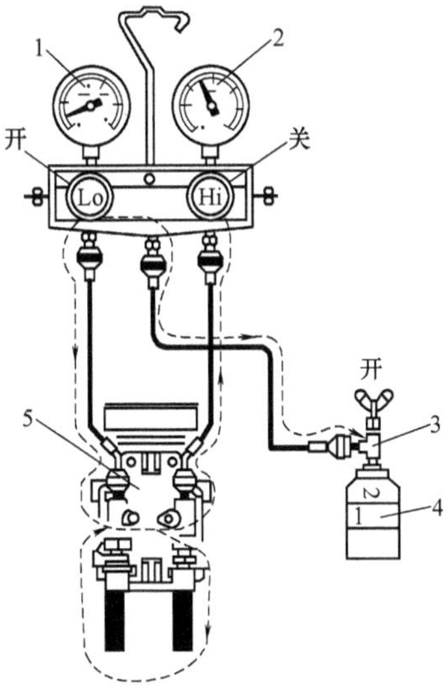

_____
_____
_____
_____
_____
_____
_____
_____
_____
_____
_____
_____

图 2-5　汽车空调制冷剂充注设备连接图

8. 根据图2-6进行汽车空调检修。

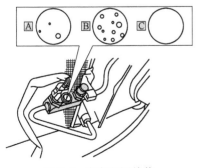

图 2-6　汽车空调检修

制冷剂量	状　态
适量	几乎没有任何气泡。发动机转速从急速逐渐增加到1500r/min时，气泡消失，制冷剂变得清澈
不足	有连续的气泡流动
过量	没有气泡。该情况下，高压侧和低压侧的压力都较高，并且制冷不足

9

9. 空调压力故障诊断。

记录测量结果。观察并记录高、低压侧压力表读数。查维修手册可知卡罗拉 1.6L GL AT 轿车标准值为：低压侧压力为_____ MPa，高压侧压力为_____ MPa。比较测量值和标准值，如果高、低压测量值都比标准值低，则表明制冷剂量不足。

10. 汽车空调检漏。

1）常见泄漏部位如图 2-7 所示。

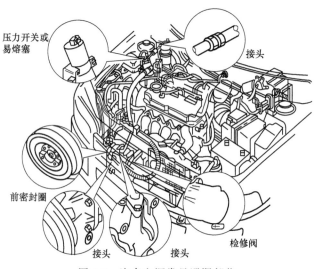

图 2-7 汽车空调常见泄漏部位

2）看图判断汽车空调检漏方法，填入表中。

检漏方法	图示

11. 汽车空调抽真空作业。
(1) 抽真空作业填空。
1) 连接歧管压力表，如图 2-8 所示。

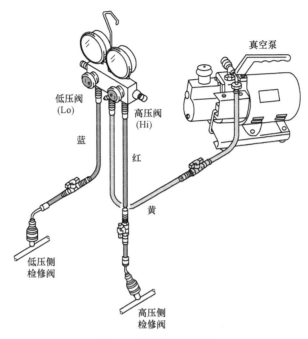

图 2-8　连接歧管压力表

2) 抽真空。
3) 真空检漏。
4) 气体检漏。
5) 再次抽真空。
(2) 按照图 2-9 所示的抽真空作业流程，判断空调设备是否有泄漏。

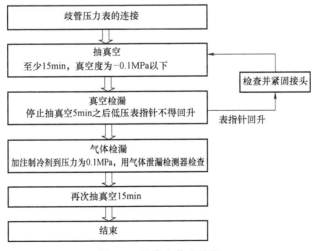

图 2-9　抽真空作业流程

12. 汽车空调制冷剂加注实训。

（1）加注方法主要有_____和_____两种。

（2）汽车空调制冷剂加注填空。

1）从高压侧加注。不要运行发动机，打开歧管压力表_____，加注指定量制冷剂，关闭歧管压力表高压阀（Hi）和充填瓶阀门。

提示：此时绝不要_____空调系统，否则制冷剂会倒灌，将损坏软管和歧管压力表，甚至会使制冷剂罐爆炸。

2）从低压侧加注。检查歧管压力表_____已经关闭，起动发动机，打开全部车门，起动空调系统，设定温度为最冷，鼓风机转速为最高，发动机转速为_____ r/min。打开歧管压力表低压阀（Lo）和检修罐开关阀，并充填指定量的制冷剂。制冷剂充填完成后，关闭歧管压力表低压阀（Lo）和检修罐开关阀，停止发动机。

提示：

1）绝不要打开歧管压力表_____。这样做特别危险，因为压缩机工作将导致制冷剂回流，损坏软管和检修阀，甚至会使制冷剂罐爆炸。

2）绝不要颠倒_____。使其保持直立，使制冷剂以气态形式充填。当_____倒立时，_____制冷剂吸入压缩机，导致液体压缩，损坏压缩机阀门。

13. 故障判断。如果检查发现冷凝器存在泄漏现象，查阅维修手册写出故障处理步骤。

_____
_____
_____
_____
_____
_____
_____

14. 制冷系统有很多种类型的堵塞，包括高压端加注口后堵塞、高压端加注口前堵塞、低压端加注口后堵塞、低压端加注口前堵塞。根据所学知识分析其故障原因并完成下表。

故障现象	直观检查	原因
1）高压侧压力高,低压侧压力低或正常 2）压缩机有噪声 3）高压开关无法关闭系统,但低压开关有可能关闭系统 4）堵塞前高压软管非常热 5）堵塞后高压软管从冷变热	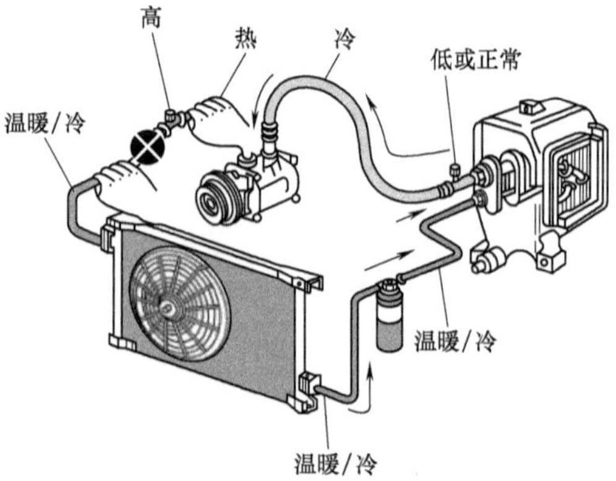 高压端加注口后堵塞	

15. 故障案例。
（1）有客户提出给他的车多添加一些制冷剂，你如何向他解释？

（2）长时间使用汽车空调之后，检查发现制冷剂有轻微减少，但找不到有明显的泄漏点，这是为什么？

16. 汽车空调检测。
（1）直观检查。
1)"看"空调运行后。
① 看玻璃观察窗制冷剂流动的情况，_____为正常。
② 看低压回路的结霜情况，_____为正常。
③ 看制冷系统各个接头处的渗油情况，_____为正常。
④ 看压缩机磁力线圈的工作情况，_____为正常。
⑤ 看蒸发器淌水情况，一般空调运行 8min 左右，_____为正常。
⑥ 看冷凝器_____运行是否正常。
2)"听"空调运行后。
① 听压缩机运转时有无杂音、撞击声，有则为不正常。
② 蒸发器鼓风机、冷凝器电子风扇、电动机等运转时是否有杂音，有则为不正常。
3)"摸"空调运行后。
① 摸制冷系统的高、低压管，高压管_____、低压管_____为正常。
② 冷凝器_____为正常，且冷凝器_____为正常。
③ 干燥过滤器_____，且进口与出口_____为正常。
④ 膨胀阀前后_____为正常。
⑤ 车内送风口吹出的风有_____的感觉为正常。
（2）检查。通过看、听、摸这些过程，只能发现不正常现象，但要得出最后的结论，还要借助于有关仪器、仪表来进行测试，在掌握第一手资料的基础上，对各种现象进行认真分析，找出故障所在，然后予以排除。
1) 用检漏仪检查。用检漏仪检查整个系统各接头处是否_____。
2) 用万用表检查。用万用表可以检查出_____故障，判断出_____。
3) 用温度计检查。用温度计可以判断出_____、_____、_____故障。
① 蒸发器正常工作时，蒸发器表面温度在_____的情况下越低越好。
② 冷凝器正常工作时，冷凝器入口管温度为____℃，出口管温度为____℃左右。
③ 储液器温度正常情况下应为____℃左右，若储液筒上下温度不一致，说明储液器有_____。

4）用压力表检查。将歧管压力表的高、低压表分别接在压缩机的排气、吸气口的维修阀上。在空气温度为 30～35℃，发动机转速为_____ r/min 时检查。鼓风机风速调至_____，温度调至_____，其正常状况是：高压侧压力为_____，低压侧压力应为_____，若不在此范围内，则说明系统有故障。

【检查与评价反馈】

1. 自我检查。

序号	学习目标	达成情况(在相应的选项后打√)		
		能	不能	不能的原因
1	叙述汽车空调制冷系统的组成、作用和工作原理			
2	识别汽车空调制冷系统的主要零部件			
3	制订汽车空调不制冷的故障检修计划			
4	规范诊断与排除汽车空调不制冷故障			
5	对汽车空调制冷的检修质量进行自检和互检			

2. 自我评价。

我做得好的地方	我还存在的问题
□动作准确	□动作不准确
□工具使用规范	□工具使用不规范
□安装步骤熟悉	□安装步骤不熟悉
□零件摆放整齐	□工具摆放不整齐
□操作用时合理	□操作用时过长
□工作态度端正	□工作态度不够端正

3. 小组评价。

我们组做到了：□全员参与　□分工明确　□工作高效　□完成了工作任务

4. 教师评价。

评价内容	评价指标	等次（星级评定）
活动态度方面	1）态度是否积极,是否主动组织或参与活动 2）与小组同学合作是否良好 3）活动是否认真、善始善终 4）是否勇于克服困难	
知识技能方面	1）查阅资料技能 2）实地观察记录能力 3）调查研究能力 4）整理材料能力	

【巩固与提高】

1. 填空题。

1）冷凝器的结构形式很多，而在汽车空调制冷系统中，经常采用的为_____、_____、_____。

2）管带式冷凝器是由一整根_____和_____焊接而成的。

3）汽车空调制冷系统采用的蒸发器有_____、_____和_____等几种。

4）在汽车上总是把_____、_____、_____甚至还有许多相关的零部件组装在一起，称为蒸发器总成。

5）节流膨胀装置主要包括_____、_____等。

6）膨胀阀根据平衡方式分为_____与_____两种。

7）储液干燥器主要由_____、_____、_____、视镜和_____构成。

8）电磁离合器的作用是接通或切断_____与_____之间的动力传递。

9）当蒸发器温度比较高时，内平衡膨胀阀的节流孔的开度相应_____，此时便可输送_____制冷剂到蒸发器，这样制冷量就_____。当蒸发器温度较低时，内平衡膨胀阀的节流孔的开度相应_____，内平衡膨胀阀输送_____制冷剂到蒸发器，蒸发器的制冷量就_____。

10）在蒸发器的温度下降到0℃以下，吹出的冷风温度0~4℃时，恒温器便会自动切断_____电磁线圈回路中的电流，停止运行。

11）电子温度控制器中热敏电阻传感器的温度越高，阻值_____。

12）空调制冷系统采用孔管（CCOT）系统时，孔管安装在_____入口处。

13）汽车空调系统发生故障时，可以由_____来查看系统中制冷剂量是否足够。

14）由视镜观察玻璃上有气泡、泡沫不断流过，说明_____。

15）由视镜观察玻璃上有条纹状的油渍，说明_____。

16）歧管压力表组件的两个压力表中，一个用于检测冷气系统_____的压力，另一个用于检测_____的压力。

17）制冷系统试漏有_____、_____、_____、_____、及_____等几种。

18）目前常用的多功能电子检漏仪，它既能检测_____，又能检测_____。

19）染料示踪检漏法将加有_____的制冷剂注入系统，若系统有泄漏的情况，由于有_____，泄漏点可以容易地被发现。

20）加压检漏首先应备有_____的压缩氮气。

21）制冷剂回收与充注装置回收制冷剂一般使用_____法将制冷剂变成液态。

22）制冷系统抽真空的目的是_____。

23）填充制冷剂时不可将液态制冷剂由低压端注入，否则将使_____损坏。

2. 选择题。

1）负责压缩机动力分离与结合的组件为（　　）。
A. 电磁容电器　　B. 电磁离合器　　C. 液力变矩器　　D. 单向离合器

2）（　　）的作用是把来自压缩机的高温高压气体通过管壁和翅片将其中的热量传递给周围的空气，从而使高温高压的气态制冷剂冷凝成高温中压的液体。
A. 冷凝器　　B. 蒸发器　　C. 电磁离合器　　D. 储液干燥器

3）汽车空调（　　）置于车内，它属于直接风冷式结构，它利用低温低压的液态制冷剂蒸发时需吸收大量的热量的原理，把通过它周围的空气中的热量带走，变成冷空气送入车厢，从而达到使车内降温的目的。
A. 冷凝器　　B. 蒸发器　　C. 电磁离合器　　D. 储液干燥器

4）由压缩机压出的刚进入冷凝器的制冷剂为（　　）。

A. 高温高压气态 B. 高温高压液态 C. 中温高压液态 D. 低压气态
5) 冷凝器中，经过风扇和空气冷却，制冷剂变为（　　）。
A. 高温高压气态 B. 高温高压液态 C. 中温高压液态 D. 低压气态
6) 蒸发器中制冷剂为（　　）。
A. 高压气态 B. 高压液态 C. 低压液态 D. 低压气态
7) 膨胀阀的安装位置是（　　）。
A. 冷凝器入口 B. 蒸发器入口 C. 储液干燥器入口 D. 压缩机入口
8) 节流管的安装位置是（　　）。
A. 冷凝器入口 B. 蒸发器入口 C. 集液器入口 D. 压缩机出口
9) 内平衡式膨胀阀，膜片下的平衡压力是从（　　）处导入。
A. 冷凝器入口 B. 蒸发器入口 C. 冷凝器出口 D. 蒸发器出口
10) 外平衡式膨胀阀，膜片下的平衡压力是从（　　）处导入。
A. 冷凝器入口 B. 蒸发器入口 C. 冷凝器出口 D. 蒸发器出口
11) 干燥剂的作用是（　　）制冷剂。
A. 过滤 B. 滤清 C. 干燥 D. 节流
12) 储液干燥器安装的倾斜角小于（　　）。
A. 15° B. 30° C. 45° D. 60°
13) 储液干燥器上的易熔塞，当制冷工质温度升到（　　）时，易熔合金熔化，制冷剂逸出，避免了系统中其他部件损坏。
A. 80℃ B. 95~100℃ C. 105~110℃ D. 110~130℃
14) 装有集液器的空调系统，集液器安装在（　　）。
A. 压缩机入口 B. 压缩机出口处 C. 蒸发器入口处
15) 集液器的主要功能是（　　）。
A. 防止液态制冷剂液击压缩机 B. 储存冷冻机油 C. 消声
16) 膨胀阀的功能是（　　）。
A. 将高压制冷剂气体节流减压 B. 将高压制冷剂液体节流减压
C. 将低压制冷剂气体节流减压 D. 将低压制冷剂液体节流减压
17) 汽车空调制冷系统中，高、低压开关的作用是（　　）。
A. 保护作用 B. 增压作用 C. 节流作用 D. 以上都不是
18) R12与R134a制冷系统，（　　）是可以互换的。
A. 冷冻机油 B. 干燥剂 C. 鼓风机 D. 制冷剂
19) 空调压缩机电磁离合器的间隙一般为（　　）mm。
A. 0.1~0.3 B. 0.3~0.5 C. 0.5~1.0
20) 制冷系统高、低压侧工作压力都偏低，可能的原因是（　　）。
A. 制冷剂过多 B. 制冷剂过少 C. 散热不良 D. 以上都不是
21) 空调系统中蒸发器的作用是（　　）。
A. 控制制冷剂流量 B. 其中的制冷剂吸收车厢中的热量
C. 将制冷剂携带的热量散发至大气中 D. 以上都不是
22) 空调系统中冷凝器的作用是（　　）。

A. 控制制冷剂流量　　　　　　　　B. 其中的制冷剂吸收车厢中的热量
C. 将制冷剂携带的热量散发至大气中　　D. 以上都不是

23）空调维修电器的作用是（　　）。
A. 减小流入控制开关的电流，延长开关的使用寿命。
B. 随意加装的
C. 使用电器的电流更小，以保护用电设备
D. 以上都不是

24）检修汽车空调时，甲说，汽车空调控制系统真空控制的真空源可以来自发动机进气歧管，也可以来自电动机泵；乙说，冷冻机油注入越多，对压缩机的润滑就越好，制冷量就越大。你认为（　　）。
A. 甲对　　　　B. 乙对　　　　C. 甲乙都对　　　　D. 甲乙都不对

25）检修汽车空调时，甲说，起动压缩机后，可以从高压端加注制冷剂；乙说，起动压缩机后，可以从低压端加注液态制冷剂。你认为（　　）。
A. 甲对　　　　B. 乙对　　　　C. 甲乙都对　　　　D. 甲乙都不对

3. 判断题。
1）斜盘式压缩机是一种轴向往复活塞式压缩机。（　　）
2）摆盘式的活塞运动属单向作用式。（　　）
3）斜盘式的活塞运动属双向作用式。（　　）
4）压缩机的润滑方式都是采用油泵强制润滑的。（　　）
5）一般车型的压缩机设有油池，没有油泵，是依靠润滑油和制冷剂循环润滑的。（　　）
6）汽车空调蒸发器有管片式、管带式、层叠式三种结构。（　　）
7）新型单储液室蒸发器空气侧压力损失下降 20%，质量减轻 15%，节省制冷剂 50g 左右。（　　）
8）汽车空调节流装置安装在蒸发器出口处。（　　）
9）储液干燥器串联在冷凝器与膨胀阀之间的管路上。（　　）
10）储液干燥器的作用只是储存液态制冷剂。（　　）
11）储液干燥器输出的是气态制冷剂。（　　）
12）制冷剂干燥的目的是防止水分在制冷系统中造成冰堵。（　　）
13）当制冷系统正常运行时，从储液干燥器视野镜中可以看到制冷剂无气泡地稳定流动。（　　）
14）集液器和储液干燥器类似，串联在冷凝器与节流管之间的管路上。（　　）
15）电磁离合器不受 A/C 开关的控制。（　　）
16）在压缩机加注冷冻机油时，加注量可随意。（　　）
17）汽车空调用冷冻机油不容易吸收潮气，故在保存中使用后无须在将瓶盖密封。（　　）
18）抽真空后加注第一罐制冷剂时，将制冷剂罐倒立，打开高、低压手动阀，并且起动空调系统。（　　）
19）冷凝器不是热交换器，它的作用只是将气态制冷剂变成液体制冷剂，不像暖水箱那样使流过的空气变热。（　　）
20）在汽车空调的制冷循环过程中，制冷剂经过蒸发器后达到膨胀阀。（　　）

21）观察视液镜，若视液镜清晰，则系统内的制冷剂一定是足够的。　　（　　）
22）干燥瓶上一般有制冷剂的流动方向标记，在按装时可以倒装。　　（　　）
23）制冷剂注入量越多，则制冷效果越好。　　（　　）

4. 简答题。

1）膨胀阀的主要作用是什么？

2）集液器与一般储液干燥器的区别是什么？

3）集液器的作用是什么？

4）简述汽车空调制冷系统的基本工作原理。

5）膨胀阀与孔管有什么区别？

6）自动空调系统温度控制的主要目的是什么？

7）蒸发器表面结冰对制冷系统有什么影响？

8) 温度控制的方法有哪些？

9) 列举蒸发压力控制系统的种类。

10) 恒温器的种类有哪些？简述机械式恒温器的控制原理。

11) 使用制冷剂时需注意哪些事项？

12) 简述歧管压力表组件在维修汽车空调系统中起的作用。

13) 试说明如何通过观察视液镜确定制冷剂的量。

14) 制冷系统检漏方法有哪几种？

15) 试说明肥皂泡沫检漏法的检漏方法及主要检漏部位。

16）如何确定制冷系统管路中的高、低压侧？

17）如何确定汽车空调制冷系统制冷剂的泄漏部位？

18）充注液态制冷剂和充注气态制冷剂分别用于哪些场合？分别说明其充注方法。

19）系统中有空气时会有什么情况发生？如何处理？

20）简述汽车空调冷气管道检漏的步骤和方法。

21）冷凝器和蒸发器的拆装和检修应注意哪些事项？

22）叙述用真空泵抽真空的操作步骤及注意事项。

23）充注液态制冷剂和充注气态制冷剂分别适用于哪些场合？说明其充注方法。

24）叙述膨胀阀系统和节流管系统的特点。

5. 名词解释。
1）液击。

2）易熔塞。

6. 填图题。
1）填写图 2-10 所示的汽车空调系统各组成部分的名称，并说明制冷剂在各部件的状态。

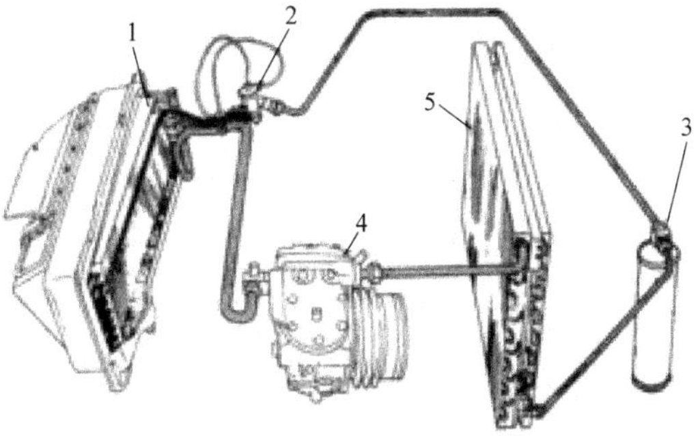

图 2-10　汽车空调系统组成

1.＿＿＿＿　2.＿＿＿＿　3.＿＿＿＿　4.＿＿＿＿　5.＿＿＿＿

2）图 2-11 所示为汽车空调系统，写出各部件的名称或制冷剂在系统中的循环方向。

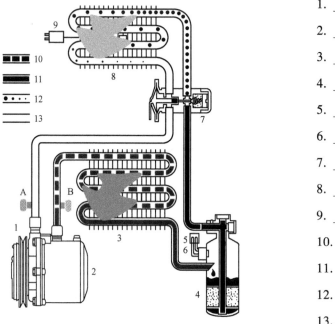

图 2-11　汽车空调系统

1. ＿＿＿＿＿＿
2. ＿＿＿＿＿＿
3. ＿＿＿＿＿＿
4. ＿＿＿＿＿＿
5. ＿＿＿＿＿＿
6. ＿＿＿＿＿＿
7. ＿＿＿＿＿＿
8. ＿＿＿＿＿＿
9. ＿＿＿＿＿＿
10. ＿＿＿＿＿＿
11. ＿＿＿＿＿＿
12. ＿＿＿＿＿＿
13. ＿＿＿＿＿＿

3）根据空调制冷原理在图 2-12 中写出空调主要部件名称和制冷剂的状态。

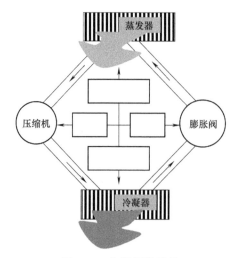

图 2-12　空调相关部件

4）根据膨胀装置结构的不同，制冷系统可分为两类，一类是膨胀阀式制冷系统，另一类是孔管式制冷系统。填写下表中图示各部件名称，并分析二者区别。

分类	膨胀阀式制冷系统	孔管式制冷系统
图示	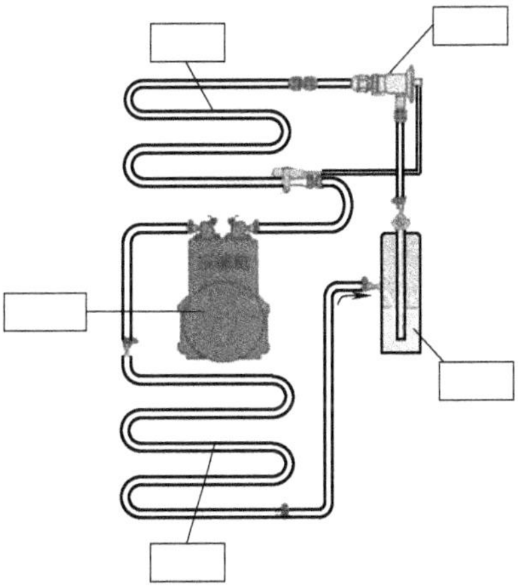	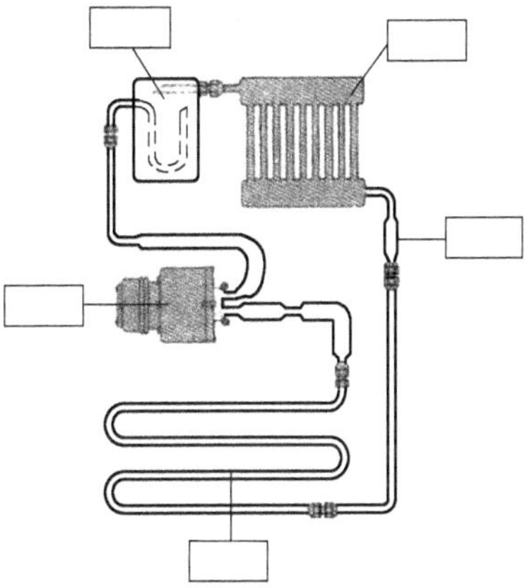
区别		

任务工单3 汽车空调暖风与配气系统检修

任务接受：一辆2006款一汽丰田卡罗拉汽车一年多没使用过空调，发现无暖气等，要求维修技术人员能够解决空调的问题。

任务活动：

【信息收集】

1. 写出所学车型的相关信息。

年份：_____，车型：_____，空调型号：_____。

2. 卡罗拉轿车空调送风系统功能认知，如图3-1所示。

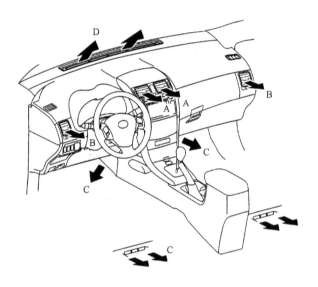

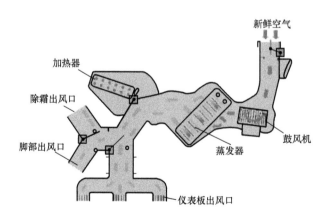

图3-1 空调送风系统功能认知

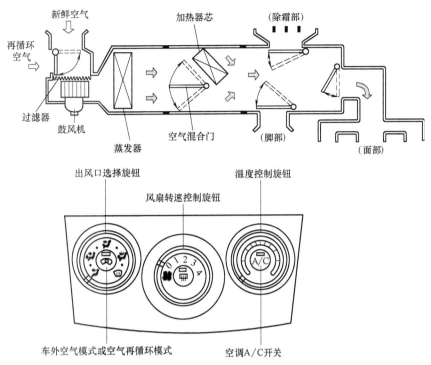

图 3-1 空调送风系统功能认知(续)

1)调节温度。顺时针转动温度控制旋钮,吹出暖风;逆时针转动温度控制旋钮,吹出冷风。如果未按下 A/C 开关,则系统将吹出环境温度气流或热气流。

2)调节风扇转速。顺时针转动风扇转速控制旋钮,转速提高;逆时针转动风扇转速控制旋钮,转速降低。将旋钮设置为"0",则关闭风扇。

3)在车外空气模式和空气再循环模式之间切换按下 🚗,指示灯亮,为空气再循环模式;重复按下 🚗,灯灭为车外空气模式。

4)选择出送风气流方向。将出风口选择旋钮设置在适当位置,在下表中填写各风门状态。

风口旋钮设置	气流流向	结构图	风门状态
	气流吹向上身		
	气流吹向上身和脚部		

(续)

风口旋钮设置	气流流向	结构图	风门状态
	气流吹向脚部	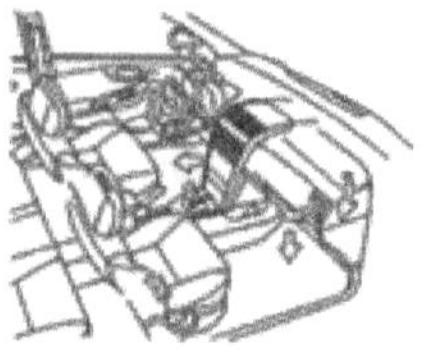	
	气流吹向脚部与风窗玻璃	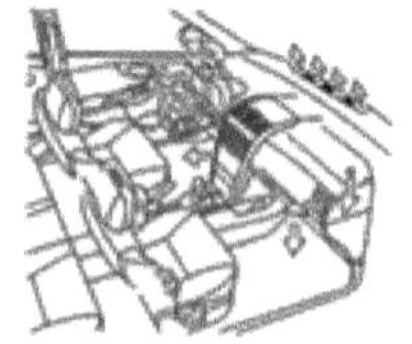	
	气流吹向风窗玻璃和侧窗玻璃	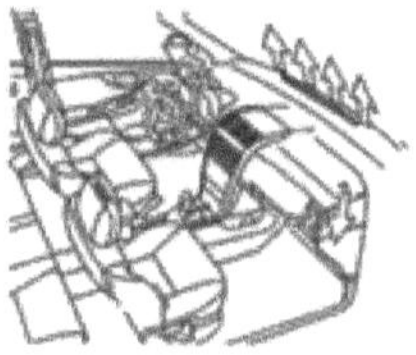	

【制订计划与实施计划】

根据客户描述的现象和任务要求,确定所需的维护仪器、工具,并对小组成员进行合理分工,制订详细的检查和维护计划。

1. 在下表中选择在检修中可能用到的工具和量具(在对应的选项中打√)。

工具和量具名称	选择	
车内四件套	□可能	□不可能
车外三件套	□可能	□不可能
手套	□可能	□不可能
扳手	□可能	□不可能
真空泵	□可能	□不可能
其他(填写具体名称)		

2. 小组成员分工。

序号	组长	记录员	操作员	备注

3. 制订汽车空调无暖气检修派工计划。

(1) 汽车空调无暖气检查方法:_____

(2) 汽车空调无暖气故障诊断与排除操作步骤：_____
_____
_____

(3) 汽车空调无暖气故障检修选用工具：_____
_____

4. 空调面板认知。观察图 3-2 所示全自动空调面板（奥迪空调面板），将面板各功能键及作用填入下表。

图 3-2　全自动空调面板

序号	操作键	作用

5. 故障分析题。

(1) 采暖系统的控制有空气混合型和流量控制型两种形式，查阅相关资料，分析它们的温度调节方法。

_____
_____
_____

(2) 若空调暖风量不足，如何对其进行检查？

_____
_____
_____
_____
_____
_____

【检查与评价反馈】

1. 自我检查。

序号	学习目标	达成情况(在相应的选项后打√)		
		能	不能	不能的原因
1	叙述汽车空调暖气系统的组成、作用和工作原理			
2	识别汽车空调暖气系统的主要零部件			
3	制定汽车空调无暖气的故障检修计划			
4	规范诊断与排除汽车空调无暖气故障			
5	对汽车空调无暖气的检修质量进行自检和互检			

2. 自我评价。

我做得好的地方	我还存在的问题
□动作准确	□动作不准确
□工具使用规范	□工具使用不规范
□安装步骤熟悉	□安装步骤不熟悉
□工具摆放整齐	□工具摆放不整齐
□操作用时合理	□操作用时过长
□工作态度端正	□工作态度不够端正

3. 小组评价。

我们组做到了：□全员参与　□分工明确　□工作高效　□完成了工作任务

4. 教师评价。

评价内容	评价指标	等次（星级评定）
活动态度方面	1）态度是否积极，是否主动组织或参与活动 2）与小组同学合作是否良好 3）活动是否认真、善始善终 4）是否勇于克服困难	
知识技能方面	1）查阅资料技能 2）实地观察记录能力 3）调查研究能力 4）整理材料能力	

【巩固与提高】

1. 填空题。

1）根据热源不同，汽车供暖系统可分为_____、_____、_____及_____四类。

2）根据空气循环方式的不同，汽车供暖系统可分为_____、_____和_____三类。

3）在春、秋或冬季不使用冷气的季节里，应每_____起动空调压缩机一次，每次 5~10min。

4）送入车厢内的空气都要经过空气进口滤清器的过滤，因此应经常检查滤清器是否被_____所堵塞并进行_____，以保证进风量充足，防止蒸发器芯空气通道_____，影响送风量。

2. 问答题。

1）汽车供暖系统的作用是什么？

2）水暖式供暖系统的工作原理是什么？

3）试说明热水阀的作用及其控制方式。

4）配气系统一般由几部分构成？其各自的组成及作用分别是什么？

任务工单 4　汽车空调电气系统检修

任务接受：一辆 2007 款广汽丰田凯美瑞轿车，客户反应空调不制冷。试车发现空调压缩机不间歇工作，出风口出风不冷。初步观察，压缩机电磁离合器打滑。更换电磁离合器后，压缩机仍然不间歇工作。于是对空调电气系统进行全面检查。

任务活动：

【信息收集】

1. 写出所学车型的相关信息。

年份：_____，车型：_____，空调型号：_____。

2. 图 4-1 所示为汽车空调系统基本电路，详细分析该电路。

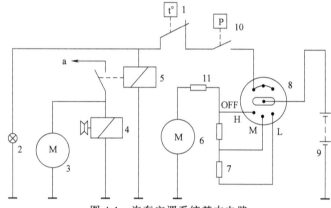

图 4-1　汽车空调系统基本电路

_____
_____
_____
_____
_____

【制订计划与实施计划】

根据客户描述的现象和任务要求，确定所需的维护仪器、工具，并对小组成员进行合理分工，制订详细的检查和维护计划。

1. 在下表中选择在检修中可能用到的工具和量具（在对应的选项中打√）。

工具和量具名称	选择	
车内四件套	□可能	□不可能
车外三件套	□可能	□不可能
试电笔	□可能	□不可能
扳手	□可能	□不可能
万用表	□可能	□不可能
其他（填写具体名称）		

2. 小组成员分工。

序号	组长	记录员	操作员	备注

3. 制订汽车手动空调间歇性不制冷检修派工计划。

（1）汽车手动空调间歇性不制冷检查方法：_____

_____

_____

（2）汽车手动空调间歇性不制冷故障诊断与排除操作步骤：_____

_____

_____

（3）汽车手动空调间歇性不制冷故障检修选用工具：_____

_____

4. 手动空调控制面板认知（图 4-2）。

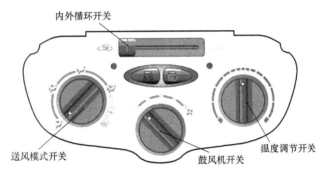

图 4-2　手动空调控制面板

5. 典型的传统手动空调电磁离合器控制电路如图 4-3 所示，简述电路工作原理。

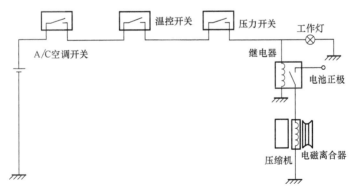

图 4-3　典型的传统手动空调电磁离合器控制电路

_____

_____

_____

6. 图 4-4 所示为使用放大器的控制电路，简述其工作原理。

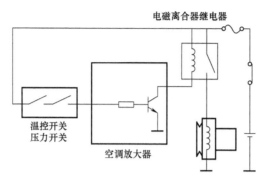

图 4-4 使用放大器的控制电路

7. 图 4-5 所示为典型的半自动空调压缩机控制电路，简述其工作原理。

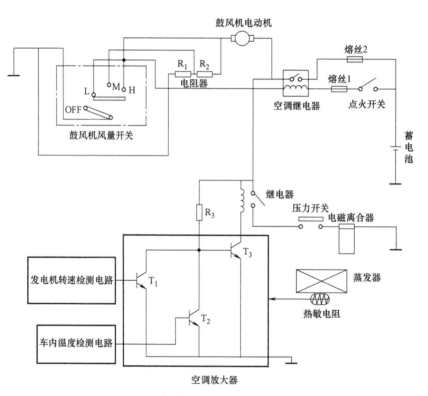

图 4-5 半自动空调压缩机控制电路

8. 图 4-6 所示为鼓风机控制电路，简述其工作原理。

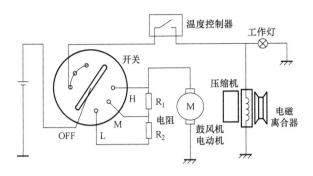

图 4-6　鼓风机控制电路

9. 图 4-7 所示为卡罗拉轿车手动空调鼓风机控制电路，简述其工作原理。

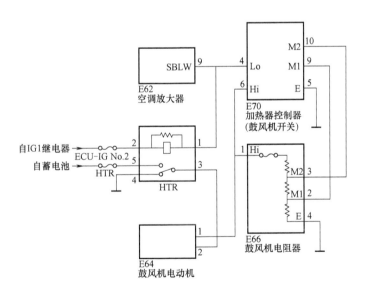

图 4-7　卡罗拉轿车手动空调鼓风机控制电路

10. 看懂图 4-8 所示卡罗拉轿车散热风扇电路图，分析散热风扇的控制原理及其不工作的故障原因。

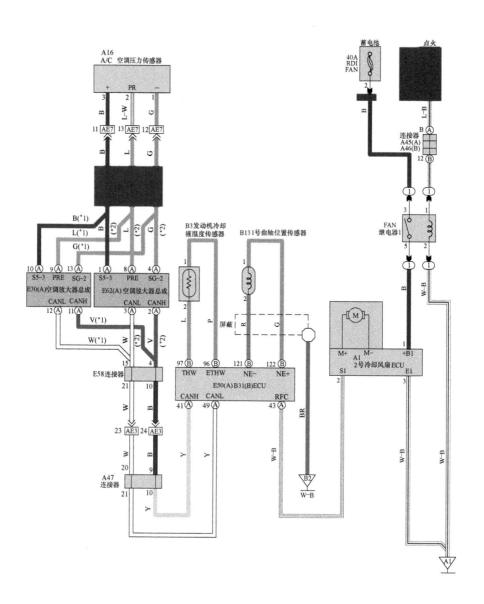

图 4-8 卡罗拉散热风扇电路图

11. 卡罗拉轿车手动空调压缩机不工作造成无冷风吹出故障，故障检修流程如图4-9所示，如果无故障码，可能的故障原因有哪些？

_____
_____
_____
_____

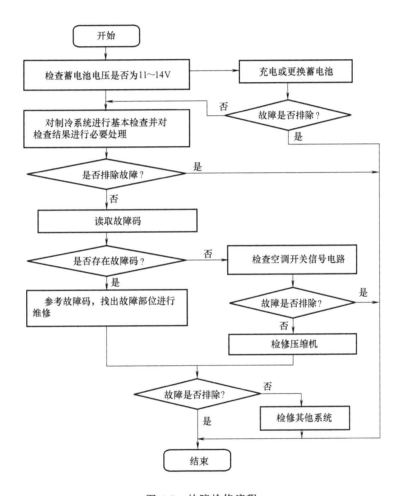

图 4-9 故障检修流程

12. 识读图 4-10 和图 4-11 所示电路图，并回答问题。

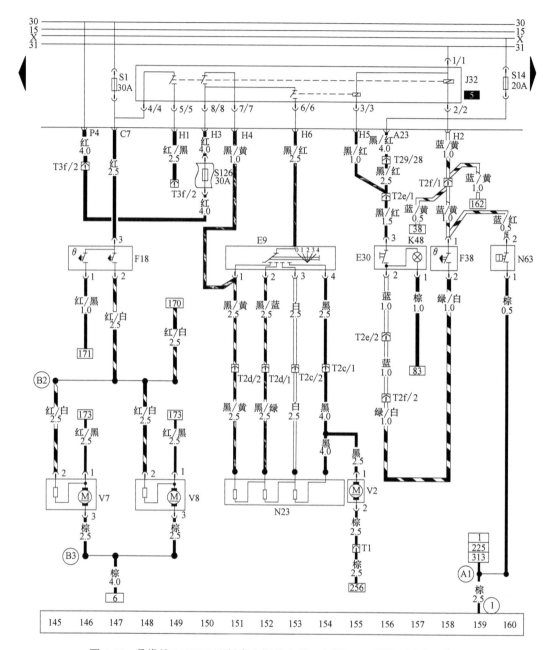

图 4-10 桑塔纳 2000GSi 型轿车空调继电器、空调 A/C 开关、风速开关、
鼓风机电动机、散热风扇、室温开关、进风门电磁阀电路图

E9—风速开关　E30—空调 A/C 开关　F18—散热风扇热敏开关　F38—室温开关　J32—空调继电器
K48—空调 A/C 开关指示灯　N23—鼓风机电动机减速电阻　N63—进风门电磁阀　S1—散热风扇熔丝（不用空调时）(30A)
S14—继电器熔丝 (20A)　S126—空调鼓风机电动机熔丝 (30A)　T1—空调鼓风机电动机线束与仪表板线束插头连接
（1针，在中央电路板后面）　T2c—空调操纵线束与空调鼓风机电动机线束插头连接（2针，在加速踏板上方）
V2—鼓风机电动机　V7—左散热风扇　V8—右散热风扇　Ⓐ1—接地连接线（在发动机线束内）
①—接地连接线（在发动机控制单元旁车身上）　Ⓑ2—连接线（在前照灯线束内）　Ⓑ3—接地连接线（在前照灯线束内）

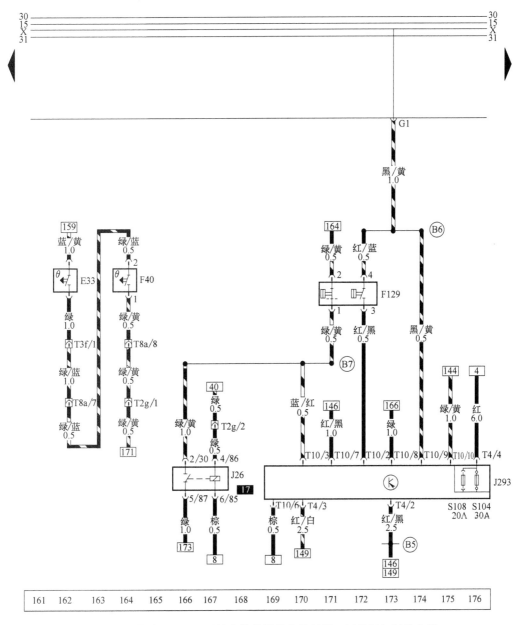

图 4-11 桑塔纳 2000GSi 型轿车散热器风扇控制器、压缩机切断继电器、
冷量开关、组合开关、空调水温控制开关电路图

E33—冷量开关　F40—空调水温控制开关　F129—组合开关　J26—压缩机切断继电器　J293—散热器风扇控制器
S104—散热器风扇熔丝（高速档使用空调时）（30A）　S108—散热器风扇熔丝（低速档使用空调时）（20A）
T2g—发动机线束与前照灯线束插头连接（2针，在中央电路板后面）　T3f—空调操纵线束与发动机线束插头连接
（3针，在中央电路板后面）　T4—前照灯线束与散热器风扇控制器插头连接（4针，在散热器风扇控制器上）
T8a—发动机线束与发动机右线束插头连接（8针，在发动机舱中间支架上）　T10—前照灯线束与散热器风扇控制器
插头连接（10针，在散热器风扇控制器上）　B5、B7—连接线（在前照灯线束内）　B6—正极连接线（在前照灯线束内）

37

(1) 电磁离合器的作用是：_____

(2) 对照图 4-10 和图 4-11，写出电磁离合器控制电路中的电气控制元件有哪些？它们各自的作用是什么？

电气元件 1：_____作用：_____
电气元件 2：_____作用：_____
电气元件 3：_____作用：_____
电气元件 4：_____作用：_____
电气元件 5：_____作用：_____
电气元件 6：_____作用：_____
电气元件 7：_____作用：_____
电气元件 8：_____作用：_____

(3) 如图 4-12 所示，J32 继电器是_____；共有_____端子，它用来控制_____（鼓风机、压缩机）的电路。

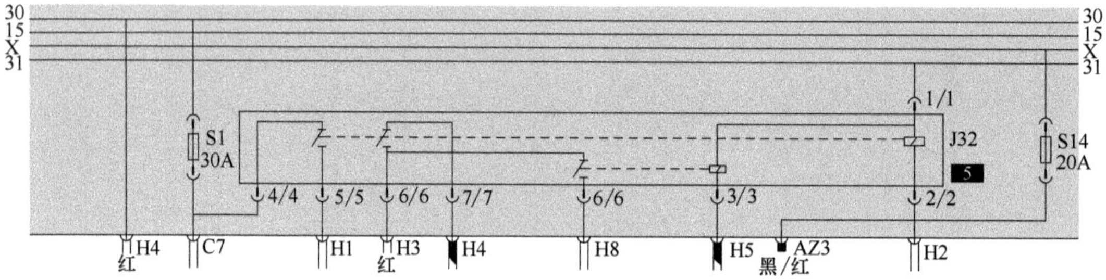

图 4-12　J32 继电器电路

如何检测 J32 继电器的好坏？
_____
_____

(4) 解释 T8a/8 的含义：_____

(5) 在电路中，J293 是_____，它由 T4 和 T10 两个插头组成，这两个插头分别是_____脚和_____脚。查阅资料，解释各个脚端子的作用。
_____
_____
_____
_____
_____
_____

(6) 写出压缩机电磁离合器电路的控制电路流程。

（7）分析电磁离合器电路，写出可能导致压缩机不工作的原因。

【检查与评价反馈】

1. 自我检查。

序号	学习目标	达成情况(在相应的选项后打√)		
		能	不能	不能的原因
1	叙述汽车空调电气系统的组成、作用和工作原理			
2	识别汽车空调电气系统的主要零部件			
3	制定汽车手动空调间歇性不制冷的故障检修计划			
4	规范诊断与排除汽车手动空调间歇性不制冷故障			
5	对汽车手动空调间歇性不制冷的检修质量进行自检和互检			

2. 自我评价。

我做得好的地方	我还存在的问题
□动作准确	□动作不准确
□工具使用规范	□工具使用不规范
□安装步骤熟悉	□安装步骤不熟悉
□零件摆放整齐	□零件摆放不整齐
□操作用时合理	□操作用时过长
□工作态度端正	□工作态度不够端正

3. 小组评价。
我们组做到了：□全员参与　□分工明确　□工作高效　□完成了工作任务

4. 教师评价。

评价内容	评价指标	等次（星级评定）
活动态度方面	1）态度是否积极，是否主动组织或参与活动 2）与小组同学合作是否良好 3）活动是否认真、善始善终 4）是否勇于克服困难	
知识技能方面	1）查阅资料技能 2）实地观察记录能力 3）调查研究能力 4）整理材料能力	

【巩固与提高】

1. 填空题。

1）汽车空调制冷系统压力超过规定值时，_____开关断开，切断电路、保护空调压缩机。

2）过热开关装在_____上，其作用是使电磁离合器电源中断，压缩机停转。

3）旁通电磁阀一般用于大型客车空调，其作用是_____。

4）空调系统电路主要由电源电路、_____控制电路、_____控制电路和

_____控制电路等组成。

2. 选择题。

1）在制冷系统工作时，用纸板或其他板挡住冷凝器的散热，以恶化其冷却效果，这时冷凝器的温度会逐渐升高，当高压表压力（　　）时，电磁离合器应立即断电。

A. 低于 0.21MPa　　　B. 高于 0.21MPa　　　C. 低于 2.1MPa　　　D. 高于 2.1MPa

2）高压压力开关的触点是（　　）的。

A. 常闭　　　　　　　B. 常开

3）低压开关的触点，在没有压力的作用下时是（　　）的。

A. 常闭　　　　　　　B. 常开

4）安装在压缩机缸盖上的过热开关是一种温度-压力感应开关。在正常情况下，此开关处于（　　）位置。

A. 断开　　　　　　　B. 闭合　　　　　　　C. 二者都不对

5）（　　）型继电器一般用于电磁离合器控制、冷凝器风扇控制、怠速提升装置控制等。

A. 常开　　　　　　　B. 常闭　　　　　　　C. 常开和常闭

6）桑塔纳轿车空调制冷系的（　　）在压力低于 200kPa 时断开，高于 200kPa 时接通。

A. 温控开关　　　　　B. 低压开关　　　　　C. 环境温度开关　　　D. 高压开关

3. 问答题。

1）简述压力保护开关的种类和作用。

2）简述热力熔断器的结构和原理。

3）简述怠速控制装置的种类，并详细叙述怠速提升装置的原理。

4）简述加速切断装置的种类。

任务工单 5 汽车空调自动控制系统检修

任务接受：一辆 2009 款丰田卡罗拉（2ZR-FE 发动机）汽车，空调鼓风机偶尔不工作。主要故障现象是在正常使用车辆前除霜功能时，前风窗出风口突然无风，此时操作空调面板上的任何开关均正常，但无风量。将点火开关断开，再次起动车辆，操作空调面板，伴随着一阵异味（烧焦味），空调系统恢复正常。

任务活动：

【信息收集】

1. 写出所学车型的相关信息。

年份：_____，车型：_____，空调型号：_____。

2. 如图 5-1 所示，汽车空调系统的自动控制装置是由_____、室外温度传感器、_____、_____、车速传感器、雨水传感器、_____调节执行器、_____调节执行器、_____调节执行器、风机_____功率模块、风机高速继电器、真空荧光（VFD）显示屏、控制面板等组成。

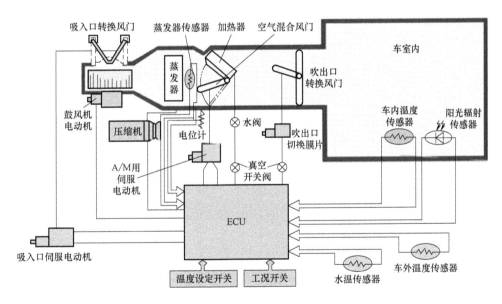

图 5-1 汽车空调系统自动控制装置

3. 如图 5-2 所示，各个传感器感知到外界的变化，并转换成_____信号，输入中央控制器，经过中央控制器中微处理器的综合计算后输出_____，控制_____的输出运动，调节各个出风口风门的_____和风向，_____调节的混合比例，达到调节车内空气_____的目的。VFD 显示屏显示微处理器输出各种指令的图案使驾乘人员了解空调系统工作状况及车内空气温度。

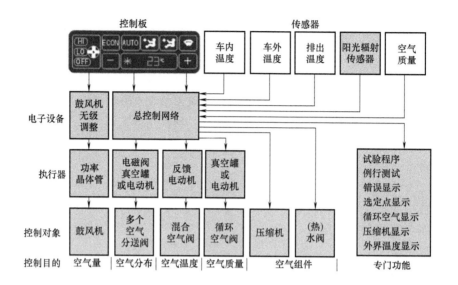

图 5-2 传感器工作示意图

4. 分析典型控制电路，回答问题。

1）如图 5-3 所示，分析气流方式控制（配气控制）控制原理。

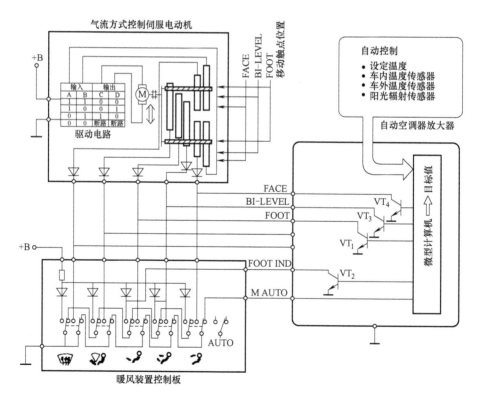

图 5-3 气流方式控制（配气控制）电路

控制原理：

_____
_____
_____
_____
_____

2）如图 5-4 所示，分析鼓风机转速调节控制原理。

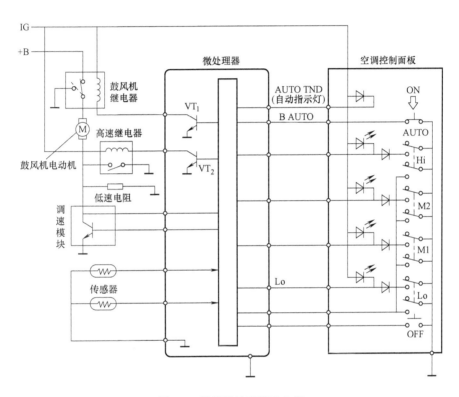

图 5-4　鼓风机转速调节电路

控制原理：

_____
_____
_____
_____
_____

5. 电动汽车的空调系统与传统动力汽车基本相同，由_____、_____、_____、散热风扇、鼓风机、膨胀阀、储液干燥器和高低压管路附件、HV/AC 总成、PTC、暖风水管、传感器等组成，如图 5-5 所示。

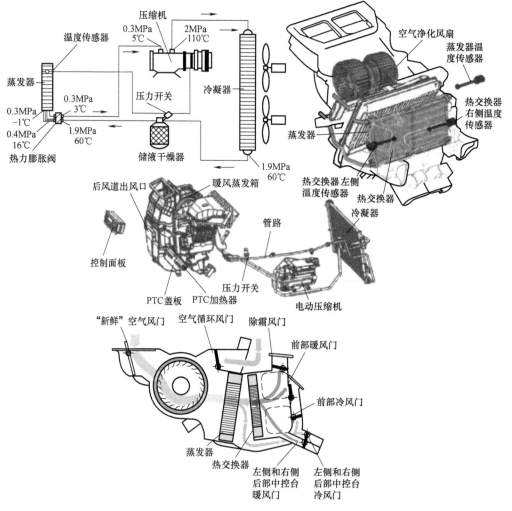

图 5-5 电动汽车空调系统

【制订计划与实施计划】

根据车主描述的现象和任务要求，确定所需的维护仪器、工具，并对小组成员进行合理分工，制订详细的检查和维护计划。

1. 在下表中选择在检修中可能用到的工具和量具（在对应的选项中打√）。

工具和量具名称	选择	
车内四件套	□可能	□不可能
车外三件套	□可能	□不可能
护目镜	□可能	□不可能
扳手	□可能	□不可能
万用表	□可能	□不可能
维修成套设备	□可能	□不可能
其他(填写具体名称)		

2. 小组成员分工。

序号	组长	记录员	操作员	备注

3. 制订汽车自动空调工作不良检修派工计划。
(1) 汽车自动空调工作不良检查方法：_____
_____
_____

(2) 汽车自动空调工作不良故障诊断与排除操作步骤：_____
_____
_____

(3) 汽车自动空调工作不良故障检修选用工具：_____
_____

4. 自动空调常见故障诊断。
(1) 自动空调的常见故障有哪些？

(2) 诊断故障的一般流程。要将故障尽快诊断出来，首先应理清思路，即明确诊断流程和诊断范围，这是解决问题的关键。简述具体需做好哪几方面的工作。

5. 案例分析。
(1) 检查故障码时，测试仪输出 B1451，参考维修手册，制订检修压缩机电磁阀电路的计划。

(2) 制订更换空调压力传感器的工作计划。

(3) 检查故障码时，测试仪输出 B1411，参考维修手册，制订检修车内温度传感器电路的计划。

（4）检查故障码时，测试仪输出 B1441，参考维修手册，制订检修空气混合风门控制伺服电动机电路并更换电动机的工作计划。

（5）对自动空调的电控系统进行维修后，应对自动空调进行初始化。查找资料，写出初始化的步骤。

（6）进行汽车空调系统的检测维修时应采取哪些安全措施？

【检查与评价反馈】

1. 自我检查。

序号	学习目标	达成情况（在相应的选项后打√）		
		能	不能	不能的原因
1	叙述汽车空调自动控制系统的组成、作用和工作原理			
2	识别汽车空调自动控制系统的主要零部件			
3	制订汽车自动空调工作不良的故障检修计划			
4	规范诊断与排除汽车自动空调工作不良故障			
5	对汽车自动空调工作不良的检修质量进行自检和互检			

2. 自我评价。

我做得好的地方	我还存在的问题
□动作准确	□动作不准确
□工具使用规范	□工具使用不规范
□安装步骤熟悉	□安装步骤不熟悉
□零件摆放整齐	□零件摆放不整齐
□操作用时合理	□操作用时过长
□工作态度端正	□工作态度不够端正

3. 小组评价。

我们组做到了：□全员参与　□分工明确　□工作高效　□完成了工作任务

4. 教师评价。

评价内容	评价指标	等次（星级评定）
活动态度方面	1）态度是否积极，是否主动组织或参与活动 2）与小组同学合作是否良好 3）活动是否认真、善始善终 4）是否勇于克服困难	
知识技能方面	1）查阅资料技能 2）实地观察记录能力 3）调查研究能力 4）整理材料能力	

【巩固与提高】

1. 填空题。

1）微型计算机控制的空调系统，是结合各种_____对汽车有关的运行参数进行实时检测。

2）微型计算机控制的空调系统，具有以下特点：_____、_____、_____、良好的人机对话界面。

3）全自动汽车空调系统主要由电桥、_____、真空转换器等组成。

4）空调系统的风门一般都由真空系统通过真空执行元件来进行控制，真空执行元件有真空罐和_____。

5）输入微型计算机的信号主要有车内温度、车外温度、阳光辐射强度、发动机冷却液温度、设定温度、_____、_____、_____等。

6）全自动空调电子控制系统主要由_____、_____和执行器三部分构成。

7）电气控制自动空调与微型计算机控制自动空调的最大区别是后者有_____和数据传输功能，能实现空调运行与发动机运行的相互统一。

2. 选择题。

1）下列（　　）不是应用在汽车全自动空调系统中的温度传感器。

A. 水温传感器　　　　　　　　　　B. 蒸发器温度传感器
C. 大气温度传感器　　　　　　　　D. 冷凝器温度传感器

2）安装在压缩机缸盖上的过热开关是一种温度-压力感应开关。在正常情况下，此开关处于（　　）位置。

A. 断开　　　　　B. 闭合　　　　　C. 二者都不对　　　　　D. 二者都对

3）下列描述中不是全自动空调执行器信号的是（　　）。

A. 向驱动各种风门的伺服电动机输送的信号
B. 控制鼓风机转速的电压信号
C. 控制压缩机开停的信号
D. 空气混合门的位置反馈信号

4）下列描述中不是全自动空调执行器信号的是（　　）。

A. 驾驶人面板设定的温度和功能选择信号
B. 车内温度传感器、车外温度传感器、阳光辐射传感器等的信号
C. 控制压缩机开停的信号
D. 空气混合门的位置反馈信号

5）全自动空调系统的控制原理是（　　）。

A. 温度平衡原理　　　　　　　　　B. 压力平衡原理
C. 压强平衡原理　　　　　　　　　D. 动力平衡原理

任务工单6 汽车空调综合故障诊断与排除

任务接受：一辆马自达尊贵版轿车，配置直列4缸/16气门1.5L全铝式BZ发动机、4AT变速器和高效率全自动空调系统，行驶里程近4万km。该车出现空调不制冷故障。要求维修技术人员能够解决故障。

任务活动：

【信息收集】

1. 写出所学车型的相关信息。

年份：_____，车型：_____，空调型号：_____。

2. 汽车空调系统的常见故障可分为制冷故障、采暖故障、电气故障和机械故障等。要迅速排除这些故障，可根据不同的故障特点，采取不同的排除方法。这些方法主要有_____、_____、_____、_____等。

【制订计划与实施计划】

根据车主描述的现象和任务要求，确定所需的维护仪器、工具，并对小组成员进行合理分工，制订详细的检查和维护计划。

1. 在下表中选择在检修中可能用到的工具和量具（在对应的选项中打√）。

工具和量具名称	选择	
车内四件套	□可能	□不可能
车外三件套	□可能	□不可能
手套	□可能	□不可能
扳手	□可能	□不可能
电子检漏仪	□可能	□不可能
歧管压力表	□可能	□不可能
维修成套设备	□可能	□不可能
其他（填写具体名称）		

2. 小组成员分工。

序号	组长	记录员	操作员	备注

3. 制订汽车空调工作不良综合故障检修派工计划。

（1）汽车空调工作不良综合故障检查方法：_____

_____

_____

（2）汽车空调工作不良综合故障诊断与排除操作步骤：_____

_____

_____

_____

（3）汽车空调工作不良综合故障检修选用工具：_____
_____

4. 汽车空调故障诊断。
（1）如果在直观检查时发现膨胀阀有结霜现象，简述可能的故障原因，如何进行进一步检查确认？
_____
_____
_____

（2）查阅维修手册，列出更换膨胀阀的操作步骤。
_____
_____
_____
_____

（3）运用所学知识，分析汽车空调不制冷的原因，并制订诊断步骤。
1）分析汽车空调不制冷的原因。
_____
_____
_____
_____

2）制订汽车空调不制冷的故障检查流程。
_____
_____
_____
_____

5. 汽车空调维修案例。
（1）案例1：压缩机离合器打滑。
1）车型：五十铃2.8L。
2）故障现象：起动空调后，压缩机离合器打滑。
3）诊断步骤：
① 故障现象：在起动空调时，压缩机电磁离合器一直吸不上而打滑。停车后检查压缩机传动带松紧度为正常。然后起动发动机，起动空调，此时怠速状态发动转速为900r/min左右，用数字万用表测量压缩机电磁线圈的电压和电流，电压为12V，电流在3.3~3.5A之间为正常。
② 故障分析与排除：由此可以断定，电磁线圈无故障，故障发生在电磁离合器。引起离合器打滑的原因是电磁线圈吸力不够，离合器压板与带轮之间的间隙调整不符合要求，压板与离合器带轮之间的间隙应为0.4~0.8mm，而用专用塞尺测量其间隙明显偏大。停机后，用工具将压缩机压板拆下（此时不需要排空制冷剂），发现其后部有3个垫片，其中1个垫片的厚度过大，用千分尺测量，厚度在0.8mm以上，而另外两个垫片的厚度分别为0.1mm

和 0.3mm，因间隙不符合要求导致电磁线圈对压板产生的吸力不足，压缩机打滑。重新更换垫片，按要求装配，然后打开空调，故障排除。

本案例诊断思路：
_____
_____
_____
_____
_____
_____
_____

（2）案例 2：空调控制器引起压缩机离合器不吸合。

1）车型：捷达 CI 轿车。

2）故障现象：压缩机离合器不吸合。

3）诊断步骤：

① 故障现象：行驶过程中空调压缩机离合器突然分离，而且后续不能吸合。

② 故障分析与排除：根据故障现象，考虑故障原因有可能是空调系统散热不良，长时间运转导致制冷剂温度过高，膨胀压力过大，冲破易熔塞而泄漏。但用压力计测试制冷系统压力时，发现压力完全正常，由此可以判定故障应存在于电气电路部分。打开点火开关，接通空调开关，拔下低压开关插头，对其供电电压进行测量，电压值为蓄电池正常电压，说明空调开关、5℃温度开关及连接电路正常。然后，脱开发动机微型计算机的连接插头，测量发动机控制单元至空调低压开关的电路，未发现异常。另外，高压开关及其电路经检查也无问题。接下来要检查空调控制器。

③ 发动机微型计算机通过空调控制器控制空调压缩机离合器的接合与分离，其工作过程如下：当按下空调开关后，空调加入信号经温度开关、低压开关由 28 号引脚进入发动机微型计算机。当微型计算机接收到该信号后，将根据怠速开关和节气门位置传感器信号确定空调是否加入及如何加入。

④ 如果怠速开关闭合，即发动机处于怠速工况时，微型计算机收到空调加入请求信号后，将不会立即接通空调继电器，而是有 140ms 的延时，同时，微型计算机将提高发动机转速。这样，当空调压缩机工作时，发动机将有足够的功率补偿，使怠速保持稳定。若节气门全开，即发动机在全负荷工况下运行时，即使空调开关接通，微型计算机也将切断空调继电器，使空调压缩机停止工作。当节气门脱离全开位置时，微型计算机会接通空调继电器，使空调压缩机恢复工作。

⑤ 检查空调控制器，发现空调控制器上的熔丝未熔断且连接良好。其 30 号和 1 号引脚供电及 74 号引脚与微型计算机 76 号引脚接地均正常。测量 74 号引脚，始终是发电机电压 13.5V，无接地，而空调压缩机离合器不吸合时，该引脚电压值为发电机电压，在空调压缩机离合器接合时，电压为 0V，74 号引脚与蓄电池负极相通。把 74 号引脚人为接地后，空调压缩机工作正常。因此初步判定是发动机微型计算机未接收到空调请求信号，从而不能对 76 号引脚进行接地控制。故重新脱开微型计算机插头，着重检查 28 号引脚及 76 号引脚，对这两处插针、插孔进行处理后装复试车，一切正常。至此查明故障原因为发动机微型计算

机插头接触不良,导致空调系统不能正常工作。

本案例诊断思路:

(3) 案例3:鼓风机只有高速档。

1) 车型:雷克萨斯LS400。

2) 故障现象:空调鼓风机只有高速档,而没有低速档。

3) 诊断步骤:

① 故障现象:开启空调时,空调鼓风机只有高速档,而没有低速档。

② 故障分析与排除:鼓风机高速运转正常,说明电源部分正常,故障主要出在功率晶体管A/C微型计算机控制器或微型计算机控制器功率晶体管的电路上,即空调鼓风机控制器电路。将一个正常的功率为10W的灯泡做成试灯,一端接蓄电池正极,另一端接功率晶体管的A2端,将功率晶体管的A1端直接接蓄电池负极,再将功率晶体管的B2端接在一个可变电阻上,电阻另一端与蓄电池正极相接,调节可变电阻阻值,正常时,灯泡的亮度会随阻值的变化而变化,而此时灯泡却始终未点亮,这说明功率晶体管有故障。

更换一个新的功率晶体管,鼓风机转速恢复正常,故障排除。

4) 分析:雷克萨斯LS400轿车空调鼓风机采用自动空调鼓风机,而控制系统无法通过微型计算机自诊断读出,空调微型计算机输出一个正电压信号给鼓风机功率放大管基极B_2,导通功率二极管,从而控制鼓风机搭铁回路,且鼓风机转速在功率晶体管未饱和之前会随着晶体管基极B_2点的电压升高而增大,当高速继电器接收到来自微型计算机端子输出的一个信号,高速继电器吸合,鼓风机以高速运转。

本案例诊断思路:

(4) 案例4:空调制冷效果不良。

1) 车型:通用别克轿车。

2) 故障现象:制冷效果不良,出风口温度低。

3) 诊断步骤:

① 故障现象:一辆通用别克轿车的空调离合器及散热风扇工作均正常,但制冷效果不

良，出风口温度仅为 15℃ 左右。

② 故障分析与排除：这种故障一般不在电路系统上，而应在外部和制冷剂方面查找故障原因（若散热风扇运转不正常则应在电路系统上查找原因）。其可能原因有：

a. 制冷剂不足：用压力表测量，低压低于 196kPa，高压低于 980kPa 时应补充制冷剂；急速时，低压应该为 245kPa，高压应该为 1471kPa 左右（还应根据散热情况而定）。

b. 孔管堵塞。手触干燥罐有冷感，但程度不足，在此情况下高压偏高，应清洗膨胀节流管（位于冷凝器出口与蒸发器入口之间的高压管内）。

c. 蒸发器积尘过多。低压管及干燥罐冷度适度，压力也正常，但出风量偏小。此时可将鼓风机及鼓风机调速器（在驾驶室右下侧发动机舱中央墙壁上）拆下，用压缩空气或蒸发器清洗剂将蒸发器清洗干净。

d. 散热不良。冷凝器散热片堵塞，制冷剂温度过高，用高压空气吹洗散热器及冷凝器外部，注意不要直接用高压水清洗，因为高压水非常容易将冷凝器的散热片吹倒，造成空气流通受阻而散热不良。

用歧管压力表测量高低压压力，低压正常，高压偏高为 1648kPa，手触干燥罐有冷感，但程度明显不足，说明孔管堵塞。清洗孔管后，故障减轻，温度降到 11℃ 左右。但仍未完全排除故障，正常情况下温度应该在 8℃ 左右。这说明还有其他的故障未排除。操作空调的各个按钮，发现空调的内外循环没有变化，如果空调长期引入外界空气，空调的负荷会非常大。经过检查发现空气内外循环的风门没有动作。继续检查发现无控制风门的真空源，拆下真空电磁阀发现真空管损坏，更换真空管后故障彻底排除。

本案例诊断思路：

_____
_____
_____
_____
_____
_____
_____

(5) 案例 5：空调怠速不提升故障检修。

1) 车型：奥迪轿车。

2) 故障现象：一辆奥迪轿车排量为 2.2L，空调怠速不提升。

3) 诊断步骤：奥迪轿车发动机怠速控制系统的工作原理是，发动机怠速控制单元通过比较自身内部储存的速度数值与发动机的热开关、点火线圈、节气门开关、空调电磁离合器等处传感元件实际测量的速度值，控制执行元件——怠速控制阀步进电机的电流大小，使其开阀变大或变小，使流经空气流量计压力板的气流增大或减小，压力板稍升高或降下，从而控制怠速。

首先完全按照维修手册中提供的数据及测试方法对以上提到的各传感元件及其连接线进行测试，结果都正常；然后用专用仪器万用表 VAG1526、测量器 VAG1594 及二极管测试灯，测得备用转速（800±20）r/min 下怠速控制阀的控制电流可增加 50~60mA，但怠速转速达不到要求（920r/min），因此初步判定怠速控制阀有故障，可能是步进电机有轻度磨损或脏污而堵塞，使空气辅助通道变窄所致。拆下该阀在直流电作用下进行清洗后，发现内部积炭过多，清洁凉干装复后，空调怠速提升功能基本恢复正常，更换新电磁阀则效果更佳。由此可见，该故障是由怠速控制阀通气道积炭等脏物过多所致。

4）故障分析：尽管怠速控制阀的控制电流在打开空调时符合要求，但由于怠速控制阀的通道截面变小且使其稍有卡滞，影响了怠速提升和稳定。

本案例诊断思路：

_____
_____
_____
_____
_____
_____
_____

(6) 案例6：空调制冷不良故障。

1) 车型：本田雅阁。

2) 故障现象：一辆本田雅阁轿车，送修前已充注制冷剂。打开空调时，压缩机电磁离合器时吸时不吸，怠速忽高忽低（850~1100r/min），风扇旋转正常，制冷不良。

3) 诊断步骤：检测压缩机电磁离合器线路，电压正常。确定不是电路故障后，将多功能测量表（歧管压力表）接入空调系统的高、低压端口进行测量。高、低压端压力都不正常，随着怠速的变化，压力忽高忽低，且在储液罐视液镜中看不到气泡。经询问驾驶人，在充注制冷剂前无此现象，于是初步判定可能是制冷剂过多。逐步吸出一部分制冷剂后，发动机转速变化时在视液镜中能看到少量气泡，加速至1700r/min左右时气泡消失，故障排除。

4) 故障分析：空调系统的制冷剂注入量过多会降低制冷剂在系统中的流动性能，引起压缩机工作失常，制冷不良，发动机怠速不稳。

本案例诊断思路：

_____
_____
_____
_____
_____
_____
_____

(7) 案例7：暖风效果不好。

1) 车型：桑塔纳。

2) 故障现象：一辆桑塔纳轿车因暖风效果不好而报修。驾驶人反映，清晨起动发动机，先无热风，约0.5h后开始有热风，但很快温度就下降了，制热效果不好，反复多次都是如此。当时认为可能是时间短，温度未升高至目标值，随即用塑料薄膜遮挡冷却系统散热器，冷却系统膨胀水箱很快冒出大量蒸气。此时检查暖风效果很好，但5min后温度又逐渐降低。

3）检修过程：打开暖风开关进行检查，鼓风机运转正常，汽车在起动20min后才有热风吹出，但热量微弱。

桑塔纳轿车取暖系统属于水暖式。当热车时，靠发动机的冷却液泵进行循环，打开暖风开关，鼓风机转动，风扇运转，空气经过暖风水箱的散热片变成热风，再通过各风口送出，使车室内变暖，达到取暖目的。显而易见，欲达此目的，必须具备两点：首先是鼓风机运转，风扇定向吹风；其次是暖风水箱热水循环顺畅。若无风，则检查电路；若风不热，则检查循环水管道。由于该车鼓风机运转正常，故首先检查管道是否堵塞。为此，拆下进水管，热水流动正常；拆下出水管，只有少量的水流出。显然，暖风水箱的管道已堵塞。接上高压水枪冲洗暖风水箱管道，发现有水垢及黑色异物流出，此后水流正常。重新接好进、出水管，起动试车，暖风正常，但很快故障又出现。拆下出水管，仍不见有水流涌出，再次堵塞。反复多次冲洗，仍不能解决该问题。排出暖风水箱中的冷却液，加注水垢清除剂，浸泡约1h，起动发动机使其循环，然后排出清除剂，加注清水冲洗冷却系统，并打开放水阀排出脏水。再次加水后起动发动机进行试验，结果热风正常，故障排除。

4）故障分析：经了解得知，此车是辆事故车，散热器修复后，仍有不太明显的渗漏，于是进行维修。维修人员重修后担心再次渗漏，便在其中加入堵漏剂。因进入暖风水箱的水来自发动机冷却系，而暖风水箱管道弯曲狭小，堵漏剂在管道某处积聚，使管道部分堵塞，形成半通状态，因此开始时有热量不大的暖风，当温度高到一定程度时，堵漏剂即膨胀，堵塞严重，暖气效果变得更差。

本案例诊断思路：

_____
_____
_____
_____
_____
_____
_____
_____

（8）案例8：空调不制冷检修浅析。

1）车型：桑塔纳。

2）故障现象：空调系统不制冷。

3）故障原因：

① 驱动带过松或断裂。

② 制冷剂严重泄漏。

③ 压缩机轴承烧蚀。

4）故障排除：

① 驱动带过松或断裂，不能带动压缩机工作。检查时可用手指以50N的力按压驱动带。若驱动带的挠度大于10mm，则表明驱动带在带轮上过松。拆下带轮垫片1~2片，张紧驱动带。若驱动带断裂应予更换。

② 制冷剂严重泄漏。用歧管压力表检查系统压力，若高低压力表读数为零，则为管道破裂或易熔塞中易熔合金熔掉；另一个现象是管路接头处有油渍，用电子检漏仪检查有泄

漏。此时应尽快更换破裂管道或易熔塞，修补泄漏部位，拧紧泄漏管接头。

③ 压缩机轴承烧蚀。检查电器部分正常，无制冷剂泄漏现象，而曲轴不能转动，此时可判断为压缩机轴承烧蚀，使压缩机不工作，应更换轴承，按规定加注润滑油或更换压缩机。

本案例诊断思路：
_____
_____
_____
_____
_____
_____
_____

(9) 案例9：桑塔纳空调系统制冷效果差。

打开空调后，制冷系统产生的冷气量不足。此故障最可能的原因是制冷剂不足，其他原因包括系统过脏或堵塞、冷凝器鼓风机不转或散热不良、压缩机电磁离合器打滑、压缩机内部泄漏、蒸发器通风道堵塞等，应分别予以检查。

1) 制冷剂不足：先从储液罐顶端的视液镜中观察，若液体流动中气泡量多或有蒸气通过，同时用多功能测量表测量系统压力，如果高低压都偏低（高压低于1MPa，低压低于0.1MPa），说明制冷剂不足，应先检漏修补，再向系统内补充制冷剂。然后，在发动机转速为2000r/min时，观察视液镜至气泡消失。再观察压力表的读数，高压表应为1.274～1.596MPa，低压表应为0.118～0.216MPa。

2) 系统过脏或堵塞：空调系统长期工作，压缩机运转中机械磨损产生的杂质和系统内壁出现的脱落物等杂质、污垢，会将储液罐或膨胀阀堵塞，影响制冷剂的正常流动。用多功能测量表检测，应是高压很低，而低压更低或接近真空。因制冷剂循环受阻，观察储液罐或膨胀阀前后管路上有结霜或结冰现象。此故障应更换储液罐或用无水酒精清洗膨胀阀。

3) 冷凝器鼓风机不转：可先用拨动的方法使鼓风机转动，若鼓风机不能转动，说明其轴承烧蚀或被异物卡住，应予检修。若鼓风机能转动，应检查电机线圈是否短路或断路，空调继电器是否损坏等。另外，检查冷凝器周围空气的流通状况，若冷却系统散热器散热片和冷凝器散热片处积存灰尘、杂物过多，可用清水冲洗干净，以提高散热性能。

4) 压缩机电磁离合器打滑：离合器压力板带轮工作面磨损出现沟槽或压力板翘曲，会使两接触面减小，造成离合器打滑。在空调系统工作时，此故障可导致刺耳的摩擦声，甚至能观察到打滑现象。分解检修时应注意两接触面的平面度误差不大于0.2mm。否则应车削或磨削工作面（磨削量不超过0.5mm）。不能修复时，应更换离合器。

5) 压缩机内部泄漏：用多功能测量表测量系统压力，表现为低压过高，高压过低。压缩机有时还会出现不正常的敲击声等现象。另外，压缩机外壳高、低压侧的温差不大，多为压缩机阀片破碎或密封垫损坏。压缩机泄漏或损坏时，应检修或更换压缩机。

6) 蒸发器通风道堵塞：空调系统工作时，蒸发器管壁上常常会出现一些水珠，这时车内的灰尘等极易被沾附在管壁上，使通风道变窄，影响通风量。与此同时，蒸发器管壁上的灰尘过多,也影响了冷气的散发,造成冷气量不足。因为清除这些灰尘很困难,所以一般在蒸发器的进风口安装用于过滤的沙网,以防止灰尘和杂物被鼓风机吹进蒸发器内。空调在使用中,应掌握正确的方法,如炎热季节,打开空调后,没有关闭外循环风门,热气的进入也会造成冷气量不足。有时风口真空电磁阀上的真空导管磨损,也会使外循环风门无法关闭。对此,更换真空导管即可。

本案例诊断思路:

_____

_____

_____

_____

_____

_____

_____

(10) 案例10:桑塔纳空调电路故障分析。

汽车空调系统的故障有三类:电路故障、机械故障、制冷剂或冷冻机油失常。电路故障一般是在机械部分无故障和制冷剂、冷冻机油正常的前提下进行判断和排除的。

桑塔纳轿车空调的基本工作条件是环境温度高于10℃。此时,位于新鲜空气入口处的环境温度开关(F38)接通,制冷系统能够工作。在环境温度低于1.67℃时,此开关断开,制冷系统不能工作。在空调系统正常的情况下,按下空调开关(E30)后,高压开关(F23)和低压开关(F73)应接通,此时各电路的电流按下述顺序构成回路:

1) 空调指示灯(K46)电路:C电源线→熔片(S14)→E30→K46→搭铁。

2) 新鲜空气电磁阀(N63)电路:C电源线→S14→E30→F38→N63→搭铁。

3) 怠速稳定电磁阀(N16)电路:C电源线→S14→E30→F38→蒸发器温控开关(F33)→N16→搭铁。

4) 压缩机电磁离合器(N25)电路:C电源线→S14→E30→F38→F33→F73→N25→搭铁。

5) 鼓风机(V2)和散热风扇电动机(V7)电路:C电源线→S14→E30→F38→空调继电器(J32)线圈→搭铁。该线圈通电后,J32的一对双联触点闭合,同时接通V2和V7的电路。

V2电路为A电源线→熔片(S23)→J32的右触点→鼓风机调速电阻(N23)→V2→搭铁。当鼓风机开关(E9)处于0、1、2、3档时,电流分别经过全部、大部分、小部分N23进入V2,而处于第4档时电流不经过N23。这样,改变E9的档位,就可改变V2的转速,从而改变空调系统的制冷强度。

V7由散热风扇继电器(J26)控制。J26电路为A电源线→S23→J32的左触点→F23→J23线圈→搭铁。此时,J26的触点闭合,接通V7的高速档电路。V7的高速档电路为A电源线→熔片(S1)→J26的触点→V7→搭铁。

在多数情况下,只要掌握了各电路的工作原理,在保证电路中各熔片和线束插接器无故障,明确有无冷风、压缩机电磁离合器是否接合等故障的条件下,就能分析、判断出电路的故障部位。

在起动空调系统后,当驾驶人将 E9 置于第 1、2、3 档时无冷风,而置于第 4 档时有冷风。通过对空调系统的电路进行分析可知,空调系统能够起动且个别档有冷风,说明 J32、V2、S23 及 S14 等完好,故障在 S23 以后的鼓风机电路中。在该部分电路中,当 L 处于第 1、2、3 档时串接有 N23,而当 E9 处于第 4 档时无 N23(两者仅此一点差异)。据此可以判断 N23 有故障,用万用表检测其电阻值或用更换该电阻的方法可以验证判断的正确性。更换 N23 后该空调系统即工作正常。

　　在起动空调后,制冷效果差。初步检查表明:空调管路温度过高,V7 低速运转。通过 V7 的电路可知,空调能起动,说明 S14、S23 和 J32 正常。空调起动后,V7 应高速运转,否则 F23 开启或 J26 有故障。在 S1 完好的条件下,如果用导线短接 F23 后 V7 的转速无变化,说明 F23 是接通的,故障在 J26 处,这可以用短接其触点的方法来验证;否则,说明 F23 开启,需进一步检查其开启的原因。对该空调电路的检查结果是 J26 损坏。

　　运用同样的方法,可以判断 N25 不工作的原因是 S14、E30、F38、F33、F73 或 N25 不正常,只要对它们逐一进行检查就可以找出故障原因。

本案例诊断思路:

_____
_____
_____
_____
_____
_____
_____

【检查与评价反馈】

1. 自我检查。

序号	学习目标	达成情况(在相应的选项后打√)		
		能	不能	不能的原因
1	叙述汽车空调工作不良综合故障的主要原因			
2	识别汽车空调工作不良综合故障的主要系统			
3	制订汽车空调工作不良综合故障的检修计划			
4	规范诊断与排除汽车空调工作不良的综合故障			
5	对汽车空调工作不良综合故障的检修质量进行自检和互检			

2. 自我评价。

我做得好的地方	我还存在的问题
□动作准确	□动作不准确
□诊断工具使用规范	□诊断工具使用不规范
□故障检修步骤熟悉	□故障检修步骤不熟悉
□零件摆放整齐	□零件摆放不整齐
□诊断用时合理	□诊断用时过长
□工作态度端正	□工作态度不够端正

3. 小组评价。

　　我们组做到了:□全员参与　　□分工明确　　□工作高效　　□完成了工作任务

4. 教师评价。

评价内容	评价指标	等次（星级评定）
活动态度方面	1）态度是否积极,是否主动组织或参与活动 2）与小组同学合作是否良好 3）活动是否认真、善始善终 4）是否勇于克服困难	
知识技能方面	1）查阅资料技能 2）实地观察记录能力 3）调查研究能力 4）整理材料能力	

【巩固与提高】

1. 填空题。

1）空调系统进行常规检查。作为专业汽车空调维护人员，应做到＿＿＿＿、＿＿＿＿、＿＿＿＿、＿＿＿＿、＿＿＿＿、＿＿＿＿和＿＿＿＿。

2）丰田系列轿车和小型客车，电磁离合器线圈的电阻值为＿＿＿＿Ω。

3）可根据汽车空调不同的故障特点，采取不同的排除方法。这些方法主要有用歧管压力表诊断、＿＿＿＿、按维修诊断系统流程图诊断、根据维修手册指示修理等。

4）R134a空调系统歧管压力表读数：低压侧为0.15～0.25MPa，高压侧为＿＿＿＿MPa。

2. 问答题。

1）空调制冷系统常见的故障有哪些？

2）用歧管压力表诊断故障的测试条件是什么？

3. 完善下面的汽车空调故障诊断表。

故障症状	可能发生部位	故障症状	可能发生部位
空调系统所有功能失效		出风模式调节不正常	1)前出风模式风门控制电机 2)空调控制器 3)线束和插接器
仅制冷系统失效(鼓风机工作正常)		驾驶人侧冷暖调节不正常	
鼓风机不工作	1)鼓风机回路 2)空调控制器	副驾驶人侧冷暖调节不正常	1)副驾驶人侧空气混合控制电机 2)空调控制器 3)线束和插接器
仅暖风系统失效		内外循环调节不正常	1)循环控制电机 2)空调控制器 3)线束和插接器
制冷系统工作不正常(实际温度与设定温度有偏差,风速档位异常)		后除霜失效	1)后除霜回路 2)MCU 3)线束或插接器